T0275024

POR TIERRAS EXTRAÑAS

La odisea de Cabeza de Vaca
por América del Norte

POR TIERRAS EXTRAÑAS

La odisea de Cabeza de Vaca por América del Norte

Andrés Reséndez

edaf

www.edaf.net

MADRID - MÉXICO - BUENOS AIRES - SANTIAGO
2024

Título original: *A Land so Strange*. Publicado por primera vez en español bajo el título *Un viaje distinto* por La Vanguardia Ediciones, S.L.

© 2007, 2024. Andrés Reséndez
© 2008, 2024. De la traducción, Raquel Herrera Ferrer
© 2024. De esta edición, Editorial Edaf, S.L.U., por acuerdo con Basic Books, un sello de Perseus Books LLC, empresa de Hachette Group Inc, Nueva York, USA a través de MB Agencia Literaria S.L., Barcelona, España

Diseño de la cubierta: Manuel García Pallarés
Maquetación y diseño de interior: Diseño y Control Gráfico, S.L.

Editorial Edaf, S.L.U.
Jorge Juan, 68
28009 Madrid, España
Teléf.: (34) 91 435 82 60
www.edaf.net edaf@edaf.net

Ediciones Algaba, S.A. de C.V.
Calle 21, Poniente 3323 - Entre la 33 sur y la 35 sur
Colonia Belisario Domínguez
Puebla 72180, México
Telf.: 52 22 22 11 13 87
jaime.breton@edaf.com.mx

Edaf del Plata, S.A.
Chile 2222
Buenos Aires – Argentina
edafdelplata@gmail.com
fernando.barredo@edaf.com.mx
Teléf.: +54 11 4308-5222 / +54 9 11 6784-9516

Edaf Chile S.A.
Huérfanos 1179 – Oficina 501
Santiago – Chile
comercialedafchile@edafchile.cl
Teléf.: +56 9 4468 0539/+56 9 4468 0537

Febrero de 2024

ISBN: 978-414-4293-1
Depósito legal: M-1522-2024

PRINTED IN SPAIN   IMPRESO EN ESPAÑA
COFÁS

Papel 100 % procedente de bosques gestionados de acuerdo con criterios de sostenibilidad.

A Andrés Reséndez Medina
in memoriam

SUMARIO

INTRODUCCIÓN

En la primavera de 1536, un grupo de jinetes europeos se adentró hacia el norte desde Culiacán. Apenas una generación posteriores a Colón, eran literalmente el extremo más avanzado del Imperio español en Norteamérica. Todavía se estaban familiarizando con esa región que ahora forma parte del noroeste de México. Los jinetes veían las frondosas laderas de la sierra Madre Occidental a la derecha. El océano Pacífico con sus ruidosas olas les quedaba a la izquierda. Delante, una estrecha llanura costera parecía extenderse infinitamente. En aquella franja de tierra, tropical y abierta al mismo tiempo, podían vagar tan lejos como quisieran sin esperar hallar ningún otro blanco, tan solo presas indias. Los jinetes estaban ocupados. Atrapar seres humanos era desagradable, pero valía la pena. Y esperaban encontrar un continente entero repleto de nativos que no podrían moverse más rápido de lo que sus propias piernas pudieran llevarlos. Incluso un destacamento pequeño de caballería podía convertirse en una máquina de esclavizar extremadamente eficaz. Y así el grupo quemaba pueblos y atrapaba a hombres, mujeres y niños.

Un día, cuatro de los esclavistas avistaron a trece indios que caminaban descalzos y vestidos con pieles. A lo lejos, los nativos debieron de parecerles a los jinetes bastante ordinarios salvo por una cosa: en vez de escabullirse, los indios se dirigían directamente hacia ellos. La inquietud debió de apoderarse de los cristianos, pero permanecieron en su sitio porque los indios no parecían albergar malas intenciones.

Al acercarse más, comenzaron a aflorar detalles inesperados. Uno de los nativos parecía muy moreno. De hecho, era negro. ¿También era indio, o era un africano procedente de las profundidades de Norteamérica? La inquietud de los jinetes debió de transformarse en estupefacción cuando se dieron cuenta de que otro miembro del grupo era un hombre blanco. Se había vuelto totalmente nativo. El cabello le llegaba hasta la cintura, y la barba le alcanzaba el pecho. Tenía la piel curtida y descamada.[1]

Cuando los dos grupos se aproximaron el uno al otro, los esclavistas oyeron que el hombre blanco demacrado hablaba un español andaluz perfecto. Se quedaron anonadados. «Estuviéronme mirando mucho espacio de tiempo, tan atónitos que ni me hablavan ni açertavan a preguntarme nada».[2]

Cabeza de Vaca fue el que tuvo que hablar. Primero, pidió que lo llevaran a ver al capitán de los esclavistas. A continuación quiso saber en qué fecha cristiana se encontraban y pidió que la registraran oficialmente. La fecha exacta no nos ha llegado, pese a la insistencia de Cabeza de Vaca, pero debió de ser abril de 1536. Tras encargarse de estas formalidades, Cabeza de Vaca y su compañero africano —un fuerte esclavo llamado Estebanico— empezaron a contar la historia de cómo habían deambulado, perdidos, por un continente absolutamente desconocido, un relato que había comenzado ocho años atrás con un líder fracasado en busca de la redención.

• • •

No existe ningún otro viaje tan dramático y emocionante como el de Cabeza de Vaca y sus compañeros, incluso para los estándares aventureros de la era de las exploraciones. De los 300 hombres que salieron a colonizar Florida en 1528, solo cuatro sobrevivieron: Cabeza de Vaca, otros dos españoles y Estebanico. Se quedaron solos. Y para volver a entrar en el territorio controlado por los europeos, se vieron obligados a realizar una espantosa travesía en balsas improvisadas a través del golfo de México, pasaron años de cautiverio en el actual Texas y tuvieron que atravesar el continente para llegar a la costa del Pacífico. Se convirtieron así en los primeros extranjeros en contemplar lo que sería el sudoeste de Estados Unidos y el norte de México, en los primeros no nativos en describir esta vasta tierra y sus gentes. Y a la inversa, un número incontable de nativos que habitaban el interior del continente vivieron la travesía de los tres españoles y el africano como un augurio extraordinario, un primer roce con el mundo que quedaba más allá de América. Los nativos llamaron a los cuatro viajeros *los hijos del sol,* porque parecían proceder de unas tierras inconcebiblemente remotas.

Resulta tentador contar su viaje como un relato extremo de supervivencia: cuatro hombres desnudos a merced de los elementos naturales, enfrentándose a una extraordinaria variedad de sociedades nativas. Resulta difícil evitar las comparaciones con *El corazón de las tinieblas* de Joseph Conrad. Realmente fue un viaje infernal. Pero también fue mucho más. En el fondo es la historia de cómo un puñado de supervivientes, por pura necesidad, fueron capaces de tender un puente entre dos mundos que habían permanecido separados durante 12.000 años o más. Privados de armas de fuego y armaduras, los náufragos se vieron obligados a enfrentarse a Norteamérica en su terreno y bajo sus reglas. Vivieron de su ingenio, llegaron a aprender media docena de lenguas nativas y trataron de entender mundos sociales que otros europeos ni siquiera sabían que existían. Aunque parezca increíble, usaron su conocimiento de las culturas nativas para escapar de la esclavitud y convertirse en chamanes. Con el tiempo, su reputación como curanderos acabó precediéndoles donde quiera que fueran a medida que iban de un grupo a otro en busca de la liberación.

La comprensión que los náufragos alcanzaron de la Norteamérica nativa resulta muy significativa en una época en la que los europeos debatían sobre si los indios de América eran totalmente humanos, y los oficiales de la corona reconsideraban las conquistas españolas. En solo cinco décadas desde Colón, los habitantes de la península ibérica se habían lanzado de cabeza al Nuevo Mundo. Hombres y mujeres emprendedores y ambiciosos habían explorado y finalmente asolado las islas del Caribe. Hacía muy poco que Hernán Cortés y Francis-

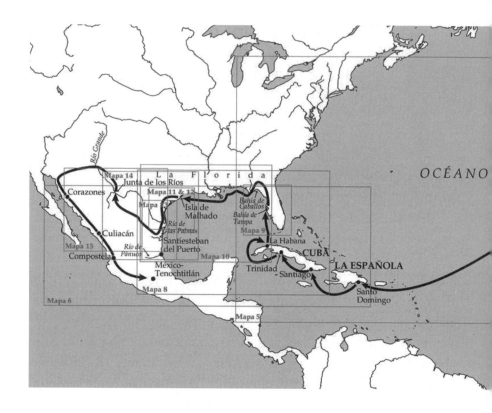

co Pizarro habían sometido a millones de indios en México y Perú. Estas conquistas constituían fantásticas demostraciones de audacia. Pero para lograrlas se habían sacrificado muchas vidas, por lo que un grupo decidido de frailes y oficiales de la corona había lanzado un movimiento reformista para modificar los métodos españoles de conquista y convencer a los colonizadores de la humanidad esencial de los indios. El debate que se desató a continuación se expandió por todo el imperio. Si resultaba que los indios no poseían almas humanas, entonces se permitiría a los conquistadores implacables esclavizarlos a millones. Pero si, al contrario, estos nativos estaban dotados del espíritu de Dios, tendrían que ser cristianizados a conciencia y sus derechos deberían ser respetados.[3]

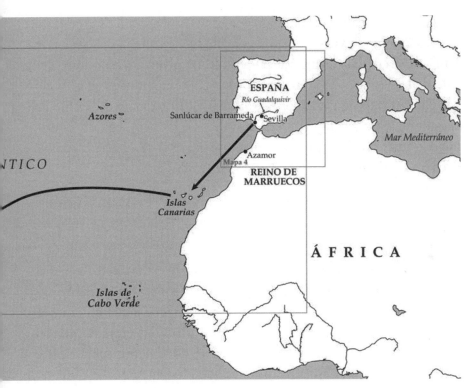

Mapa general de la expedición de Narváez

En este contexto, el viaje de los cuatro náufragos constituye un punto de inflexión poco común en la historia de Norteamérica, forjada en momentos tan trascendentales y llenos de posibilidades como la llegada de Cortés a las costas de México o el desembarco de los peregrinos del *Mayflower*. La experiencia de Cabeza de Vaca y sus compañeros sirvió para conceder a España la oportunidad de plantearse un tipo distinto de colonialismo. Estos cuatro pioneros habían revelado la existencia de múltiples culturas autóctonas al norte de México así como la disponibilidad de metales preciosos, búfalos y otros recursos. Pero en vez de defender una conquista a la manera tradicional, Cabeza de Vaca y los demás propusieron una gran alianza con los habitantes nativos. En el transcurso de su larga odisea, habían llegado a reconocer que los nativos de Norteamérica también eran seres humanos. La experiencia que les cambió la vida les había convencido de que la colonización humanitaria de Norteamérica era posible, un planteamiento muy alejado de las visiones de la mayoría de sus contemporáneos en el Viejo Mundo. Su viaje equivale por tanto a una bifurcación en el camino de la exploración y la conquista, una vía que, si se hubiera seguido, podría haber transformado el proceso brutal mediante el cual los europeos se apoderaron de la tierra y las riquezas de América.

· · ·

Hubo una época en la que las aventuras de estos cuatro viajeros eran muy conocidas en América y Europa. Dos textos extraordinarios dieron a conocer la historia de los náufragos a cualquiera que estuviera interesado. Uno fue el testimonio aportado tras su retorno por los tres españoles supervivientes. Este documento suele citarse como el *Joint Report* en la historiografía en inglés (y que aquí llamo *Informe Conjunto*). Aunque el testimonio original se perdió en algún momento, ha sobrevivido una trascripción casi completa gracias al trabajo diligente del también explorador y cronista Gonzalo Fernández de Oviedo (1478-1557), que lo incluyó como parte de su ingente *Historia general y naturaldelas Indias, islas y tierra firme del mar océano* (libro 35).[4]

La segunda fuente es la *Relación* en primera persona escrita por Cabeza de Vaca y publicada por primera vez en 1542, seis años después de la finalización de su viaje. El relato humilde y reflexivo de Cabeza de Vaca circuló ampliamente por el Imperio español e incluso más allá. Los exploradores de aquella época estudiaron minuciosamente la *Relación* en busca de la más mínima mención de los metales, o sencillamente para recabar información sobre el terreno y sobre el paisaje humano del interior de Norteamérica. Los lectores más piadosos sacaron lecciones trascendentales de su texto, y pasaron a considerar a los cuatro supervivientes como figuras cristianas; por ejemplo, un fraile del siglo xvii afirmó con total naturalidad que Cabeza de Vaca y sus compañeros «llevaban a cabo prodigios y milagros entre innumerables naciones bárbaras» y que «curaban a los indios haciendo la señal de la cruz sobre ellos». En cualquier caso, los colonizadores españoles tenían muy presente este relato.[5]

Sin embargo, en los últimos tiempos, la odisea de Cabeza de Vaca y los demás ha caído en un olvido relativo. En Estados Unidos, resulta sorprendente que la expedición de Florida haya recibido escasa atención pública, aunque historiadores y arqueólogos llevan más de un siglo debatiendo apasionadamente sobre la ruta probable de los supervivientes a través del continente. Estos académicos se han sentido lo bastante motivados como para aventurarse en terrenos escabrosos y por senderos olvidados. ¡Un valiente escritor incluso trató de *fijar* la latitud de Cabeza de Vaca durmiendo desnudo al aire libre hasta que no pudo soportar más el frío! Está claro que la expedición de Florida ha despertado fuertes emociones entre algunos entusiastas y especialistas. Pero más allá de este círculo, el impacto ha sido modesto.[6]

La historia de los supervivientes es un poco más conocida en México. A principios de los años noventa, una generación entera de espectadores fue a ver el film con el título algo desconcertante de *Cabeza de Vaca*. El film resultaba hipnótico tanto por la curiosa trama (conquistadores que resultaron conquistados) como por el ambiente surrealista (incomprensión total en un mundo mágico). Aunque la película se toma libertades considerables en relación con los hechos, jugó un papel crucial en la transmisión de la historia entre un público amplio. No obstante, la narrativa de la conquista de México continúa dominada por la imponente figura de Cortés y la caída del Imperio azteca; la expedición de Florida sigue siendo una curiosidad o entretenimiento menor.

Las fronteras modernas han ocultado aún más el valor de esta incursión. Cabeza de Vaca, Estebanico y sus compañeros cruzaron el continente mucho antes de que existiera la frontera entre México y Estados Unidos. Pero ahora la ruta de su viaje está partida en dos por este límite nacional, por lo que la historia está relegada a los márgenes de ambos países: no es totalmente estadounidense ni totalmente mexicana.

Finalmente, la historia de esta extraordinaria expedición es mucho menos conocida para nosotros sencillamente porque el paso del tiempo ha hecho que tanto el *Informe Conjunto* como la *Relación* de Cabeza de Vaca resulten cada vez más difíciles de leer. Muchos pasajes en ambos textos resultan totalmente desconcertantes para los lectores modernos. Como los escribieron españoles del siglo xvi, ofrecen escaso contexto. No nos dicen nada acerca de cómo se concibió la expedición, por qué los líderes participaron en esta incursión y qué pretendían hacer al llegar a Florida. El contexto se hace aún más necesario cuando la expedición desembarca en el continente y empieza a interactuar con los nativos americanos.

Entender el *Informe Conjunto* y la *Relación* también resulta complicado por el hecho de que ambos son documentos oficiales y de gran difusión pública. Al explicar sus historias, Cabeza de Vaca y los demás supervivientes adoptaron una escritura afectada. Escribieron sus informes en parte para promover sus virtudes y méritos y por lo tanto ganarse el favor real. Eso significa que evitaron los temas controvertidos. Por ejemplo, ninguna de las fuentes contiene una sola palabra sobre relaciones íntimas entre los náufragos y las nativas, aunque otras pruebas sugieren que sí se dieron. De manera similar, para evitar problemas con la Inquisición, Cabeza de Vaca se esfuerza por evitar usar la palabra *milagro* para describir sus increíbles curaciones.[7]

Y así, pese al hecho de que ambos documentos estuvieron marcados, en parte, por los intereses de sus autores, siguen siendo fuentes históricas extraordinarias. Ambos son sorprendentemente detallados y se complementan bien, a excepción de algunos aspectos menores pero significativos. Pero para entenderlos del todo, hay que recurrir también a los fragmentos de información enterrados en muchas otras fuentes y aprovechar hallazgos recientes relativos a la arqueología, el clima, la geografía, la botánica y la historia de la población de Norteamérica.

El aspecto más arduo de la escritura de este libro ha sido la búsqueda de todo tipo de información difícil de conseguir para ayudarme a entender y explicar el curioso comportamiento de los españoles del siglo XVI y sus interacciones a menudo desconcertantes con grupos de nativos muy distintos. A pesar de los esfuerzos realizados, ni mucho menos lo he conseguido en todos los casos. Más que nunca soy ahora consciente de las dificultades a las que se enfrenta un narrador.[8]

• • •

Cabeza de Vaca y sus compañeros fueron los primeros extranjeros en vivir en los inmensos territorios al norte de México. Sus relatos nos dan informaciones puntuales muy poco habituales sobre la Norteamérica anterior a los contactos coloniales. Estos pioneros tuvieron ocasión de ver el continente antes que cualquier otro extranjero, antes del contacto europeo.

Pero las tierras que visitaron Cabeza de Vaca y los demás no eran ni estáticas ni edénicas; Norteamérica estaba cambiando profunda e irreversiblemente incluso durante el medio siglo transcurrido desde la llegada de Colón. La población de América ya estaba disminuyendo a una velocidad asombrosa debido a enfermedades epidémicas introducidas por los europeos. En el transcurso del siglo XVI, muchos grupos indígenas desaparecieron de la faz de la tierra. Incluso los que sobrevivieron tuvieron que cambiar hasta volverse irreconocibles o mezclarse con grupos más grandes para sobrevivir.[9]

Lo que los náufragos vieron y registraron constituye nuestra primera y a menudo única ventana al continente antes y durante esta gran devastación. Retrataron un mundo que estaba vivo. Donde quiera que fueran encontraban nativos americanos. Todos se dedicaban a explotar a conciencia el entorno prendiendo fuego para cazar ciervos o sustituyendo grandes extensiones del edén norteamericano por parcelas de maíz. Estos grupos se desplazaban en circuitos organizados para aprovechar las distintas fuentes comestibles, poseían complicadas redes comerciales y se hacían la guerra los unos a los otros con la misma astucia y afán de venganza que sus homólogos europeos. A los náufragos también les pareció detectar ejemplos llamativos de descenso de la población e informaron de ello. América estaba cambiando ante sus ojos.

Para cuando los colonos ingleses, franceses y españoles escribieron sus impresiones en los siglos XVII y XVIII, las poblaciones indígenas se habían reducido notablemente, y la flora y la fauna habían recuperado las tierras abandonadas. Por lo tanto no resulta sorprendente que esos escritores se mostraran proclives a evocar imágenes de una Norteamérica salvaje y virgen, poblada escasamente por grupos de indios a su vez primigenios e incapaces de conquistar la naturaleza. Esta percepción ha continuado hasta el presente, en lo que un erudito ha llamado muy acertadamente *el mito prístino* de América. En este sentido, los náufragos ofrecen una rectificación muy necesaria de una imagen seductora pero a fin de cuentas distorsionada.[10]

Y más allá de estas impresiones sobre la Norteamérica precolombina, la historia de los náufragos constituye un ejemplo extraordinario de primeros contactos entre pueblos cuyos ancestros habían permanecido separados durante al menos 12.000 años. Cuando estos dos pueblos finalmente se encontraron, lo hicieron desde la perspectiva de culturas, estilos de vida, tecnologías y expectativas totalmente distintas. Sin embargo, por muy diferentes que parecieran externamente los unos de los otros, seguían siendo seres humanos corrientes tratando de aceptarse mutuamente lo mejor que podían.

Muy a menudo, la dimensión humana de estos encuentros se pierde en el crisol de las grandes narrativas imperiales. El guión resulta predecible: conquistadores obsesionados por el oro se enfrentan, o bien a indios salvajes, o bien a ejemplares del paraíso terrenal; y el resultado de tales encuentros nunca está en duda. Pero la odisea de los supervivientes de Florida nos recuerda que los primeros contactos en realidad fueron mucho más interesantes. No todos los viajes de exploración son iguales, del mismo modo que no todos los nativos americanos eran iguales. Los primeros encuentros fueron muy personales y estuvieron marcados por las personalidades de los que participaron y de los recursos de los que disponían. La expedición de Florida lo demuestra con claridad: se trata de conquistadores que fueron a su vez conquistados y de indios que se convirtieron en amos y benefactores, y que desde el principio actuaron de formas profundamente humanas.

En su sentido más elemental, el relato de los náufragos convierte en microcosmos la historia mucho más amplia de cómo europeos, africanos y nativos trataron de salvar las enormes distancias culturales que los separaban. Esta es, básicamente, la historia de América. El viaje de Cabeza de Vaca, Estebanico y sus compañeros fue por lo tanto tan espiritual como físico. Su vida dependía de su capacidad para comprender la humanidad esencial de sus amos y anfitriones indígenas. Una y otra vez, cuando los supervivientes se presentaban ante un nuevo grupo nativo, tenían que encontrar un punto intermedio. Eran europeos y africanos de nacimiento, pero la experiencia los estaba convirtiendo en americanos. El viaje espiritual de los supervivientes fue tan intenso que los otros conquistadores apenas los reconocieron en el radiante día de primavera en el que finalmente reaparecieron de las profundidades del continente.[11]

CAPITULO 1

EL PREMIO ARREBATADO

La historia de Cabeza de Vaca y sus compañeros tuvo sus orígenes en el archipiélago caribeño, ese arco inmenso de joyas verdes que contrastan con un mar turquesa, y que fue el primer lugar que España controló en América. Allí, al borde de un continente inexplorado, dos socios soñaban con establecer una amplia y rica colonia en tierra firme. Casi lo lograron. Pero una traición cruel hizo que su incursión acabara frustrada. La expedición de Florida fue consecuencia directa de ese fracaso. Fue una segunda apuesta aún más desesperada por conseguir una posesión continental y un último esfuerzo por rehacer su vida.

El mayor y más influyente de los dos socios era Diego Velázquez, un viudo querido por sus bromas y su charla constante entretenida y cizañera. Durante su larga carrera de colono en el Caribe había presenciado gran cantidad de tragedias humanas, pero también le gustaba reírse y a menudo se encontraba rodeado de oyentes dispuestos. Se había arriesgado a acompañar a Colón en su segundo viaje de 1493 y a quedarse en una isla dejada de la mano de Dios que resultó que contenía los mayores yacimientos de oro de todo el Caribe. Velázquez también era hábil en la guerra y lograba que los nativos derrotados trabajaran en sus minas. En poco más de una década, se convirtió en el residente más rico de La Española, la isla compartida hoy por Haití y la República Dominicana.[1]

Pero, más que su oro, la red de aliados y conocidos de Velázquez constituía su mayor baza. Una oleada de conquistas irradiaba de La Española hacia todas direcciones, así que Velázquez hizo valer su influencia en la burocracia imperial y confió en sus contactos en la corte española para asegurarse los derechos de colonización. Su actitud bromista ocultaba grandes ambiciones. En 1511 había obtenido autorización de la corona para ocupar Cuba, la mayor isla del archipiélago, que potencialmente aún era más rica que La Española.

La conquista de Cuba requeriría mucha ayuda, así que Velázquez buscó al tipo de hombres que podrían hacer realidad esta empresa. Y lo que es más importante, se asoció a un aventurero de aspecto violento llamado Pánfilo de Narváez. Los dos hombres se llevaron bien desde el principio. Procedían de ciudades cercanas en la meseta castellana, Cuéllar y Valladolid, y se complementaban de manera admirable. Puede que Velázquez estuviera muy bien conectado, pero se estaba haciendo mayor, y su cintura cada vez más ancha ya era el blanco de las bromas. Por contra, Narváez aún era treintañero y tenía toda la pinta de un conquistador español: alto y musculoso, con el pelo claro rojizo, barba rubicunda, y una voz profunda y retumbante, «como si procediera de una cripta».[2]

El cordial administrador y el intrépido aventurero impusieron su voluntad en Cuba rápidamente, sin dejar ninguna duda sobre el buen funcionamiento de su alianza. Velázquez había escrito cartas al rey y había inspeccionado prudentemente la costa sur con una flota de canoas. Mientras tanto, Narváez había avanzado a golpe de machete en dirección este-oeste, a través del centro de Cuba, a la cabeza de 100 europeos y puede que 1.000 porteadores indios. En tan solo cuatro años, este grupo de extranjeros aplastó toda resistencia nativa, y convirtieron una isla frondosa en un sórdido puesto de aprovisionamiento y en un nuevo y exitoso experimento colonial.[3]

Animados por su éxito, los dos compañeros se sintieron lo bastante seguros como para fijar sus miras más lejos. Durante un tiempo las posibilidades parecían ilimitadas.

• • •

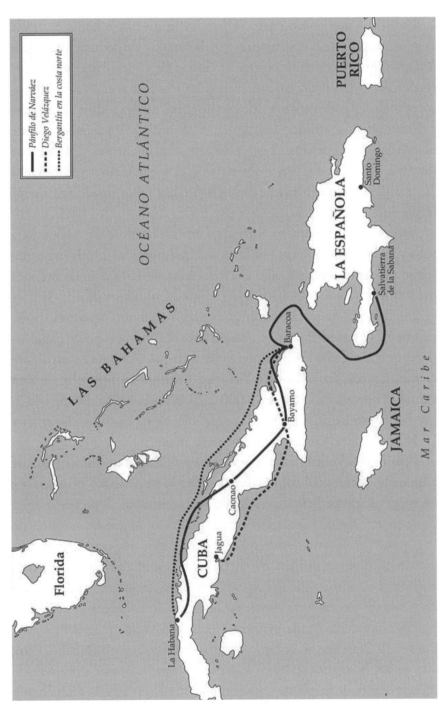

La Española y Cuba

Usando Cuba como base, Velázquez se aventuró hacia el oeste. A principios de 1517, envió una expedición que avistó la península de Yucatán, probablemente porque se desvió de su recorrido y sin pretender llegar tan lejos. Lo que vieron los marineros cristianos allí los sorprendió: grandes templos de piedra y cal, nobles indios adornados con extravagantes tocados, ornamentos de oro y plata exquisitamente diseñados. Habían entrado en contacto con los mayas. También se llevaron de vuelta a Cuba a dos nativos, el *Viejo Melchor* y el *Pequeño Julián*, que fueron capaces de dar más detalles sobre aquellas primeras impresiones.[4]

Parece que Velázquez, normalmente un hombre de paciencia a toda prueba, se dejó llevar por la emoción. Improvisó a toda prisa una segunda expedición, que salió el 15 de enero de 1518 bajo las órdenes del sobrino de Velázquez, Juan de Grijalva. Los meses de primavera y verano de 1518 fueron interminables para Velázquez, esperando noticias de su pariente. Por fin, en otoño, este segundo grupo de exploradores volvió a Cuba cargado con objetos de valor obtenidos mediante el trueque con los indios de Yucatán. Estaban en posesión de una cantidad oro valorada entre 16.000 y 20.000 pesos, mucho más de lo que habían conseguido extraer los españoles de Cuba en un año entero. El Dorado parecía estar al alcance de la mano.

Pero Diego Velázquez se encontraba en un aprieto. Aunque estaba ante una oportunidad colosal, había agotado sus recursos económicos enviando dos expediciones en dos años consecutivos. Y no podía dejar pasar mucho tiempo sin enviar otra expedición, ya que los rumores de la riqueza de Yucatán estaban llegando a oídos de potenciales competidores. El señor gordezuelo de Cuba necesitaba desesperadamente encontrar un socio, alguien que capitaneara la tercera flota y reclamara estas nuevas tierras para aumentar la gloria de España y la suya propia. No hay duda que la primera elección de Velázquez habría sido Pánfilo de Narváez, su antiguo compañero y leal brazo derecho. Pero, a su pesar, Narváez estaba en España en aquella época, sirviendo de representante de la isla de Cuba en la corte. En la propia Cuba había muy pocos colonos lo bastante ricos para una incursión de esta magnitud. Así que a pesar de algunos recelos, Velázquez decidió mandar a Hernán Cortés.[5]

Cortés fue uno de los primeros conquistadores de Cuba. Era vivaz, simpático y culto; incluso podía salpicar su discurso con frases en latín. Velázquez reconoció enseguida estas cualidades y convirtió a Cortés en su secretario personal en 1512 o 1513. Durante varios meses Cortés fue el confidente de Velázquez y su representante de mayor confianza en los asuntos que exigían diplomacia y tacto.[6]

Pero los dos hombres se pelearon. Parece ser que Cortés empezó a irritarse bajo las órdenes de Velázquez. En 1514, Cortés, que era un hombre de acción, trató de volver a La Española cargado con cartas para miembros de la Audiencia de Santo Domingo (un tribunal superior con jurisdicción sobre Cuba) en las que se detallaban los abusos de Velázquez. El destino quiso que Cortés fuera apresado antes de salir de Cuba. Al principio Velázquez pretendía que colgaran a su secretario, pero, al pasar el tiempo, y después de que muchos residentes intercedieran en defensa de Cortés, su rabia se aplacó. Velázquez acabó transigiendo y liberó a Cortés, pero se negó a restituirlo como secretario.

Fue un momento decisivo para Cortés. A partir de entonces hizo todo lo posible por recuperar la confianza de Velázquez, «comportándose de manera muy humilde y buscando agradar incluso al más bajo de los criados de Velázquez». Y en parte lo logró. Cortés pidió a Velázquez que fuera el padrino que atestiguara en su boda. Los dos hombres se convirtieron en compadres. Cuando Cortés supo de la propuesta de Velázquez de explorar juntos Yucatán, debió de parecerle la culminación de un largo y arduo proceso de rehabilitación social.[7]

A las puertas de una nueva fase de su vida, Cortés se agarró a su destino como un hombre poseído. Habló con amigos y vecinos, compró una carabela y un bergantín, y usó sus formidables poderes de persuasión para conseguir a crédito vino, aceite, frijoles y guisantes. Pero a medida que pasaban los meses de preparación, Velázquez empezó a preocuparse por el carácter independiente de Cortés. En el último momento trató de relevar a su antiguo secretario del mando. No obstante, para entonces, Cortés estaba demasiado involucrado para que consiguieran frenarle. En la madrugada del 18 de noviembre de 1518 reunió sus barcos, tropas y soldados y se marchó de Cuba a toda prisa. Cuando le notificaron que Cortés había zarpado, Velázquez corrió a la orilla al amanecer. Mientras Velázquez le hacía señas para que se acercara, Cortés se subió a un bote pequeño y remó hasta donde pudiera oírlo. Se dice que Velázquez le gritó: «¿Por qué te marchas así, compadre? ¿Te parece una buena manera de decirme adiós?» Cortés apenas pudo responderle.[8]

No fue un comienzo muy prometedor para la expedición. Velázquez, el gran líder de Cuba, el astuto administrador que aún contaba con partidarios poderosos a todos los niveles de la burocracia imperial, buscaría venganza. Acabaría enviando una *cuarta* flota, mayor y mejor provista que las tres anteriores, para extender su autoridad sobre el continente y recuperar al fugitivo Cortés… y traerlo a Cuba encadenado si fuera necesario. Esta vez confiaría la tarea a su viejo compañero, Pánfilo de Narváez.

• • •

Para cuando Cortés salió al mar, mientras Velázquez gritaba cerca de la orilla, Narváez llevaba tres años ausente de Cuba. Había pasado este tiempo en España siguiendo a la corte. Debería haber sido un agradable periodo de servicio, un grato descanso del rústico Nuevo Mundo. Pero se convirtió en una experiencia infernal.

Narváez había viajado a España para ejercer de representante de Diego Velázquez en la corte y asegurar varios privilegios para otros colonos europeos en Cuba. Pero Narváez también albergaba planes para sí mismo. Como ya estaba en la corte, y a un alto coste, pretendía conseguir el permiso del rey para acaudillar una expedición a la actual Colombia o a Centroamérica.[9]

Pero Narváez nunca se había sentido muy cómodo en la corte. Tenía varios motivos para quejarse, empezando por el estilo de vida tan inestable. La corte española del siglo xvi estaba en perpetuo movimiento. Parecía un circo itinerante de excéntricos, que a veces viajaba en barcos y carruajes majestuosos pero más a menudo en burro o a pie por carreteras polvorientas. Las obligaciones llevaban al rey a todas partes, y sus vagabundeos incesantes exigían mucho esfuerzo a los que estaban obligados a seguirlo.[10]

Cuando la corte residía en ciudades importantes, la logística era sencilla, pero surgían numerosos problemas cuando pasaba por pueblos pequeños. Por ejemplo, el cortesano tenía que dar generosas propinas a los *aposentadores*, los oficiales de la corte que se encargaban de buscar el alojamiento. Cuando no había tal soborno, era probable que el cortesano acabara en una lóbrega posada lejos de los oídos del rey y sus ministros. Era solo el primero de múltiples gastos. El cortesano se responsabilizaba de pagar a un auténtico ejército de proveedores de servicios: carniceros, panaderos y vinateros para las provisiones; leñadores para el combustible necesario para no pasar frío; zapateros y sastres para la ropa elegante; porteros que controlaban el acceso al rey; criados reales que facilitaban las cosas en su presencia; secretarios que controlaban el ritmo del negocio que se estaba gestionando; y demás asuntos. Ninguna de estas cosas salía barata. El obispo Antonio de Guevara, un cortesano curtido y autor de un manual para aquellos que desearan unirse a la corte, lo dijo de manera muy elocuente: «Donde reside la corte nada se vende y todo se revende».[11]

Además del dinero, un peticionario como Narváez necesitaba mostrarse insensible a las críticas. Los individuos que desearan unirse a la corte estaban sujetos al escrutinio y las burlas constantes. Podían ridiculizarlos por vestirse de manera demasiado lujosa o demasiado sencilla, por mostrarse demasiado ansiosos por tener éxito en sus negocios o demasiado tímidos y poco directos en su aproximación, o por carecer de modales adecuados o por poseer modales afectados por encima de su condición social. Lo único que podía hacer el desventurado cortesano ante semejante humillación era sonreír y poner la otra mejilla. Una sola palabra fuera de tono bastaba para hacer peligrar los grandes esfuerzos realizados para presionar. Los cortesanos pasaban las noches tramando planes para acercarse a uno u otro ministro y los días resolviendo los innumerables problemas que les planteaba un estilo de vida extravagante dedicado a seguir a la corte. Este tormento duraba varios meses seguidos, y solo los más tenaces cortesanos lograban resistirlo. Un noble que dejaba a su familia creyendo que volvería al cabo de dos meses solía pasar seis en la corte sin obtener resultados palpables aparte de haber malgastado su patrimonio.[12]

Astutamente, Narváez y sus compañeros empezaron a pedir favores tras entregar al monarca la primera gran remesa de oro cubano, que equivalió a 12.437 pesos. Nada podía convencer mejor al rey Fernando que la promesa de remesas similares en el futuro. La delegación cubana también disfrutaba del apoyo de algunos miembros influyentes de la corte, entre los que destacaba el obispo de Burgos, Juan Rodríguez de Fonseca. El buen obispo era un hombre voluble de contrastes marcados que bien merecería una novela. Aunque era un hombre de Dios, era sumamente hábil en los asuntos mundanos. El obispo Rodríguez de Fonseca había ayudado a organizar el segundo viaje de Colón y había hecho carrera formando flotas, una ocupación «más adecuada para rufianes que para obispos», como señaló perspicazmente un contemporáneo. Resulta que el obispo también presidía el comité real que administraba todas las posesiones españolas del Nuevo Mundo, el poderoso Consejo de Indias. Dirigía el consejo desde la comodidad de su hogar y como lo consideraba apropiado. Y resultaba que esta influyente figura era conocida —incluso de manera escandalosa— por su parcialidad hacia Diego Velázquez. Corría el rumor de que el obispo quería que una de sus sobrinas solteras, Mayor de Fonseca, se casara con Velázquez, un viudo cuyo anterior matrimonio apenas había durado una semana. También se decía que, a cambio, Velázquez había concedido una participación sustancial de criados indios de Cuba al obispo. Tanto si los rumores eran ciertos como si no, Narváez podía esperar un recibimiento cordial por parte de Rodríguez de Fonseca.[13]

La campaña de presión de Narváez podría haber obtenido éxito si no hubiera sido por dos complicaciones extraordinarias e imprevistas. La primera fue la muerte del rey Fernando. Justo cuando Narváez empezaba a establecerse en la corte mientras viajaba por el oeste de España, Fernando cayó gravemente enfermo y murió al cabo de muy poco a finales de enero de 1516. La corte se sumió en el caos y todas las negociaciones que se estaban llevando a cabo tuvieron que suspenderse.[14]

La muerte del rey debió de impresionar profundamente a Narváez. El largo y solemne reinado de Fernando, primero junto a la reina Isabel, había abarcado toda la vida de Narváez. Durante aquella época los españoles habían vivido sus días más heroicos y esperanzados mientras los monarcas católicos unificaban sus reinos, expulsaban a los últimos enclaves musulmanes de la península ibérica y financiaban la expedición de un oscuro genovés que culminó con el descubrimiento de América. En cinco décadas, Fernando e Isabel habían logrado convertir un conjunto de reinos caóticos en el extremo de Europa en el imperio más prometedor del mundo.

Pero pese a todos sus éxitos, los monarcas no habían logrado preparar una sucesión ordenada. En 1516 la heredera más directa de Fernando era su hija, una mujer que había permanecido recluida en el castillo de Tordesillas, en el centro de España, durante siete años. Se negaba a bañarse o cambiarse de ropa y no comía en presencia de otras personas. Su comportamiento era tan errático y contrario a lo que ordenaba el protocolo real que la historia la conoció como Juana la Loca. Tal condición fue causada (o por lo menos exacerbada) por su tumultuoso matrimonio con Felipe el Hermoso, un archiduque de los Países Bajos que disfrutaba con la compañía de otras mujeres. El carácter posesivo y celoso de Juana persistió aún después de la muerte de Felipe en 1506. Algunos relatos afirman que Juana ordenaba que abrieran el ataúd de su marido repetidas veces para asegurarse de que el cuerpo no se había escabullido, y describen cómo se arrodillaba y besaba los pies de Felipe cuando le retiraban la mortaja.[15]

Después de Juana, el siguiente en la línea de sucesión era su hijo mayor, Carlos. Cuando falleció Fernando, Carlos era todavía un adolescente desgarbado de dieciséis años, nacido y criado en la ciudad de Gante, en Bélgica. Era silencioso, indolente, algo torpe y en gran medida el instrumento de sus ambiciosos consejeros flamencos. A los ojos de muchos españoles, Carlos de Gante representaba una intrusión extranjera, ya que ni siquiera hablaba español. Pero el estado mental de su madre lo empujaba al trono, y lo aceptó. Tras despedirse de los estados flamencos en julio de 1517, Carlos y su entorno viajaron primero a Tordesillas, para obtener la aprobación de la reina Juana, y luego por España para conocer a sus nuevos súbditos.[16]

Para Narváez, el desarrollo de este drama real solo supuso retrasos, ya que meses de espera se convirtieron en años.[17] Mientras tanto, tuvo que enfrentarse con una segunda complicación inesperada.

Un día de finales de 1515, un fraile de nombre Bartolomé de Las Casas se unió a la corte. Las Casas había sido capellán de Narváez durante la conquista de Cuba, pero había cambiado mucho. El fraile Las Casas había experimentado una epifanía que lo había empujado a dedicar el resto de su vida a la defensa apasionada de los nativos de América. Según él mismo relata, este destello de clarividencia moral se produjo cuando estaba preparando un sermón para celebrar el Pentecostés de 1514. Mientras leía detenidamente el *Eclesiastés*, se encontró con estas palabras:

> El pan de los necesitados es su vida: quien defrauda al otro es un asesino.
> El que arrebata el sustento de su vecino lo mata; y quien defrauda al trabajador a su cargo derrama su sangre.[18]

Las Casas comenzó su sorprendente transmutación devolviendo a Diego Velázquez los indios que se le habían entregado como recompensa. Al cabo de pocos meses, Las Casas se hizo famoso por toda Cuba por predicar que Dios quería que los nativos fueran libres. Y lo que aún resultaba más amenazador, se dedicó a advertir a los demás europeos que esclavizar a los indios o reducirlos a la servidumbre constituía un pecado mortal.

Desde Cuba, el aguerrido sacerdote llevó su cruzada a la corte española, donde algunos le prestaron atención. Expresó sus opiniones y obsequió a miembros de la corte con historias espantosas de la codicia implacable y descontrolada del Nuevo Mundo. Las hazañas de Pánfilo de Narváez figuraban de manera destacada entre ellas. En 1516 Las Casas presentó tres *memoriales* (demandas o peticiones formales) en las que detallaba varias atrocidades perpetradas contra los indios en Cuba y otras partes del Caribe. Narváez se vio obligado a responder. Rebatió algunas afirmaciones de Las Casas y afirmó que su antiguo capellán era un «hombre irresponsable de escasa autoridad y credibilidad que habla de cosas que no vio». De todos modos, el movimiento reformista tuvo tanto éxito en un primer momento que no solo puso a Narváez a la defensiva sino que también minó el poder del obispo Rodríguez de Fonseca, uno de los principales apoyos de los conquistadores de Cuba y principal defensor de un sistema que se basaba en la explotación de la mano de obra india.[19]

Las Casas siguió adelante con su campaña. Su solución al problema de los indios era increíblemente sencilla y extremadamente radical al mismo tiempo: «Los indios deben situarse fuera del alcance de los españoles, porque ninguna reparación que los deje en manos españolas detendrá su aniquilación». Luego explicó que los españoles que ya vivían en el Nuevo Mundo, que serían incapaces de mantenerse por sí mismos, «tenían que recibir ayuda para vivir sin cometer pecados y basándose en su propia industria».

Un grupo de personas poseedoras de indios y representantes de las Indias que incluía a Narváez se opuso tajantemente al movimiento de liberación, afirmando con sequedad que los indios «no tienen la capacidad de permanecer solos» y advirtiendo que cualquier esfuerzo por privar de indios a los colonos del Nuevo Mundo constituiría un incumplimiento grave de las condiciones bajo las que habían aceptado ir a las nuevas tierras.[20]

Esta disputa reflejaba una polémica encendida y prolongada en el imperio que continuaría así durante décadas. Las Casas publicaría un incendiario tratado en 1552 titulado *La brevísima relación de la destrucción de las Indias* que sacaría a la luz los abusos de España y establecería su reputación de potencia colonial cruel por todo el mundo. Pero, desde la perspectiva de Narváez, la disputa por el trato a los indios constituía una distracción inoportuna. A comienzos de 1518 veía poco recompensados sus esfuerzos de más de dos años en Europa.

Fue la noticia de los descubrimientos de Diego Velázquez en la península de Yucatán lo que acabó poniendo fin a la frustrante estancia de Narváez en el Viejo Mundo. Los informes de los descubrimientos de Velázquez llegaron a la corte a finales de 1517 o principios de 1518 y cambiaron totalmente la naturaleza de la embajada de Narváez. Su preocupación más acuciante pasó a ser ayudar a Velázquez a asegurar la administración de esas nuevas tierras. En cuestión de meses sus esfuerzos dieron fruto, puede que debido al entusiasmo por los descubrimientos o a la influencia del obispo Rodríguez de Fonseca, que logró reafirmar su poder en la administración incipiente del rey Carlos.[21]

Narváez consiguió casi todo lo que quería. En noviembre de 1518, el rey nombró a Velázquez *adelantado* (autoridad civil) de Yucatán y designó a Narváez *contador* (encargado de las cuentas y gastos). El rey también ordenó que se pagara a Narváez un salario completo como defensor de Cuba por todo el periodo que había pasado en España, lo cual debió de resultar un grato alivio. El rey Carlos incluso se tomó el tiempo de escribir a Diego Velázquez, alabando a Narváez por sus servicios y recomendándolo encarecidamente. Por lo tanto, Narváez finalizó su tortuosa experiencia en la corte española por todo lo alto, un hecho que influiría decisivamente en sus planes futuros.[22]

A principios de 1519, Narváez volvió a Cuba. Llegó solo unas pocas semanas después de que Cortés se hubiera marchado descaradamente con los barcos, lo cual planteaba algunas dudas sobre el futuro destino de Yucatán.

• • •

Lo sorprendente es que Velázquez no había considerado de inmediato el alcance de la traición de Cortés y la gravedad de su desafío. Como controlaba toda Cuba y también tenía la seguridad del nombramiento vitalicio de *adelantado* de Yucatán, apenas podía imaginarse que un subordinado (un *criado*), que no poseía apoyo real que digamos, pudiera convertirse en su rival. Es cierto que Cortés se había marchado a toda prisa, pero también lo había hecho por miedo a que lo relevaran del mando de la expedición a México. Velázquez aún esperaba que Cortés actuara como su agente. De hecho, desde noviembre de 1518 (cuando Cortés se marchó) a agosto de 1519, Velázquez se conformó con esperar noticias de su enviado huido. Incluso mandó más provisiones.[23]

Cortés no perdió el tiempo durante esos meses. Su flota navegó primero hacia el oeste, hacia la península de Yucatán, y luego recorrió el Golfo de México hasta detenerse en San Juan de Ulúa, una islita muy cercana al continente con un buen puerto. Allí Cortés y sus hombres entraron en contacto con el reino indígena más poderoso del continente. Descubrieron que el centro de este fabuloso imperio —México-Tenochtitlán— no se encontraba en la costa, sino a más de 300 kilómetros tierra adentro en una elevada meseta, y que su soberano era un magnífico señor llamado Moctezuma. Así empezó un intercambio épico llevado a cabo con mensajeros, guías y espías. Cortés explicó a los emisarios de Moctezuma —desde una perspectiva completamente europea que seguro que los desconcertó—, que el rey Carlos, «señor de gran parte del mundo» lo había enviado a presentar sus respetos, y que sus hombres y él pensaban comenzar su ascenso hacia México-Tenochtitlán y que querían una audiencia con el poderoso Moctezuma.[24]

El primer impulso de Moctezuma fue evitar el contacto con esos extraños desconocidos. En cambio, les dio un montón de regalos (transportados por nada menos que 100 porteadores), con la esperanza de inducirlos a volver satisfechos al lugar de donde hubieran venido. Pero Moctezuma no sabía que aquellos regalos extraordinarios, en vez de disuadir a Cortés y sus hombres, solo avivarían su codicia. Los españoles estuvieron encantados de recibir diversas muestras de oro del tamaño de garbanzos y lentejas; collares de jade incrustado en oro; cascabeles de oro; cetros con incrustaciones de piedras preciosas; anillos de oro; multitud de petos y escudos de oro y plata; figuras humanas de malabaristas, bailarines y jorobados; estatuas de oro sólido de jaguares, monos y armadillos; dos discos de madera tan grandes como las ruedas de un carruaje, uno cubierto de oro y el otro de plata; muchas mantas de algodón y capas con intrincados diseños como de ajedrez en blanco, negro y amarillo; espléndidos tocados de plumas grandes y brillantes desconocidas en Europa; y dos manuscritos plegables, o códices, hechos de corteza y que contenían dibujos estilizados de humanos y animales. Era un tesoro que fácilmente eclipsaba cualquier otra cosa encontrada anteriormente en el Nuevo Mundo.[25]

Cortés decidió usar estas increíbles riquezas para abrir una línea de comunicación directa con el rey de España. Desde la costa de México, Cortés envió un barco que esquivara totalmente Cuba y se dirigiera a España, evitando las rutas más comunes de navegación. Además del tesoro, el barco transportaba a dos representantes de Cortés cuyo cometido era negociar directamente con el rey Carlos, burlando la autoridad de Velázquez.[26]

Aunque el plan era navegar hasta España, el barco acabó alcanzando Cuba en agosto de 1519. Uno de los agentes de Cortés, Francisco de Montejo, sugirió un breve desembarco en su *estancia* al noroeste de Cuba para recoger provisiones antes de cruzar el Atlántico. Al menos un residente sorprendido obtuvo permiso para subir a bordo y ver los objetos indios y escuchar algunas de las historias sobre los aztecas y su señor Moctezuma. Aunque el testigo había jurado mantenerlo en secreto, reveló que el botín del barco era tan enorme que «el único lastre era el oro».[27]

Velázquez se enfureció cuando se enteró de esta traición. Inmediatamente envió dos barcos para que persiguieran a los enviados de Cortés y se apoderaran del tesoro en alta mar o al menos advirtieran a las autoridades españoles del fraude y pidieran que se confiscaran los objetos. Velázquez y Narváez también juraron detener a Cortés y recobrar una tierra que prometía fabulosas riquezas. No se escatimaron recursos. Con los dos hombres más poderosos de la isla trabajando codo con codo, se reunió una flota de 18 barcos, 80 caballos, más de 1.000 hombres y unas pocas mujeres a principios de 1520. La flota era casi el doble de grande que la de Cortés. Había tantos europeos metidos en esta expedición y quedaron tan pocos en Cuba que se corría el riesgo de que los indios retomaran la isla.[28]

Velázquez se planteó capitanear él mismo la expedición a México. Pero ya era demasiado viejo y, como varios observaron jocosamente, demasiado gordo para semejante tarea. Narváez lo haría. Debieron de atraerle los peligros increíbles que implicaba esta misión. En tierras desconocidas, Narváez y sus hombres se enfrentarían no a uno sino a dos enemigos: un grupo renegado de europeos y el grupo indígena más poderoso del hemisferio, que posiblemente harían causa común el uno con el otro. Pero Narváez continuaba seguro de sí mismo. En presencia de Velázquez, declaró jactancioso que «incluso con la mitad de gente, estoy seguro de que encarcelaré a Cortés para que usted pueda hacer con él lo que desee… cuando llegue el momento sabré cómo tratar a Cortés, él me respetará y volverá como un hijo, y yo se lo enviaré a usted para que nunca vuelva a levantar cabeza». El exceso de confianza de Narváez volvería a aflorar una y otra vez en el transcurso de su vida, al final con resultados trágicos.[29]

Hacia febrero de 1520, la flota de Narváez estaba lista para partir. No obstante, antes de que el grupo pudiera zarpar, Velázquez y Narváez tuvieron que lidiar con un último y espinoso asunto burocrático. Las autoridades de La Española se habían enterado del conflicto que se estaba desatando entre Velázquez y Cortés, y la probabilidad de una guerra civil entre españoles en México los tenía preocupados. Deseosa de evitar el derramamiento de sangre entre hermanos en las nuevas tierras, lo cual podía constituir un precedente de lo más terrible, la Audiencia de Santo Domingo envió a toda prisa a uno de los suyos como mediador, el *licenciado* Lucas Vázquez de Ayllón.

Este hombre acaudalado, de unos cincuenta y cinco años de edad, llegó navegando a Cuba en dos barcos puestos a su disposición, se reunió con Narváez y Velázquez e hizo todo lo que pudo para disuadirlos de su plan de confrontación directa. El *licenciado* razonaba que en lugar de iniciar las hostilidades, Velázquez y Narváez ganarían más enviando simplemente dos o tres barcos con provisiones para Cortés, junto con unos agentes discretos que pudieran averiguar más sobre sus

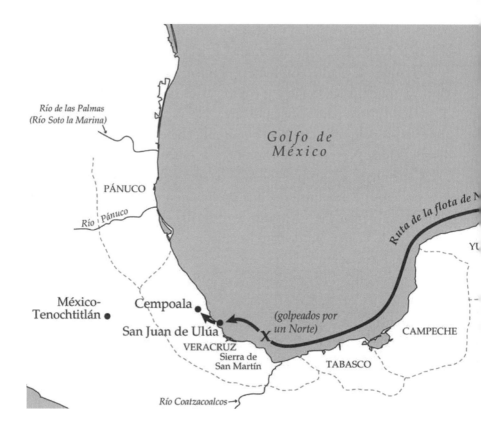

intenciones y recordarle sus responsabilidades y órdenes reales. Y de manera más amenazadora, el *licenciado* Vázquez de Ayllón notificó a Narváez que se enfrentaría a una multa de 50.000 ducados si insistía en llevar su flota a México.[30]

Los orgullosos conquistadores de Cuba se negaron a reconocer la autoridad de la Audiencia de Santo Domingo y siguieron con los preparativos sin dejarse intimidar. El *licenciado* realizó sus propios preparativos para seguir a Narváez a México, donde prosiguió con su papel mediador.

La flota de Narváez (incluidos los dos barcos del *licenciado*) cruzó primero el canal de Yucatán en marzo de 1520. Siguiendo la ruta de

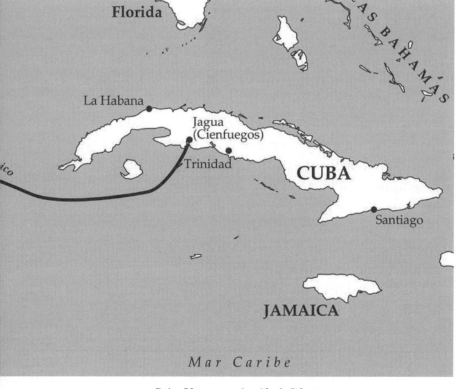

Cuba, Yucatán y el golfo de México

Cortés, la expedición continuó por la costa del golfo de México, bordeando los estados mexicanos actuales de Campeche, Tabasco y Veracruz. El golfo de México es una masa de agua relativamente pequeña e independiente, pero navegarlo podía resultar peligroso. Durante los meses de invierno el Golfo se ve sacudido por una serie de masas de aire polar conocidas como *nortes*. Estos frentes inestables de aire frío bajan desde Alaska, pasando a toda velocidad por Norteamérica, y descienden sobre las aguas cálidas del Golfo, provocando vientos racheados y lluvia que pueden durar varios días seguidos. Parecen materializarse de la nada y golpean con mucha fuerza. Aunque la temporada de *nortes* va de octubre a marzo, es posible quedar atrapado por uno de ellos incluso en primavera. Cerca de Veracruz, las dificultades de Narváez empezaron cuando un *norte* los alcanzó a principios de abril mientras navegaban bajo la sombra de la Sierra de San Martín. Un barco se hundió, 6 más sufrieron daños y 40 hombres se ahogaron. Fue el primer naufragio registrado en el Golfo de México.[31]

Los problemas de Narváez no hicieron sino continuar. Para poner a salvo a 60 hombres enfermos y a las mujeres de a bordo, evitándoles el enfrentamiento inminente con Cortés, Narváez los dejó en la orilla del río Alvarado (hoy Papaloapan), donde la flota se detuvo brevemente para agruparse. Los hombres enfermos y las mujeres iban a permanecer como invitados del pueblo indígena de Tuxtepec hasta que Narváez pudiera evaluar el grado de peligro al que se enfrentaban. Por desgracia, el grupo que se quedó en Tuxtepec dejó de resultar útil a los anfitriones y fue masacrado semanas más tarde.[32]

El resto de la flota logró alcanzar el enclave de San Juan de Ulúa a finales de abril de 1520. Algunos de los barcos necesitaban reparaciones urgentemente. Los vigías aztecas en la costa detectaron enseguida a la flota española. En una tela hicieron un dibujo de 18 barcos, 5 de ellos en la playa con desperfectos, y se lo enviaron a Moctezuma a través de corredores. Al cabo de muy poco, Narváez y Moctezuma ya estaban intercambiando mensajes. Narváez hizo saber a Moctezuma que había venido a México para apresar a Cortés y sus soldados, que eran hombres malvados sin permiso del rey de España, y que tras capturar a Cortés todos volverían a Castilla. Resultó alentador para Narváez que Moctezuma le confirmara la presencia de Cortés en México-Tenochtitlán y, como había hecho con anterioridad, le inundó de valiosos regalos. Evidentemente, el emperador azteca estaba jugando a enfrentar a los dos grupos de españoles.[33]

Tras enterarse del paradero de Cortés, Narváez hizo desembarcar a sus hombres y caballos y estableció un asentamiento permanente en el continente. El veterano capitán celebró una ceremonia formal de toma de posesión, un acto que debió de parecerle la culminación de sus esfuerzos de presión en España. Luego fundó la ciudad de San Salvador, probablemente donde ahora está el puerto de Veracruz. En cuestión de semanas, San Salvador se convirtió en un asentamiento importante de unas 80 o 90 casas rodeando una plaza, una iglesia, y una cárcel. También presumía de funcionarios municipales y magistrados designados por Narváez, pero cuya autoridad derivaba en última instancia del propio rey de España.

Aunque en apariencia parecía pacífico, el pequeño asentamiento estaba enfrentado contra sí mismo. Claro que había quienes apoyaban la facción de Velázquez y Narváez, pero muchos otros miembros de la expedición se mostraban indiferentes o favorables a Cortés. Algunos de la tropa, por ejemplo, habían accedido a viajar a México solo bajo coacción, ya que en el enérgico reclutamiento de Velázquez en Cuba se había usado mano dura y amenazas veladas o explícitas. Tras capear una tormenta inclemente, estos *voluntarios* reticentes no tenían muchas ganas de enfrentarse a otros europeos solo para llevar a cabo una venganza personal que no era de su incumbencia. Otros eran todavía menos leales: se trataba de un grupo de aventureros curtidos que se habían alistado solamente para salir de Cuba y llegar a *las nuevas tierras de oro* de las que tanto habían oído hablar. Lejos de querer enfrentarse a Cortés, estos pragmáticos estaban más inclinados a unirse a él para asegurarse un lugar en la mesa de los vencedores cuando se distribuyeran los botines.[34]

Y a esa mezcla incendiaria se habían sumado el *licenciado* Vázquez de Ayllón y sus subordinados. Este juez real de La Española se había opuesto a la iniciativa de Pánfilo de Narváez desde el principio, y no aprobaba la decisión de hacer desembarcar a los hombres y fundar San Salvador alegando que molestaría a los indios vecinos. Peor aún, Vázquez de Ayllón estaba ganando adeptos entre miembros de la expedición que deseaban evitar un enfrentamiento. Cuando quedó clara la determinación de Narváez de tratar con dureza a Cortés, el *licenciado* y sus seguidores se rebelaron. Narváez ordenó que el pregonero de San Salvador declarara que Cortés y su grupo eran hombres malvados. Pero el *licenciado* continuó hablando bien de Cortés e incluso intercambió cartas y regalos con él.[35]

Narváez reaccionó a la traición de Vázquez de Ayllón ordenando que lo apresaran y lo encerraran en su barco junto con su secretario y criados, y llenó otro barco con los que lo apoyaban. Los capitanes de ambos barcos recibieron órdenes de navegar de vuelta a Cuba. Narváez acabaría lamentando la falta de tacto con la que trató al juez real. Por el camino, el *licenciado* logró sobornar y amenazar al capitán del barco para que cambiara el destino de Cuba a La Española. Tras reunirse con sus colegas en la Audiencia de Santo Domingo, Vázquez de Ayllón dio rienda suelta a su frustración y enfado con Velázquez y Narváez, que hacía mucho tiempo que contenía, y la constelación siempre cambiante de influencias y poderes que giraba en torno a la corte española empezó a decantarse contra Velázquez y a favor de Cortés.

Pero en México parecía como si la firmeza y la fuerza bruta de Narváez fueran a imponerse. Cuatro desertores del ejército de Cortés entraron un día en el campamento de Narváez ofreciendo información crucial. Mientras comían y tomaban vino contaron de qué manera Cortés y su grupo se habían abierto camino audazmente hasta México-Tenochtitlán, donde habían vivido meses como «huéspedes» de los aztecas y su señor, Moctezuma. Era una hazaña increíble, pero también los ponía en peligro extremo. México-Tenochtitlán era poco menos que una trampa mortal: una ciudad maravillosa, construida en una isla en mitad de un lago, conectada a la costa solo por puentes levadizos, y en la que debían de vivir unos 250.000 indios. Pero en cualquier momento podían levantarse los puentes, los indios podían convertirse en guerreros feroces y el grupo de Cortés se perdería para siempre sin que quedara esperanza alguna de ayudarlos.

«Se está mucho mejor aquí —exclamaron los cuatro desertores con sorna ante Narváez—, bebiendo buen vino y fuera del alcance de Cortés, que nos tenía abrumados día y noche mientras esperábamos nuestras muertes de un día para otro». Seguramente el comandante de barba pelirroja esperaba que estos cuatro hombres fueran los primeros de un montón de desertores llevados al límite por un líder megalómano.[36]

Por encima de todo, Narváez se sentía más seguro de sí mismo por la buena acogida que habían otorgado los nativos de México a su expedición. Al contrario de lo que se había temido el *licenciado* Vázquez de

Ayllón, los indios quedaron impresionados de inmediato por el número de hombres, barcos y caballos a disposición de Narváez y fueron bastante amistosos. Debió de resultar especialmente satisfactorio para Narváez enterarse de que los indios totonacos de Cempoala, el mayor y más poderoso pueblo indígena en la zona cercana al asentamiento de Narváez, así como el primer aliado de Cortés, había decidido unirse a este segundo contingente de europeos, más impresionante que el anterior. El soberano de Cempoala —un individuo de nombre Tlacochcalcatl pero a quien los españoles llamaban expeditivamente *el cacique gordo*— dio una cálida bienvenida a Narváez y lo invitó a quedarse con él. Narváez lo complació. Confiando poder asegurar la aproximación a San Salvador y aprovecharse de la hospitalidad del jefe indio (es decir, de su comida), ordenó avanzar a sus tropas hasta Cempoala, ubicada a más de treinta kilómetros tierra adentro. Narváez situó su mando y artillería justo encima de las pirámides y templos de Cempoala. Desde estas posiciones elevadas dominaba las llanuras que se extendían delante de esta gran ciudad Estado.[37]

Cuando Cortés supo de la llegada de Narváez, no tuvo más remedio que dividir su expedición. Dejó unos 200 hombres en México-Tenochtitlán para mantener un precario pulso con los aztecas. Con el resto de sus fuerzas —menos de 350 hombres— Cortés volvió sobre sus pasos a Cempoala para enfrentarse a una fuerza muy superior. Pero Cortés poseía una herramienta de la que Narváez carecía: oro. Cortés era un maestro del soborno; había reunido su expedición y la había mantenido unida ante un peligro abrumador recompensando a sus hombres con botines y prometiéndoles riquezas futuras. Mientras Cortés se aproximaba al campamento de Narváez, envió negociadores, espías y mucho oro.

Fray Bartolomé de Olmedo era un sacerdote sagaz. Junto con su tocayo, Bartolomé de Usagre, eran dos de los enviados más importantes de Cortés. Acompañados por una yegua cargada de oro, los dos enviados se acercaron al campamento de Narváez y se esforzaron por ganarse a miembros clave de la expedición. Usagre se encontró con su propio hermano, que se encargaba de la artillería de Narváez, y le dio cadenas de oro. Fray Olmedo habló confidencialmente con Rodrigo Martín, el otro artillero de Narváez. Martín recibiría más de 1.000 pesos por bloquear el cañón principal con cera. Los enviados de Cortés también llevaban cartas dirigidas a casi todos los capitanes principales de Narváez y autoridades civiles de San Salvador: ofrecieron 20.000 castellanos a cada uno si se unían a Cortés. Parece que al cabo de muy poco el campamento de Narváez estaba repleto de oro.[38] Durante gran parte del mes de mayo de 1520, Narváez y Cortés tejieron fantásticas redes de intriga y contraintriga. Cortés envió al menos tres delegaciones al campamento de Narváez, cada una de las cuales estaba formada por personajes como fray Olmedo y Usagre, dedicados a neutralizar y subvertir al enemigo. Narváez también envió a sus propios intermediarios e intentó sobornar a algunos de los tenientes de Cortés ofreciéndoles autoridad en el futuro, ya que aún no poseía el oro de México. Narváez incluso preparó una trampa cuando accedió a un encuentro cara a cara con Cortés, junto con diez hombres de cada uno de los campamentos. El plan de Narváez consistía en esconder una unidad de caballería tras una colina, que caería sobre Cortés y sus delegados, capturándolos o matándolos al instante. Al final se impuso Cortés porque tenía un alijo de oro mayor y parecía controlar la fabulosa México-Tenochtitlán, «la ciudad más rica del mundo», circunstancias que los pragmáticos conquistadores no podían ignorar.[39]

Tras semanas frenéticas de negociaciones sin llegar a una solución amistosa, los hombres de Cortés empezaron a avanzar hacia Cempoala en la noche del 28 al 29 de mayo de 1520, en medio de una gran tormenta. Narváez nunca se había planteado que Cortés se atreviera a enfrentarse a una fuerza cuatro veces más grande que la suya; puede que Cortés intentara hacer una demostración de fuerza para mejorar las condiciones de su rendición, pero nada más. Aún después de que un explorador informara a Narváez que las fuerzas de Cortés estaban a menos de cinco kilómetros del campamento, el líder no conseguía tomarse en serio la amenaza. Tlacochcalcatl, el *cacique gordo* que se había refugiado en los aposentos de Narváez, temía a Cortés y lo entendía mucho mejor que Narváez. Predijo que Cortés atacaría cuando menos se esperara. Pero los tenientes de Narváez se limitaron a reírse: «¿Creéis que "Cortesillo" es tan valiente como para, con los tres gatos que comanda, venir y atacarnos solo porque lo dice este jefe gordo?»[40]

Pero eso fue lo que hizo. Las fuerzas de Cortés descendieron sobre Cempoala tan rápido que la artillería de Narváez, que ya era víctima de sobornos y acuerdos secretos, solo logró infligir un daño mínimo. Cuando la lluvia amainó y aparecieron la luna y las luciérnagas, uno de los destacamentos de Cortés rodeó la base de la pirámide donde Narváez había establecido su mando. Subieron por las escaleras, blandiendo largas picas con puntas de hierro y desafiando a los arqueros de Narváez en la plataforma superior.[41]

La lucha se intensificó cuando los hombres de Cortés alcanzaron las escaleras de más arriba y se aproximaron a un santuario de madera y paja desde donde Narváez y unos treinta hombres estaban disparando rifles y flechas. Cuando el destacamento de Cortés se acercó, los guerreros de Narváez se pasaron a las espadas y las picas. El propio Narváez apareció blandiendo un mandoble, y a continuación se produjo una batalla campal.

Tras horas de combate cuerpo a cuerpo, la voz cavernosa de Narváez se alzó por encima del rumor del combate: «¡Santa María, me están matando y me han destrozado el ojo!» La estocada de una pica le había vaciado la cuenca derecha. La rendición de los hombres de Narváez quedó aún más cerca cuando uno de los atacantes prendió fuego al techo de paja, dejando a los defensores totalmente expuestos y rodeados. Era solo cuestión de tiempo antes que los soldados de Cortés lograran aplastar toda resistencia en la pirámide y en cualquier otra parte de Cempoala. A altas horas de la madrugada después de la batalla, Narváez suplicaba que lo ayudaran. Acabaron encontrando a su médico y colocaron a sus capitanes y a él mismo con grilletes en un templo cercano.[42]

No fue una victoria común y corriente. Cortés ganó a los hombres de Narváez y con sus fuerzas combinadas llegaría a derribar el Imperio azteca. Hasta el día de hoy, los niños en la escuela estudian las proezas de Hernán Cortés en México. Pero casi nadie recuerda a Diego Velázquez o a Pánfilo de Narváez. Cuesta trabajo creer que hubo una época en la que ocurría lo contrario.[43]

• • •

Narváez pasó unos cuatro años «con grilletes y encadenado», según un testigo, pudriéndose en la costa húmeda, cálida e infestada de mosquitos de Veracruz. Una vez casi logró escapar ofreciéndose a comprar un barco en el que partir a Cuba, pero el ardid se descubrió y su cómplice fue sometido a un juicio sumarísimo y condenado a muerte. Para un hombre tan orgulloso y tan acostumbrado a la victoria, el encarcelamiento debió de resultar indescriptiblemente amargo: Narváez debió de reconcomerse pensando en cada error cometido y en cada hombre que lo había traicionado. También tenía que hacer frente a la vida con un solo ojo.[44]

Al menos Narváez pudo consolarse pensando que Cortés había sido un adversario formidable. En 1522, Narváez fue trasladado de Veracruz a México-Tenochtitlán y por el camino tuvo ocasión de ver una parte de México que hasta entonces le había resultado esquiva. Cuando Narváez llegó ante Cortés en Coyoacán, en las inmediaciones de México-Tenochtitlán, no pudo evitar sentir un dejo de admiración: «He visto las múltiples ciudades y tierras que ha dominado y sometido al servicio de Dios y de nuestro Emperador, y digo que Su Señoría debe alabarse y honrarse». No se trata de un cumplido insignificante, viniendo del eterno rival de Cortés.[45]

Mientras tanto, desde Cuba, Velázquez hacía todo lo posible por anular a Cortés legal y políticamente. Pero la suerte ya no lo acompañaba, y su vida estaba a punto de terminar. Falleció en junio de 1524. En su testamento Velázquez explicó cómo había organizado las expediciones que descubrieron México, había honrado a Hernán Cortés nombrándolo capitán de una de ellas, y este lo había engañado de manera ignominiosa arrebatándole el gran premio. Velázquez calculaba que sus herederos tenían derecho a un mínimo de entre 45.000 a 50.000 pesos en oro de Cortés. Jamás se realizaron tales pagos.[46]

María de Valenzuela, esposa de Narváez, era más sensata. Como entendía mucho mejor el alma de Cortés, suplicó al conquistador de México que perdonara la vida a su marido. Pero como sabía que las súplicas no bastarían, también se preparó para ofrecer un rescate elevado por su liberación. No hizo falta. En algún momento de 1524, Pánfilo de Narváez, que ya no era la amenaza de antaño, pudo volver a Cuba. Sin el ojo derecho y marcado para siempre por su experiencia en México, se reunió con su familia.[47]

Durante los meses que pasó en Cuba rodeado de familia y amigos, Narváez tuvo mucho tiempo para pensar en su existencia. Su exitosa carrera de colono y conquistador se veía eclipsada por el embarazoso descalabro en México. Y aunque Narváez se aproximaba a la cincuentena —por lo que ya era un hombre viejo según los rigurosos estándares de su época—, puede que aún le quedara tiempo para capitanear una última expedición. El orgullo probablemente desempeñó un papel importante en sus deliberaciones. Uno de sus amigos le aconsejó que desistiera de su insensato plan y «se retirara pacíficamente a su casa en el seno de su familia, y que diera gracias a Dios por tener lo suficiente para vivir en este tormentoso mundo lleno de problemas».[48]

Pero no lograron disuadir al veterano conquistador. En España, Narváez buscaría cómo vengarse de Cortés. Y en una apuesta final, también intentaría reconstruir su vida.

CAPÍTULO 2

UN VIAJE DE REDENCIÓN

En la España del siglo XVI, todas las exploraciones del Nuevo Mundo partían de Sevilla, la maravillosa ciudad portuaria del río Guadalquivir. Al ser el único puerto con permiso para entablar negocios con las colonias americanas, Sevilla se convirtió en una protagonista de la historia del descubrimiento, en el punto de inicio y finalización de todos los viajes transatlánticos. Como muy bien dijo alguien en la época: «Sevilla es la patria común, el globo interminable, la madre de los huérfanos y la tapadera de los pecadores, donde todo es una necesidad y nadie la tiene». En la década de 1520 muchos sevillanos aún recordaban el revuelo causado por la entrada triunfal de Colón en la primavera de 1493. El almirante de la *Mar Océano* había desfilado por la ciudad seguido por diez nativos y unos pocos loros resistentes que se había traído de las tierras recién descubiertas. La gente de Sevilla tenía recuerdos más recientes de ese capitán cascarrabias portugués llamado Fernando de Magallanes, que había salido en 1519 con cinco buenos barcos. Tres años más tarde, un solo navío con las velas destrozadas y veintiún supervivientes famélicos se detenía en el puerto tras haber recorrido el globo entero.[1]

Pero en vez de limitarse a actuar como telón de fondo o testigo silencioso, Sevilla era un hervidero de actividad, cuya población se había especializado en conseguir, equipar y tripular flotas destinadas al Nuevo Mundo, tareas que atraían a hombres y mujeres de toda Europa y el norte de África.

La acción principal se concentraba en un tramo de la playa que unía la orilla oriental del río a la ciudad. Esta zona, que medía 730 metros de largo por 350 de ancho, y a la que solían referirse como El Arenal, funcionaba en gran medida como la mesa de operaciones de un cirujano. En un día cualquiera, se veían docenas de barcos aglomerados, todos flotando perpendiculares a la línea de agua para aprovechar al máximo el espacio. Muchos de esos navíos estaban rodeados de multitud de carpinteros, calafates, aparejadores, estibadores, barqueros, prácticos, contables, oficiales reales, aspirantes a pasajeros y de otros tantos personajes que poblaban esa efervescente comunidad marítima. Dado que el promedio de vida de los barcos del siglo XVI que recorrían las rutas transatlánticas era de tan solo cuatro años, el personal dedicado a la reparación estaba por todas partes. Los calafates colocaban hábilmente los barcos de lado moviendo el lastre y aprovechando las mareas bajas para poner a la vista partes del casco. Tenían unas pocas horas en las que se entregaban frenéticamente a frotar el fondo y añadir estopa alquitranada entre las tablas de madera antes de que la marea volviera a cambiar. Cargar un barco exigía menos habilidad, pero mucha más resistencia. En El Arenal no había embarcaderos ni muelles, así que la carga entera —50, 70, 120 o más toneladas— tenía que transportarse en barcos más pequeños y subirse con sogas a cubierta, o bien cargarse en las espaldas de los estibadores que se tambaleaban al caminar de la orilla a los barcos sobre tablas estrechas.[2]

Se tardaba unos diez minutos caminando de El Arenal al centro de la ciudad, donde residían los poderes imperiales y eclesiásticos, y los capitanes de las expediciones se enfrentaban a la abrumadora organización de las flotas cada vez mayores. Riadas de seres humanos circulaban entre el bullicioso escenario portuario y el majestuoso centro a través de dos calles principales. La vía principal, una calle de adoquines flanqueada por paredes estucadas elevadas y rejas de hierro forjado, comenzaba en el corazón de El Arenal y terminaba en los escalones de la catedral de Sevilla. Los capitanes de los barcos reclutaban a miembros de la tripulación y voluntarios en estos escalones y a la sombra fresca de los arcos de los alrededores. Muy apropiadamente, la calle se llamaba de la Mar, ya que en ella las tripulaciones se despedían y echaban los últimos vistazos a la ciudad antes de subirse a los barcos.[3]

Una segunda avenida, menos abarrotada pero aún más importante, conectaba El Arenal con el palacio real. Por esta ruta el espléndido regalo de Cortés y muchas otras riquezas de América se transportaron en carros tirados por bueyes hasta las arcas muy protegidas de la Casa de Contratación, la agencia real que regulaba todo el comercio entre España y las colonias americanas. En estas dos calles, como en muchas otras, se encontraban múltiples comerciantes, dueños de tiendas y agentes ansiosos por satisfacer las necesidades de los que se dirigían a América. Ofrecían cualquier objeto imaginable, desde vino, bizcocho, aceite de oliva y bacalao salado hasta espadas, petos, pollos y caballos.

Era importante que hubiera todas esas cosas, pero el atractivo principal de Sevilla era la nutrida población que le permitía proporcionar tripulaciones para expediciones de cualquier tamaño. Incluso antes del descubrimiento de América, se encontraba entre los puertos más grandes de España. Impulsada por su posición de monopolio en las rutas transoceánicas, Sevilla se convirtió en el transcurso del siglo XVI en una de las ciudades más pobladas de toda Europa. En todas partes había señales visibles de su prodigioso crecimiento, sobre todo al otro lado de El Arenal, en la orilla occidental del río, en el famoso barrio de Triana. A mediados del siglo XV era una parte humilde y anodina de la ciudad, pero en la década de 1520 se había convertido en un barrio bullicioso y superpoblado, que albergaba una proporción mayor que el resto de indigentes, niños que vivían al garete, mujeres abandonadas, esclavos africanos y soñadores incurables con planes descabellados. En él vivían marineros de todos los rangos. Los capitanes y los propietarios poseían edificios de uno o dos pisos, mientras que los marineros vivían en residencias comunitarias llamadas *corrales*. Triana atraía a grandes cantidades de gente de paso de toda la península ibérica y del mundo mediterráneo en general, todos ávidos de enterarse de los últimos rumores de las expediciones futuras. A Miguel de Cervantes, Sevilla le resultó tan encantadora que la caracterizó como «amparo de pobres y refugio de desechados» y escribió sobre las vidas de algunos de sus habitantes, como los dos jóvenes pillos desaliñados *Rinconete y Cortadillo* y su protector *Monipodio*, el señor de los bajos fondos sevillanos.[4]

. . .

Pánfilo de Narváez viajó de Cuba a España un día de verano de 1525 y pasó año y medio siguiendo a la corte española desde Toledo, en el centro de España, hasta Sevilla en el sur. Era muy persistente. Habló en contra de Cortés a cada oportunidad que se le presentó y trató de desacreditar al famoso conquistador de México.

Pero Narváez también era una persona realista. A medida que pasaba el tiempo, modificó su estrategia y usó su influencia de manera más productiva ofreciéndose a organizar una expedición a las tierras vagamente conocidas al norte de México. Durante el tiempo que pasó prisionero en ciudad de México, Narváez ya había oído hablar de lo dispuesto que estaba Cortés a explorar el norte, para lo que había enviado varios grupos a reconocer el terreno. No habría existido una venganza más dulce para Narváez que la de interrumpir los avances de Cortés. Vista bajo esta luz, la iniciativa propuesta por Narváez constituye una continuación de una rivalidad épica que había empezado con la conquista de México.[5]

Narváez proyectaba la imagen de hombre rico y veterano del Nuevo Mundo, con una visión clara de lo que podía conseguir. Ya no contaba con el formidable auspicio del obispo Rodríguez de Fonseca, que había fallecido el año anterior. Pero el experimentado colono tenía buenas relaciones con otros miembros de la corte, incluido el propio rey Carlos (que a la sazón se había convertido en emperador del Sacro Imperio romano, adoptando el nombre de emperador Carlos V). Las peticiones de Narváez al emperador, aunque resultan un tanto estereotipadas como en todos los documentos de este estilo, muestran su confianza: «Para servir a Dios y a Su Majestad será un placer para mí ir en persona a descubrir las islas de Tierra Firme… sin que Su Majestad tenga que contraer compromisos ni hacer gastos de ningún tipo». En otra petición, que era casi una amenaza, Narváez instaba al emperador a evitar los retrasos, porque «pesaría mucho en su real conciencia si dificultara la conversión de los indios a nuestra sagrada fe católica y pospusiera los beneficios para su patrimonio real».[6]

A principios de diciembre de 1526, durante una estancia en Granada, el emperador recién casado y su Consejo de Indias aprobaron el proyecto. Narváez se obligaba a organizar y preparar la expedición con dinero de su propio bolsillo. Tendría que salir en menos de un año. El objetivo de la expedición era nada menos que la ocupación permanente de Florida y los territorios adyacentes. Narváez había obtenido permiso para fundar dos poblaciones y tres fortalezas en estas tierras. Era una gran victoria para Narváez: la Corona podría haber optado por una cédula mucho más restrictiva que permitiera comerciar con los indios pero prohibiera los asentamientos permanentes.[7]

No obstante, el amplio mandato de Narváez conllevaba sus propias complicaciones. Para empezar, haría que la expedición resultara costosa. Cada asentamiento tenía que consistir por lo menos en 100 hombres (y con el tiempo también en algunas mujeres), y por lo tanto Narváez tendría que ofrecer pasaje a 200 colonos como mínimo, sin contar los frailes que se encargaban del bienestar espiritual de los nativos y un puñado de oficiales reales para asegurarse de que las arcas reales recibían su parte de los beneficios. A cambio, Narváez recibiría algunas desgravaciones fiscales, una parcela de tierra grande que mediría diez leguas cuadradas, además de los títulos de gobernador de Florida, capitán general, *alguacil mayor* o agente principal de la ley (este último era vitalicio y transferible a sus descendientes durante toda la eternidad), *adelantado* o autoridad civil, y encargado de las fortalezas que se pensaba construir. Cada uno de estos cargos comportaba la perspectiva de riquezas, estatus social preeminente y auténtico poder político.

Con la cédula real en el bolsillo, Narváez se fue a Sevilla y empezó los preparativos a conciencia. Durante seis meses, la vida cotidiana de

Narváez debió de girar en torno a fletar barcos, comprar provisiones a precios que no fueran escandalosos, reclutar a miembros de la tripulación y colonos y recopilar toda la información geográfica que pudiera encontrar sobre su destino.

Aunque la propia existencia de Sevilla estaba orientada a la preparación de flotas, los contratiempos resultaron inevitables. Durante 1527 y 1528 hubo una escasez grave de harina. Para alimentar a la ciudad, las autoridades emitieron órdenes en las que prohibían a los molineros vender a las flotas. La expedición de Narváez debió de verse afectada por esta orden.[8]

Narváez también se esforzó mucho por encontrar un piloto familiarizado con la costa de Florida. Era un asunto importante que debió de discutir repetidas veces con los funcionarios reales. Una de las funciones más destacadas de la Casa de Contratación era mantener un cuadro de *pilotos reales*. La Corona contrataba a estos expertos para ocuparlos en expediciones importantes como la de Narváez. El núcleo de este grupo estaba comprendido por pilotos famosos que habían acompañado a Colón en sus viajes de descubrimientos —los Pinzón, Niño, Ledesma y demás— y sus descendientes, pero estas sagas de navegantes apenas bastaban. La Corona española tenía que hacer muchos esfuerzos para conseguir pilotos adicionales donde quiera que pudieran encontrarse, sobre todo en esa otra potencia marítima precoz, el reino vecino de Portugal. El rey Fernando no había ocultado sus intenciones: «Ya saben ustedes de la necesidad acuciante de marineros que tengan experiencia en los asuntos de navegación», escribió el monarca a los oficiales de la Casa de Comercio en 1514, «por lo tanto, si llega cualquier piloto portugués a esa ciudad [Sevilla], les ordeno que lo traten bien y traten de atraerlo lo mejor que puedan». No era infrecuente que los pilotos se vieran envueltos en enconadas disputas entre cortes enfrentadas. Narváez debió de seguir pistas por toda Sevilla, pero, como se deduce de sucesos posteriores, fue en vano.[9]

A pesar de tales dificultades, seguramente fue una época de euforia y renovación para Narváez. A finales de la primavera de 1527 había comprado cinco barcos que sumados podían transportar hasta

600 pasajeros. Durante semanas un pregonero debió de anunciar la incursión colonizadora de Narváez. Los capitanes de expedición daban preferencia a parientes, amigos y vecinos en sus reclutamientos, lo cual resulta comprensible. Es posible que el *adelantado* de Florida intentara atraer a voluntarios de Cuéllar, su localidad natal cerca de Valladolid, aunque no ha visto la luz ningún registro de tal esfuerzo. Considerando que las responsabilidades apremiantes de Narváez en Sevilla dificultaban el viaje, la mayor parte del reclutamiento debió de realizarse en los escalones de la catedral, donde también debió de conocer a Cabeza de Vaca, Estebanico y los demás.[10]

• • •

A casi cinco siglos de distancia, solo tenemos fragmentos de información sobre los colonos que se dirigían a Florida: gente como Pedro Lunel, un hombre rico que no quería partir sin llevarse sus cuatro esclavos negros; Mari Hernández y Francisco de Quevedo, una pareja que había ido a México con Cortés, pero tras pelearse con él habían vuelto a España para enrolarse en la expedición de Florida; Doroteo Teodoro, un ingenioso cristiano de Grecia; don Pedro, un indio principal de la ciudad-estado de Texcoco en el centro de México, que viajaba con un fraile franciscano; Juan Velázquez de Salazar, un hombre bien conectado que estaba destinado a ejercer de concejal de la primera ciudad fundada en Florida; y muchos otros de los que aún sabemos menos.[11]

Ninguno de los colonos respondía al estereotipo: no eran conquistadores enloquecidos por el oro que blandían frenéticos las espadas, sino hombres y mujeres corrientes con sus propias luchas, miedos y sueños. La mayoría eran españoles, con algún que otro portugués, griego y puede que alguna nacionalidad más. Todos eran católicos (a excepción de algunos esclavos africanos) y de familias que probablemente habían profesado la misma fe desde hacía generaciones. De hecho, la cédula de Narváez incluía una orden directa pero algo críptica según la cual no podía reclutar a individuos «a los que se les prohibiera ir a esos

España y África del Norte, mostrando Sevilla y los lugares de nacimiento
de los cuatro protagonistas

lugares [el Nuevo Mundo]», una prohibición dirigida seguramente a
musulmanes y judíos convertidos hacía poco al catolicismo. Eufemís-
ticamente, se solía llamar a tales conversos *nuevos cristianos*, y solían
ser discriminados en un imperio que se había unificado basándose en
la religiosidad militante.[12]

Los colonos no eran personajes marginales, vagabundos o crimi-
nales dispuestos a dar rienda suelta a sus frustraciones sociales sobre

los indios americanos. Como indica el listado parcial anterior, formaban una auténtica muestra representativa de la sociedad española. De los que participaron en la conquista de México, un increíble 11 % eran *letrados*, incluidos notarios y secretarios (y eso sin contar a otros profesionales como médicos y frailes), más de una cuarta parte eran comerciantes y artesanos, y aproximadamente un tercio consistía en hombres del mar (marineros, pilotos, pajes, etcétera). De manera similar, el contingente de Francisco Pizarro en Cajamarca, Perú, incluyó notarios, mercaderes, artesanos y soldados, así como marineros e individuos más humildes de la ciudad o el campo. Los capitanes hacían grandes esfuerzos por reclutar a individuos que poseyeran habilidades diversas que hicieran que el grupo fuera autosuficiente y tuviera más probabilidades de sobrevivir en el entorno hostil del Nuevo Mundo. La expedición de Florida no era precisamente excepcional. Era algo más grande que la expedición media, pero aun así poseía la misma variedad de individuos decididos y optimistas.[13]

• • •

Los miembros de mayor rango de la expedición de Florida, que rivalizaban incluso con Narváez, eran un puñado de personas nombradas por el rey y destinadas a convertirse en la nueva aristocracia de Florida. El tesorero real Álvar Núñez Cabeza de Vaca y los capitanes Alonso del Castillo y Andrés Dorantes (tres de los cuatro protagonistas de esta historia) formaban parte de este grupo de posición elevada.

Cabeza de Vaca era un hombre en la treintena de físico esbelto. Procedía de Jerez de la Frontera, una población andaluza seca pero atractiva a unos 60 kilómetros al sur de Sevilla. Hasta el día de hoy Jerez es famoso por sus vinos dulces (los ingleses, quienes no se caracterizan por su pronunciación fiel de nombres extranjeros, convirtieron *jerez* en *sherry*). Los contemporáneos de Cabeza de Vaca quedaron sorprendidos por su divertido apellido, que no obstante en el siglo XVI poseía resonancias nobles. La familia extensa de Cabeza de Vaca incluía lumbreras como el *maestro* Luis Cabeza de Vaca, que había sido tutor de Carlos durante su periodo flamenco antes de que subiera al trono español y se convirtiera en emperador del Sacro Imperio romano. Es probable que este ilustre Cabeza de Vaca ayudara a su joven pariente a acceder a la corte. Pero el modelo más evidente para Álvar Núñez Cabeza de Vaca fue su abuelo paterno, Pedro de Vera Mendoza. Esta figura desbordante había dirigido la conquista de la isla de Gran Canaria en la década de 1480, un episodio que había allanado el terreno para las conquistas españolas en el Nuevo Mundo. El joven Álvar conoció bastante bien a su famoso predecesor cuando este se trasladó a una edad avanzada a Jerez. Álvar evocaba una y otra vez los logros de su abuelo en las Canarias como prueba del servicio de su familia a la Corona Española.[14]

Puede que la ascendencia de Cabeza de Vaca fuera ilustre, pero sus circunstancias de niño en Jerez distaban mucho de la opulencia. La economía doméstica había empeorado tras las muertes prematuras de su padre en 1506 y su madre en 1509, por lo que los seis hijos tuvieron que valerse por sí mismos. Los niños se vieron obligados a abandonar su casa y alojarse con una tía materna. Cabeza de Vaca era el hijo mayor y debía de tener unos dieciocho años cuando él y sus hermanos quedaron huérfanos. Pero para entonces ya había empezado a labrarse su propio camino en el mundo. Desde que tenía doce años o incluso antes, había trabajado para los duques de Medina Sidonia, la casa de nobles más prestigiosa de Andalucía, y se había embarcado en una distinguida carrera militar. Debía de tener solamente veintiún años cuando se alistó en las fuerzas españolas que luchaban en Italia durante las campañas de 1511 a 1513. En 1520 y 1521, antes de cumplir los treinta años, Cabeza de Vaca luchó contra los denominados comuneros. Cansadas de que el poder central atacara su autonomía, las localidades de Castilla se alzaron para defenderse. Cabeza de Vaca, que se puso de parte de la Corona y la nobleza en contra de los rebeldes, ayudó a sofocar el movimiento. En esta misma época, Cabeza de Vaca también se casó con una mujer de una familia conversa (una familia judía que acababa de convertirse al catolicismo) llamada María Marmolejo.[15]

Sabemos poco acerca de las circunstancias concretas que condujeron al nombramiento de Cabeza de Vaca como tesorero real de la

Escudo de armas de la familia de Cabeza de Vaca. De Joseph Pellicer de Tovar, *Genealogía de la noble y antigua casa de Cabeza de Vaca sacada del teatro genealógico de los reyes, grandes, títulos y señores de vasallos de España*, Madrid, 1652. Cortesía de la Biblioteca Houghton, Universidad de Harvard.

expedición a Florida. Sin duda sus poderosos padrinos en la casa de Medina Sidonia, los miembros influyentes de su propia familia extensa y quince años de servicio militar distinguido, lo convertían en un candidato atractivo. Aunque Narváez tuvo mucha libertad para elegir a los miembros de su expedición, hubo un puñado de nombramientos reales que sencillamente tuvo que aceptar. Es probable que Narváez no pudiera decir gran cosa respecto al nombramiento de Cabeza de Vaca. Lo que es seguro es que las lealtades del tesorero real estaban en primer lugar no con Narváez sino con el emperador. Sus principales obligaciones consistían en supervisar todas las transacciones económicas y asegurarse que la Corona recibiera la parte que le correspondía de los beneficios.[16] Como tesorero real, y por lo tanto como extensión de la propia Corona, Cabeza de Vaca tenía que ser capaz de desafiar la autoridad de capitanes de expedición seguros de sí mismos como Narváez.[17]

Los capitanes Andrés Dorantes y Alonso del Castillo eran casi tan importantes como Cabeza de Vaca. En la rígida jerarquía de las primeras expediciones, estos dos hombres se encontraban algo por debajo del tesorero real en el sentido de que no supervisaban a Narváez sino que más bien eran sus compañeros y capitanes secundarios. No obstante, socialmente, eran iguales a Cabeza de Vaca. Andrés Dorantes procedía de la localidad de Béjar del Castañar en Castilla la Vieja. Solo tenía unos 25 años, pero ya lucía una cicatriz en la cara de una herida que había recibido durante la rebelión comunera. Como Cabeza de Vaca, Dorantes había luchado a favor del rey y contra el pueblo. Su lealtad no quedó sin recompensa. Durante un viaje a Sevilla para visitar al duque de Béjar en 1527, Dorantes supo de la expedición proyectada por Narváez a Florida. Debió de resultarle una empresa muy interesante, ya que rápidamente decidió alistarse. Gracias a la mediación de su influyente anfitrión en Sevilla, Dorantes recibió del emperador el nombramiento de capitán de infantería de la expedición a Florida.[18]

Alonso del Castillo, el último de este trío, tenía un pedigrí más académico que Dorantes o Cabeza de Vaca. Era originario de la ciudad de Salamanca, donde se encontraba la universidad más importante de España. Su padre era médico, una profesión muy respetable y codiciada. La clase social de Castillo y su educación en la Universidad de Salamanca casi le garantizaban una vida cómoda en España. Varios de sus parientes ya ocupaban cargos locales y municipales en las principales ciudades. Pero en vez de esa vida cómoda, Castillo decidió probar fortuna en el Nuevo Mundo. Como otros aspirantes españoles con medios, pensaba en América como un modo de ascender a las clases sociales y económicas más elevadas. Vendió una parte de sus propiedades en Salamanca para comprar armas y provisiones, se hizo miembro de la expedición de Narváez y, como Dorantes, consiguió que lo nombraran capitán. Dos décadas más tarde lo describirían como «un caballero y una de las personas más destacadas socialmente de la expedición de Narváez». Sin duda alguna, Castillo, no menos que

Cabeza de Vaca y Dorantes, quería extender su distinguido linaje al Nuevo Mundo y contribuir a ello con sus bienes, talento y sentido de nobleza obliga.[19]

Los tres eran hombres de fe. Eran aventureros piadosos cuya creencia en el Dios cristiano no se tambaleó. Sin embargo, ninguno de los tres había pisado jamás el Nuevo Mundo.

• • •

Junto a estos tres caballeros, un microcosmos de la sociedad española viajaría a Florida. La expedición debió de incluir una sección de letrados, médicos, comerciantes, artesanos, marineros, hasta llegar a humildes campesinos que buscaban empezar de nuevo. Cinco hermanos franciscanos introducirían a los indios en los misterios de la fe católica. Su líder era fray Juan Suárez, un veterano del Nuevo Mundo que estaba entre los *doce primeros* misioneros franciscanos enviados a México ya en 1524. Tras ser nombrado «obispo del río de las Palmas y Florida» había alcanzado la cumbre de su profesión. Lo acompañaba al menos otro miembro de los *doce primeros*, un fraile llamado Juan de Palos.[20]

La expedición de Florida también incluía mujeres. Las mujeres eran una parte integrante de los primeros viajes de descubrimiento y colonización. Según se ha calculado, conformaban en torno a un 10 % de todas las licencias emitidas para los pasajeros que salieron de Sevilla durante gran parte del siglo XVI. En determinados años habían alcanzado el 20 % e incluso se habían acercado al 30 % de todos los emigrantes europeos al Nuevo Mundo. La mayoría de estas pioneras estaban casadas con miembros de las expediciones, pero también viajaban mujeres no casadas como las hijas de las familias, criadas y prostitutas.[21]

El atractivo de América era más que evidente para las mujeres interesadas en el matrimonio. En España había superabundancia de mujeres debido a la emigración masculina y a la muerte temprana por la guerra. Según el embajador de la república de Venecia, en la

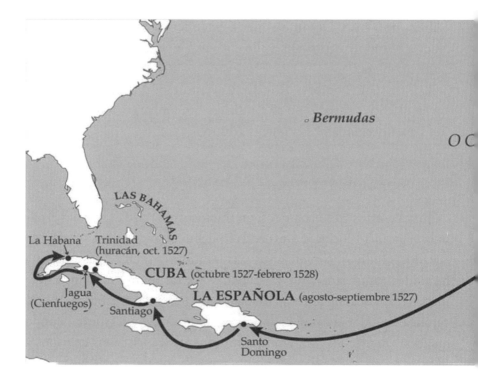

década de 1520 Sevilla parecía estar «casi controlada por las mujeres», muchas de las cuales se ganaban la vida en ocupaciones masculinas como el peonaje, la albañilería y la construcción de tejados. La situación era la opuesta justamente en las Indias, donde escaseaban las mujeres europeas y eran muy apreciadas por los ricos pero solitarios conquistadores.[22]

No sorprende por tanto que la mayoría de las mujeres viajaran a partes del Nuevo Mundo que ya estaban colonizadas por europeos; era mucho menos probable que se arriesgaran a emprender viajes de exploración y conquista hacia tierras desconocidas. Algunos capitanes de expediciones se negaban rotundamente a llevar mujeres. Pero Narváez no se encontraba entre ellos. Las primeras mujeres europeas en México habían viajado con Narváez en la imponente flota que fue a

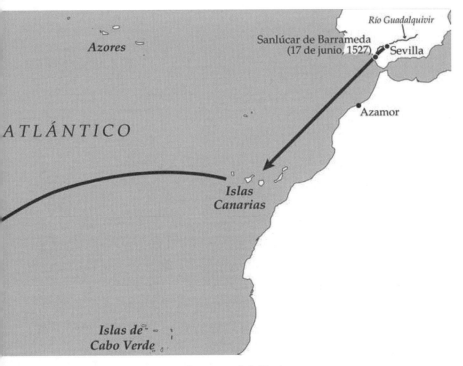

Atravesar el Atlántico

enfrentarse a Cortés. En la expedición de Florida había diez mujeres, todas las cuales estaban casadas y viajaban con sus maridos.[23]

• • •

Estebanico, el esclavo negro, es el cuarto y último protagonista de esta historia. Procedía de Azamor, una importante población costera de unos 5.000 habitantes en el reino de Marruecos, al noroeste de África. La gente de Azamor hablaba árabe y eran en su mayoría musulmanes. Un viajero contemporáneo los describió como «corteses y bien vestidos». Vivían en la desembocadura del río Oum Er Rbia entre huertos de higos. Azamor poseía una extraordinaria abundancia de pez sábalo (*clupea alosa*). Cada año, las ventas de pescado traían entre 6.000 y 7.000 ducados a esta población atlántica.[24]

Fue precisamente la riqueza de Azamor lo que atrajo a una poderosa flota portuguesa en 1513 (una expedición que incluía al joven Fernando de Magallanes). Tras tomar posesión de la localidad, los portugueses empezaron a adquirir esclavos y a enviarlos a la península ibérica. Azamor continuó siendo un puesto de avanzada fortificado portugués hasta 1541. Los caprichos del negocio de la esclavitud quisieron que Estebanico fuera llevado a España y quizás vendido por comerciantes portugueses en el mercado de esclavos de Sevilla. Tal y como indica su nombre (derivado de San Esteban), este joven se vio obligado a abjurar del islam y convertirse al cristianismo en algún momento durante su experiencia como esclavo. Su comprador final no fue otro que el capitán Andrés Dorantes.[25]

El hecho de que Estebanico procediera de una población próspera, donde se mezclaban varias razas, ya lo situaba en un plano superior que los esclavos del interior subsahariano. Estos últimos eran en su mayoría negros, mientras que la mitad de los esclavos de *Berbería* —que era el nombre por el que se conocía a esta región costera más *avanzada*— eran blancos y solo una cuarta parte eran negros. Por lo tanto, los españoles del siglo XVI no podían hacer suposiciones respecto al color de piel de los esclavos procedentes de Berbería. Por este motivo Cabeza de Vaca describió a Estebanico de manera un tanto complicada como un «negro alárabe natural de Azamor», una descripción que contiene varias pistas importantes respecto a su origen e identidad. Por otro lado, era un joven vivaz, extrovertido y curioso, con facilidad notable para los idiomas.[26]

Los esclavos africanos en estos primeros viajes de exploración eran un bien inmueble de sus señores europeos. En otras palabras, podían castigarlos, venderlos o utilizarlos de cualquier modo que juzgaran apropiado. Sus dueños se embolsarían cualquier pago derivado de sus esfuerzos. Su completa subordinación significaba que el peligro y las duras condiciones de vida que afectaban a todos los expedicionarios eran peores para los esclavos.

No obstante, al ir en compañía de los conquistadores, los primeros africanos en el Nuevo Mundo también disfrutaron de una libertad que ahora nos parece inconcebible. A algunos de ellos, esclavizados debido a su habilidad en la lucha, se les permitía llevar armas y montar caballos. De hecho, existen ejemplos de esclavos africanos que se establecieron por su cuenta en el Nuevo Mundo y capitanearon exitosas expediciones de conquista en México, Centroamérica, Venezuela, Perú y Chile. Sin querer minimizar la sombría realidad de la esclavitud, es importante tener en cuenta que las vidas de los esclavos africanos que participaron en los primeros viajes de descubrimiento y conquista diferían en mucho del tipo de esclavitud de plantación que más tarde vendría a caracterizar a este estrato social en el nuevo continente.[27]

• • •

Los barcos de Narváez debieron de cargarse parcialmente en Sevilla para luego navegar río abajo durante 90 kilómetros hasta el mar. El Guadalquivir es un río con régimen de mareas y con algunas zonas peligrosas de bajos debido a la acumulación de arena. En aquella época de tanto tráfico marítimo, el río había llegado a parecer un cementerio largo y serpenteante. Al incrementarse el volumen de transporte transatlántico en el siglo XVI, también aumentaron los naufragios repartidos a lo largo del curso del río, con lo que resultaba aún más difícil de navegar. Las carcasas de madera en proceso de putrefacción servían para recordar a los pilotos a cada paso que muchos proyectos se habían visto suspendidos en el descenso inicial o, lo que era peor aún, cuando casi habían alcanzado su destino final.[28]

Los barcos tardaban dos penosas semanas en desplazarse de Sevilla al océano. Como lo ha señalado un estudioso, los tripulantes habrían ido más rápido a pie que en barco. Esta fase inicial e interminable del viaje finalizaba, gracias a Dios, con la llegada a Sanlúcar de Barrameda, donde el río se encuentra con el mar. La flota de Narváez debió agruparse en Sanlúcar para pasar una inspección final, llenarse de provisiones y hacer embarcar a todos los pasajeros.[29]

Cruzar el océano Atlántico en el siglo XVI no era una tarea intrascendente. Exigía gran cantidad de preparativos y resistencia. Siempre era recomendable arreglar los asuntos personales de manera definitiva, ya que era posible no regresar jamás. Antes de la salida, muchos pasajeros se sentían obligados a acudir a la iglesia para recibir los sacramentos de confesión y comunión y alcanzar un estado de gracia, porque un «viaje por el mar implicaba un peligro mortal», según una autoridad contemporánea. Otros viajeros, más preocupados por sus cuerpos que por sus almas, ayunaban o tomaban laxantes para vaciar el estómago, o, al revés, compraban pollos y cerdos para tener carne fresca durante la travesía. Y aun sí, según Antonio de Guevara, el experimentado viajero y autor de una guía titulada *Arte de marear*, la mayoría de los que viajaban por primera vez no eran capaces de imaginarse la terrible experiencia que tenían por delante.[30]

La expedición de Florida salió de la costa española el 17 de junio de 1527. La novedad del viaje por mar, el sentimiento de anticipación por la vida en otro continente y la curiosidad natural por los barcos y sus ocupantes debieron de hacer soportable el viaje de ocho a diez días hasta las islas Canarias. Las flotas que se dirigían al Nuevo Mundo solían parar brevemente en Gran Canaria o La Palma para volver a abastecerse de agua, madera, animales vivos y algunas provisiones más.[31]

Un mes entero de navegación oceánica a través del Atlántico se inició cuando los barcos zarparon de Canarias. Para entonces los pasajeros ya podían imaginarse muy bien la resistencia extraordinaria que requeriría el viaje. El factor más insoportable era el exceso de pasajeros. Según nuestros estándares modernos, los barcos del siglo XVI eran terriblemente pequeños, ya que medían unos 18 metros de largo por menos de 5 metros de ancho y 2,4 metros de profundidad. En total, había entre 150 y 200 metros cuadrados de espacio habitable, aproximadamente la superficie de un apartamento grande. En este espacio entre 100 y 120 seres humanos convivían día y noche durante semanas, usaban unas letrinas de lo más rudimentarias y no disponían de intimidad excepto en casos muy excepcionales. En promedio, cada persona a bordo disponía de 1,5 asfixiantes metros cuadrados para sí mismo. El equipaje provocaba que este limitado espacio fuera más insoportable aún. Los viajeros llevaban diversos cofres, cajas y efectos personales que inevitablemente terminaban desperdigados por toda la cubierta y abarrotaban hasta el último rincón. A veces se producían peleas cuando alguien movía un cofre aunque solo fuera unos centímetros, ocupando inevitablemente la zona del vecino. Los viajeros también se veían obligados a compartir su escaso espacio con numerosos animales, algunos transportados a propósito y otros sin que nadie los invitara. Abundaban los gallineros con pollos, pero los cerdos, cabras, ovejas, vacas y caballos también estaban incluidos en estos viajes. A lo lejos, las cubiertas de algunos de estos barcos debían de parecer auténticas granjas flotantes. Pero los huéspedes no deseados debían de ser lo peor: ratas, pulgas y piojos deambulaban en libertad por los barcos y se mezclaban con todos los de a bordo, sin distinciones de clase social.[32]

El hacinamiento afectaba cada faceta de la vida a bordo. La comida y la bebida, por ejemplo, se distribuían de manera centralizada y reglamentada a todos excepto a unos pocos privilegiados. Los viajeros corrientes podían esperar tres comidas decentes que consistían básicamente en agua, vino y bizcocho (pan sin levadura), con alguno que otro plato de sopa o carne. Por desgracia, el elevado número de bocas exigía más hincapié en la intendencia que en la calidad del sabor. Los pasajeros encontraban suficientes motivos para quejarse. Veían que el agua estaba turbia y olía mal; el vino, incluso el más barato y aguado, siempre era mucho más apreciado. El bizcocho solía estar seco, ennegrecido, rancio y a menudo mordisqueado por las ratas y cubierto de telarañas. Y tampoco es que los pasajeros pudieran alabar mucho las carnes, correosas y crudas, que solo conseguían aumentar la sed. Los buenos modales eran impensables. Dos, cuatro o más individuos compartían grandes bandejas que se colocaban en el suelo, ya que no había mesas. Todo el mundo cogía la comida tranquilamente con las manos, y se pasaban los cuchillos cuando era necesario (las condiciones no tenían por que ser mucho mejores en tierra, ya que las cucharas y tenedores apenas estaban empezando a usarse en Europa, y con cierto escepticismo. Un predicador alemán que se oponía al uso de los tenedores señaló que Dios «no nos habría dado dedos si hubiera querido que usáramos este instrumento»).[33] Un pasajero mordaz dejó una vívida descripción del método para alimentar a la tripulación en el Atlántico:

> Cuando el sol ya estaba en lo alto, veía a dos de los llamados pajes que traían de debajo de la cubierta un fardo que llamaban manteles, y los colocaban en el centro del barco... luego colocaban en esta mesa unos montoncitos de galletas viejas, de manera que las galletas de los manteles parecían pilas de boñiga en el campo de un granjero... Después ponían tres o cuatro bandejas grandes de madera en la mesa, llenas de trozos fibrosos de carne, aderezados con tendones mal cocinados... En un abrir y cerrar de ojos, todos los marineros llegaban, decían «amén» y se sentaban en el suelo... uno con las piernas hacia atrás, otro echando las piernas hacia delante, otro agachado, el otro reclinado... Y sin esperar a que se bendijera la mesa, sacaban los cuchillos... de diversos tipos, algunos para matar cerdos, otros para despellejar corderos, otros para cortar el cuero, y agarraban los pobres huesos con las manos, separándolos de los nervios.[34]

De noche era cuando más se notaba el abigarramiento. Unos pocos privilegiados tenían catres e incluso camas, pero la inmensa mayoría de pasajeros tenían que conformarse con pasar la noche envueltos en simples mantas. Como no había lugares fijos para dormir, los pasajeros yacían donde se encontraran superficies razonablemente planas y desocupadas, y desde luego siempre demasiado cerca de los demás. En su guía de viaje, Guevara recomendaba a los lectores que soportaran la proximidad de los otros imaginándose que todo había sido un sueño: los gritos alarmantes, los olores horribles, incluso las insinuaciones sexuales no deseadas desaparecerían con el nuevo día. En casos de necesidad extrema, siempre se podía optar por pagar «buen dinero» por el privilegio de dormir en una *ballestera* (abertura para disparar ballestas), que al menos era plana y estaba algo más apartada. Siempre era preferible dormir en la cubierta, aunque los pasajeros se vieran expuestos a los elementos y a veces los despertaran los miembros de la tripulación cuando orientaban las velas o cambiaban de turno. Bajo cubierta las temperaturas eran infernales, y los olores embriagadores que ascendían desde las profundidades de la bodega del barco provocaban que cada noche resultara espantosa. Solía obligarse a los esclavos a dormir bajo cubierta.[35]

• • •

Tras un mes de semejantes sufrimientos diurnos y nocturnos, no es de extrañar que los viajeros mostraran una alegría desatada y abrumadora al ver las primeras islas caribeñas. La expedición de Florida se detuvo primero en La Española, donde permaneció casi un mes y medio, de finales de julio hasta septiembre de 1527. La flota debió de atracar en el excelente puerto de Santo Domingo. Resulta fácil imaginarse el alivio y el asombro que debieron de experimentar los pasajeros cuando finalmente se les permitió salir tambaleándose de los barcos, puede que después de algunos retrasos burocráticos de última hora, y se encontraran con la conmoción generada por su llegada a Santo Domingo.[36]

Los objetivos de Narváez en Santo Domingo se limitaban a comprar provisiones y caballos. Los capitanes debieron de salir disparados por la ciudad para conseguir artículos concretos. Mientras tanto, los pasajeros y la tripulación disfrutaban de su tiempo de ocio. Se paseaban por la ciudad intercambiando noticias con la gente del lugar sobre familiares, amigos y conocidos. Estas conversaciones giraban inevitablemente en torno a las perspectivas económicas de América y, de manera también inevitable, solían terminar en negocios y ofertas de empleo. A medida que pasaban las semanas, la increíble cifra de

140 hombres —casi uno de cada cuatro miembros de la expedición— iba desertando. Decidían permanecer en La Española «por los partidos y promesas que los de la tierra les hizieron».[37]

Había cierta ironía en estas bajas. En su petición al emperador, Narváez se había ofrecido a abstenerse de alistar a hombres de las islas del Caribe para no contribuir a su futura despoblación. Pero, en vez de despoblar las islas, parecía incapaz de evitar que sus propios hombres se quedaran en ellas.[38]

En retrospectiva, cabe pensar que los 140 desertores fueron muy afortunados, aunque por supuesto no podían saber qué les esperaba a los que continuaran hasta Florida. Los que se quedaron tomaron sus decisiones basándose en una valoración racional del potencial económico de La Española. Durante el mes y medio que permanecieron en la ciudad de Santo Domingo, los expedicionarios de Florida debieron de fijarse en las constantes idas y venidas de barcos. Santo Domingo era la puerta de entrada al Nuevo Mundo y ofrecía diversas oportunidades de abastecimiento y comercio.

Algunos de los hombres de Narváez debieron de oír hablar también de las minas de oro. Aunque habían obligado a los indios del lugar a trabajar en los minas hasta morir, éstos habían sido sustituidos por una fuerza de trabajo más resistente formada por esclavos africanos. La transición había sido problemática y costosa, pero al final había tenido éxito. Un informe oficial escrito en 1525 señalaba alegremente que «se obtiene más oro ahora que al principio». Los sueños de oro perduraban en La Española.[39]

Otros viajeros probablemente decidieron olvidarse de Florida tras enterarse del negocio de las perlas. La Española era el centro de una auténtica fiebre de las perlas que se extendía por toda la costa oriental de Venezuela, una zona conocida pomposamente como la *costa de las Perlas*. Las canoas transportaban a esclavos buzos a los gigantescos lechos de ostras de la zona. Se les arrojaba por la borda a las aguas azules y cristalinas, con piedras sujetas a los hombros para que se sumergieran entre quince y dieciséis metros y volvieran a salir un minuto más tarde con bolsas llenas de ostras. Cada año se obtenían más de 12.000 kilogramos de perlas solo en Cubagua, las mismas que se vendían en Sevilla «a montones» como si fueran semillas.[40]

Y por último, La Española prosperaba debido a las plantaciones de azúcar. La isla había sido el primer pedazo de tierra controlado por los europeos en el Nuevo Mundo y para ese momento se había convertido en un campo de experimentación económica que habría de revolucionar el continente entero y provocaría la esclavización de millones de africanos. Un cirujano de Santo Domingo llamado Gonzalo de Vellosa inició modestamente esta transformación en 1515 o 1516 importando azucareros de las islas Canarias y construyendo el primer molino viable de azúcar en América. El experimento tuvo un éxito enorme. Durante la década de 1520 aparecieron molinos de azúcar por toda la isla en los ríos Nigua, Nizao y Ocoa; para cuando llegó la década de 1530 había nada menos que treinta y cuatro molinos en funcionamiento. La producción de azúcar aún no se había convertido en un gigante económico, pero ya era lo bastante prometedora como para haber convencido a algunos de los hombres de Narváez para permanecer allí. Puede que con el residuo pardusco y dulce que se obtenía tras estrujar las cañas, algunos de los expedicionarios de Narváez lograran ganar las riquezas que no pudieron lograr sus camaradas de a bordo, más aventureros y mucho menos afortunados.[41]

• • •

Desde La Española, la flota zarpó a Cuba. Narváez pensaba hacer algunos preparativos finales en su terruño y luego proceder inmediatamente a su *adelantamiento* antes del inicio del invierno. Pero sus planes cuidadosamente preparados se vieron desbaratados por los elementos naturales.

Durante septiembre y octubre de 1527, en el punto álgido de la temporada de huracanes, la flota zarpó despreocupada por la costa sur de Cuba. Primero se dirigió a Santiago, la capital de Cuba y principal asentamiento del lado este. Allí Narváez continuó recopilando provisiones, confiando en una red de socios, conocidos y amigos.

Narváez debió de quedarse encantado al recibir una oferta de provisiones adicionales de un *caballero* llamado Vasco Porcallo, que debía de ser uno de los hombres más ricos y prominentes de la isla. Lo cierto es que los rumores de la fabulosa fortuna de Porcallo ya habían alcanzado a la corte española (o lo harían muy pronto). Tan solo dos años más tarde, en 1529, la reina de España (esposa de Carlos) solicitó explícitamente un préstamo a Porcallo para hacer frente a una serie de incursiones turcas y árabes en la costa de Andalucía. Una oferta a la expedición de Florida procedente de una figura tan distinguida habría constituido un voto de confianza y una muy grata inyección de recursos en un momento en que la expedición venía de sufrir algunos contratiempos. El único problema era que las provisiones se encontraban en la localidad de Trinidad, en el lado occidental de la isla, a unos 450 kilómetros de Santiago. La flota entera empezó a navegar hacia el oeste, pero a mitad de camino hacia Trinidad Narváez decidió parar en un puerto llamado Cabo de Santa Cruz. Se enviaron dos barcos por adelantado para recibir los víveres prometidos.[42]

Sin que los expedicionarios lo supieran, en algún punto del mar Caribe o en el golfo de México, nubes cada vez más hinchadas y tormentas eléctricas aisladas empezaron a chocar y combinarse las unas con las otras. Debido al movimiento rotatorio de la tierra, esta masa de nubes, lluvia y viento empezó a girar alrededor de un centro de baja presión. En el transcurso de dos o tres semanas el viento debió de incrementarse de manera constante hasta que el sistema se convirtió en una tormenta tropical y finalmente en un huracán. Y se deslizó hacia Cuba.[43]

Los dos barcos principales de Narváez llegaron a Trinidad un jueves. A la mañana siguiente el tiempo empezó a empeorar, con alguno que otro chubasco y olas altas. Como la población se encontraba a unos cinco kilómetros tierra adentro, Vasco Porcallo, Juan Pantoja (uno de los capitanes de barco) y algunos hombres se dirigieron a la costa para recibir las provisiones. Cabeza de Vaca permaneció a bordo al mando de los dos barcos. Esperó todo el viernes y parte del sábado mientras las tormentas continuaban aumentando de intensidad. Los pilotos estaban preocupados porque el fondeadero era débil y expuesto, y el tiempo no amainaba. En algún momento de la mañana del sábado llegó una canoa al barco de Cabeza de Vaca; un mensajero llevaba una carta en la que se le pedía que fuera a la ciudad a supervisar el traslado de provisiones. El tesorero real se negó a moverse, explicando que no podía dejar su puesto en semejantes circunstancias. Al mediodía la canoa volvió, en esta ocasión con un caballo y una carta en la que se exigía la presencia inmediata de Cabeza de Vaca. Al fin Cabeza de Vaca transigió y se dirigió a Trinidad.[44]

Entonces llegó el huracán.

La gran mayoría de los expedicionarios de Florida nunca había experimentado la fuerza de un gigante rotatorio de tal intensidad, que se desplazaba erráticamente arremolinándose de un sitio a otro y destruyéndolo todo a su paso. Debido a que los huracanes necesitan calor tropical y humedad elevada para formarse, no se dan en ninguna parte del Mediterráneo ni del Atlántico nororiental. Colón fue el primero en informar de uno de ellos durante su segundo viaje. Los residentes europeos en La Española tuvieron algunos encuentros con ellos en las primeras décadas y adoptaron la palabra taína para denominarlos, *huracán*, que significa gran viento.[45]

Cabeza de Vaca no pudo ocultar su asombro:

> A esta hora el agua y la tempestad començó a crecer tanto que no menos tormenta avía en el pueblo que en la mar, porque todas las casas e iglesias se cayeron, y era necesario que anduviésemos siete o ocho hombres abraçados unos con otros para podernos amparar que el viento no nos llevasse.
>
> Y andando entre los árboles no menos temor teníamos dellos que de las casas, porque como ellos también caían, no nos matassen debaxo. En esta tempestad y peligro anduvimos toda la noche sin hallar parte ni lugar donde media ora pudiéssemos estar seguros.[46]

A lo largo de la noche, los nativos de Trinidad cantaron y tocaron cascabeles, flautas y panderetas para apaciguar a Guabancex, el espíritu femenino que «mueve el viento y el agua y derriba las casas y arranca los árboles de raíz». Curiosamente, los españoles, de manera no muy distinta de los nativos, entendían los huracanes como manifestaciones del diablo. Tras dos huracanes devastadores en 1508 y 1509, los residentes de La Española se dispusieron a protegerse construyendo iglesias de piedra dotadas de grandes cruces. Como explica uno de los primeros cronistas: «cristianos devotos afirman, y la experiencia lo ha demostrado, que después de colocarse el Sacramento Más Sagrado en iglesias y monasterios de esta ciudad [Santo Domingo] y otras poblaciones de la isla, los huracanes han cesado».[47]

Al día siguiente, un lunes, Cabeza de Vaca y unos 30 supervivientes de la expedición que habían permanecido en Trinidad fueron a la costa a averiguar qué había ocurrido con los barcos. Solo había unos pocos rastros de ellos en el fondeadero: algunas boyas, pero nada más. Los equipos de búsqueda que se desplazaron por la costa encontraron un bote de remos en lo alto de un árbol a 1,5 kilómetros de distancia. A más de 40 kilómetros recuperaron dos cuerpos tan maltrechos que resultó imposible identificarlos. También encontraron una capa y algunos jirones de mantas. En total, aquel día la expedición a Florida perdió 2 barcos, 20 caballos y 60 hombres. Los supervivientes temerosos de Dios solo pudieron interpretar esta tormenta tan fuerte como una especie de advertencia divina, un presagio inequívoco.[48]

CAPÍTULO 3

DESEMBARCO

E l huracán sumió a la expedición de Florida en el caos. La fecha de partida tuvo que posponerse para reponer los barcos perdidos y reemplazar a los colonos que habían muerto. Mientras tanto, se avecinaba una insurrección contra Narváez. Según Cabeza de Vaca: «La gente… estavan tan atemorizados de lo passado [en Cuba] que temían mucho tornarse a embarcar en invierno, y rogaron al governador que lo passasse allí». Semejante retraso iba a suponer un revés económico. Pero Narváez acabó transigiendo porque él también necesitaba más tiempo. Desde que el tuerto capitán general había comenzado a montar su flota en Sevilla, no había sido capaz de hallar un piloto familiarizado con Florida y la costa norte del Golfo. Y no se trataba de un obstáculo menor. Como bien sabía cualquier explorador, «un piloto es a un barco lo que el alma es al cuerpo humano». Sin él, toda la expedición estaría en grave peligro.[1]

Los pilotos experimentados resultaban sencillamente indispensables en una época en la que los contornos de un nuevo continente apenas empezaban a resultar visibles para los europeos. Ayudados solamente por brújulas y cartas de navegación, navegaban a través de aguas traicioneras confiando en los conocimientos que se tenía sobre el mar y en su propia experiencia adquirida con muchos esfuerzos. Los pilotos debían ser capaces de reconocer las costas, detectar el menor indicio de tormentas inminentes y aprender a calcular la profundidad del mar con solo mirar su color: el azul oscuro indicaba seguridad, el azul claro significaba que el fondo era arenoso pero no muy profundo, y el marrón era el color amenazador del coral. Su valía resultaba muy evidente por los elevados salarios que exigían, cuya cuantía no dejó de incrementarse a lo largo del siglo XVI.[2] Pero los buenos pilotos escaseaban. Durante su estancia en Sevilla, Narváez no había conseguido localizar ni tan solo a uno familiarizado con Florida y la costa del Golfo. La situación no era mejor en La Española, y el capitán general se vio obligado a marcharse de la isla con las manos vacías. Cuba le ofreció una última oportunidad. Durante el invierno de 1527 a 1528, Cabeza de Vaca permaneció con los barcos en el espacioso y protegido puerto de Jagua (actual Cienfuegos) en la costa sur de Cuba, mientras Narváez viajaba en busca de un tripulante adecuado.[3]

Cuando el capitán general volvió a unirse al grupo en febrero, se trajo a un hombre llamado Diego Miruelo, que tenía la reputación de ser «muy buen piloto de toda la costa norte». Y lo que es más importante, se decía que había ido al río de las Palmas. Poco se sabe de Miruelo y de cuánta experiencia poseía realmente como piloto, pero es probable que hubiera recorrido algunas partes de la costa del golfo de México y podía afirmar que poseía cierta competencia. Por desgracia, como Narváez descubriría muy pronto, las habilidades de Miruelo como piloto no estaban a la altura de la misión tan difícil que les esperaba.[4]

• • •

Narváez era responsable de colonizar el territorio «entre el río de las Palmas y Florida». Florida constituía el extremo norte de la región y en la década de 1520 todavía era un enigma. Solo un puñado de flotas europeas había visitado realmente esta península llana y subtropical, e incluso esos primeros exploradores la habían contemplado básicamente desde las cubiertas de sus barcos. Los esclavistas españoles que operaban en las Bahamas se encontraban entre los primeros que se dirigieron a Florida, ya que la escasez de nativos de las islas los llevó a extender sus actividades más hacia el oeste. Seguramente algunos de estos traficantes debieron de ser los primeros europeos en contemplar Florida.[5]

La gloria del descubrimiento de Florida pertenece a un veterano explorador llamado Juan Ponce de León. En 1513 salió a descubrir una isla llamada *Birmini* que se pensaba que existía al norte de las Bahamas. Algunos

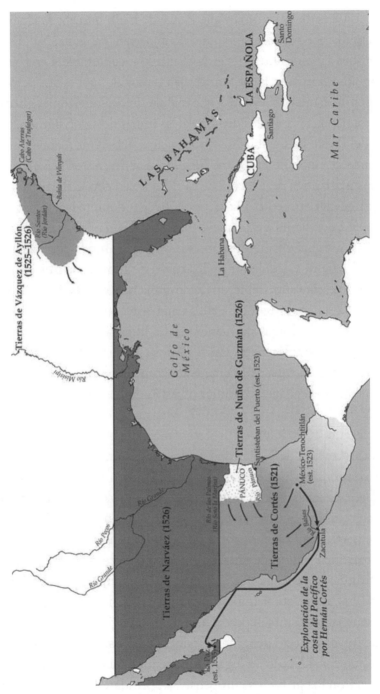

Florida, Pánuco, y el alcance del *adelantamiento* de Narváez y los de sus rivales

cronistas de entonces afirman que Ponce de León buscaba la «fuente de la juventud», aunque él mismo nunca lo dijo explícitamente. No obstante, una búsqueda semejante no habría resultado inconcebible. Los primeros exploradores zarparon hacia tierras lejanas movidos por el oro, pero también por un caudal de leyendas que incluía sirenas, amazonas, guerreros, pigmeos, las siete ciudades de Cíbola, las minas del rey Salomón, el rico reino del Preste Juan y muchos otros lugares y criaturas maravillosos.

Ponce de León no encontró *Birmini* ni la *fons juventutis*, pero llegó a la costa atlántica de Florida cerca del actual cabo Cañaveral. Desde este primer avistamiento oficial que tuvo lugar durante la pascua florida, Ponce de León llamó a esta nueva tierra *La Florida*. Sus tres barcos zarparon a continuación en dirección sur, y examinaron la península hasta el actual Miami y alrededor de los cayos de Florida. Otros europeos, sobre todo esclavistas, debieron de dirigirse hacia allí en las décadas de 1510 y 1520. Pero ninguno de ellos tenía la autorización, o inclinación, para establecer colonias permanentes. La iniciativa de Narváez estaba pensada para establecer tres fuertes y dos ciudades por esta zona.[6]

Pero lo que buscaba realmente Narváez no era Florida, sino más bien las riquezas más al sur. El primer objetivo de Narváez era el río de las Palmas. Este río, el actual río Soto la Marina, discurre en paralelo al río Grande a unos 200 kilómetros al sur y marcaba la línea de demarcación entre el territorio de Narváez al norte y la provincia de Pánuco al sur.

A comienzos de la década de 1520, Pánuco había sido objeto de rivalidades intensas, ya que estaba muy poblado y era de fácil acceso por mar; en otras palabras, resultaba inmensamente atractivo para cualquiera que participara en el negocio de la esclavitud. El río de las Palmas constituía una puerta de entrada franca a esta zona económicamente atractiva. Se rumoreaba que el propio río contenía riquezas fabulosas, pese al hecho de que exploradores anteriores no habían encontrado nada semejante. También poseía un valor estratégico. El río es navegable y constituye un rasgo geográfico visible de la costa del Golfo. Su delta había sido considerado un lugar prometedor para la colonización desde que llegaron los primeros europeos. La prioridad de Narváez era pues explorar y controlar el río de las Palmas.[7]

Narváez también tendría que decidir qué otras zonas podía explorar y colonizar dentro de las tierras que le habían tocado. Era una zona inmensa. Según un informe de 1527 que intentaba aclarar las divisiones políticas de Norteamérica, el *adelantamiento* de Narváez incluía todo lo que había entre el río de las Palmas y el límite norte de Florida *yendo en dirección oeste hasta el otro mar*. Esta interpretación amplia equivale a una franja de tierra que medía más de 750 kilómetros de norte y sur y 4000 kilómetros de ancho del Atlántico al Pacífico, y abarcaba partes de los actuales estados de Florida, Georgia, Alabama, Misisipi, Luisiana, Texas, Nuevo México y Arizona en Estados Unidos, y Tamaulipas, Nuevo León, Coahuila, Durango, Chihuahua, Sinaloa, Sonora, Baja California y Baja California Sur en México. Los españoles de la década de 1520 no sabían prácticamente nada sobre estos territorios, pero ya se imaginaban que eran enormes. El informe de 1527 sugería que el emperador había sido demasiado generoso con Narváez, ya que harían falta «tres príncipes, cada uno de ellos con una gran armada», para someter y gobernar este inmenso territorio. De hecho, la zona en cuestión es cuatro veces mayor que España.[8]

Pero Narváez no era el único interesado en reivindicar los territorios al norte de México. Un puñado de conquistadores, bien conectados, emprendedores y ambiciosos, ya se habían lanzado a una precipitada carrera por ocupar y controlar grandes partes de Norteamérica. A la cabeza de la lista de potenciales rivales estaba el hombre más rico del Nuevo Mundo y antiguo rival de Narváez, Hernán Cortés. Ya en mayo de 1522, un Cortés exultante había escrito a Carlos V informándole de que había llegado al océano Pacífico: «y ya he empezado a construir barcos y bergantines para explorar todos los secretos de esta costa que queda a noventa leguas de aquí [de Ciudad de México] y que sin duda revelará cosas maravillosas». Cortés fundó un astillero en la costa del Pacífico y empezó a enviar flotas hacia el norte que acabarían llegando a Baja California y otras zonas que Narváez pudiera reclamar. Parecía como si los dos hombres estuvieran destinados a enfrentarse una vez más en la lejana costa del Pacífico.[9]

Además de la amenaza inminente de Cortés, Narváez se enfrentaba a dos rivales encarnizados a cada lado de su *adelantamiento* en el lado Atlántico. Al norte, Narváez tenía que lidiar ni más ni menos que con el *licenciado* Lucas Vázquez de Ayllón, el mediador enviado por la *audiencia* de Santo Domingo para evitar un enfrentamiento entre Narváez y Cortés en México. El omnipresente Vázquez de Ayllón era un hombre de «gran sabiduría y circunspección» para el que veinticuatro horas diarias no bastaban para sus múltiples ocupaciones, comenzando por su agitada vida privada. Aunque estaba casado, tenía uno o más hijos ilegítimos y muy posiblemente tenía a la esposa de un vecino de concubina en su casa. Más allá de sus escarceos sentimentales, Vázquez de Ayllón era dueño de una plantación de azúcar y también participaba con entusiasmo en el comercio de esclavos. Financió expediciones para esclavizar en las Bahamas, pero los barcos estaban tan mal abastecidos que muchos de los cautivos morían durante el viaje.[10]

El interés de Vázquez de Ayllón por Norteamérica procedía de esta última faceta de su carrera. Una de sus expediciones encargadas de esclavizar se desvió más al noreste y acabó alcanzando la costa de Carolina del Sur. Este descubrimiento casual permitió a Vázquez de Ayllón viajar a España y pedir una patente para explorar y colonizar esta región. En el verano de 1526, cuando Narváez aún seguía presionando en la corte española, el *licenciado* zarpó a la costa de América con unos 600 colonos. Esta expedición hubiera motivado un enfrentamiento directo con las futuras colonizaciones de Narváez en Florida. Los dos líderes no se podían ni ver. La confrontación no llegó a producirse solamente porque Vázquez de Ayllón enfermó y murió en octubre de 1526. Las disputas entre facciones tras la muerte del *licenciado* acabaron obligando a todos sus seguidores a abandonar la colonización.[11]

Al sur de su *adelantamiento*, en la provincia de Pánuco, Narváez se enfrentaba a una amenaza mucho mayor. La región había atraído a figuras poderosas desde principios de la década de 1520. En 1525, dos años antes de que Narváez se embarcara en su propia expedición, la Corona había nombrado a un gobernador para Pánuco llamado Nuño de Guzmán. Considerado un gran villano y capaz de actuar con total independencia, Guzmán llegó a Santisteban del Puerto, el único asentamiento europeo en Pánuco, con más de un año de ventaja respecto a

Narváez. Santisteban del Puerto era una comunidad anodina de unos sesenta o setenta españoles. Pero en aquella época constituía el enclave europeo más septentrional en el continente, y una base excelente para exploraciones más al norte. Guzmán se inició en el cargo explorando el famoso río de las Palmas.[12]

La carrera posterior de Guzmán revela cuán peligroso hubiera resultado para Narváez. A principios de la década de 1530 pasaría a conquistar la costa noroeste de México hasta Sinaloa y Sonora mientras mantenía un control férreo sobre Pánuco. Luego trató de unir sus dos dominios costeros en una sola entidad territorial y política que se extendiera de una costa a la otra. Guzmán suponía una amenaza grave.[13]

• • •

Tras haber pasado el invierno en Cuba, los expedicionarios reanudaron su viaje en febrero de 1528. Pero enseguida se encontraron con problemas. Solo tres o cuatro días después de que la expedición zarpara del puerto de Jagua, el nuevo piloto, Miruelo, mostró preocupantes señales de incompetencia cuando los barcos empezaron a encallarse en el archipiélago de Canarreo. Formado por unos 350 islotes verdes al sudoeste de Cuba, en el golfo de Batabanó, Canarreo está rodeado por un laberinto traicionero de arrecifes, bajíos y rocas escarpadas. Navegar por estos bajíos era una pesadilla para capitanes y pilotos, y Miruelo no parecía capaz de afrontar la tarea. «Y ansí estuvimos quinze días tocando muchas vezes las quillas de los navíos en seco», escribe Cabeza de Vaca, «al cabo de los quales una tormenta del Sur metió tanta agua en los baxíos que podimos salir, aunque no sin mucho peligro». La expedición estuvo a punto de finalizar en su mismo inicio.[14]

Los problemas continuaron. En Guaniguanico una tormenta sorprendió a la flota. «Estuvimos a tiempo de perdernos», relata Cabeza de Vaca. En cabo Corrientes, la expedición se encontró con otra tempestad que duró tres días. Tras rodear el cabo San Antonio, el extremo occidental de Cuba, la flota navegó contra el viento por la costa norte

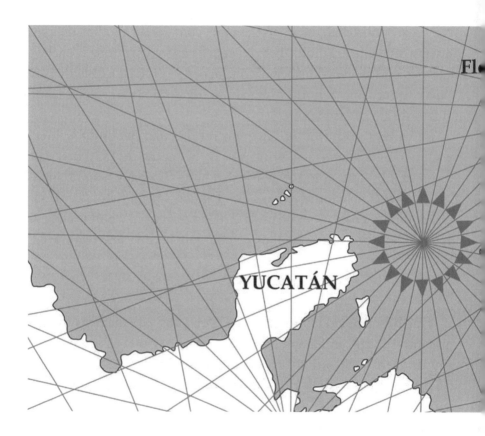

de Cuba, donde se vio atrapada por otra tormenta más antes de entrar en el puerto de La Habana a finales de febrero o marzo. Muchos exploradores temían que Dios estaba empeñado en destruir la flota y citaban como prueba de ello el huracán, los bajíos de Canarreo y tres tormentas consecutivas. Todos, pero sobre todo el piloto Miruelo, debieron de sentirse muy aliviados al llegar a puerto.[15]

A principios de la primavera de 1528, la expedición reacondicionada de Narváez finalmente zarpó hacia el continente. Su primer objetivo era el disputado río de las Palmas. Durante la travesía por el golfo de México, las habilidades de Miruelo volvieron a ponerse a prueba, esta vez con resultados desastrosos. Tras navegar durante varios días, los

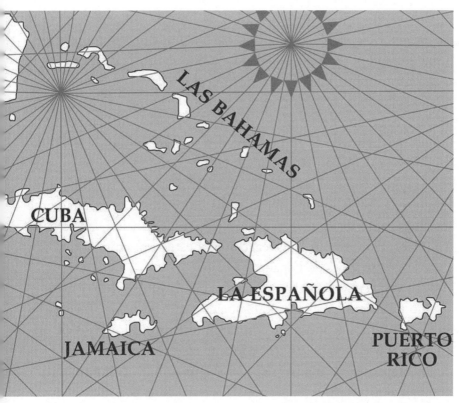

Carta de navegación portulana de 1519 de la costa del golfo de México y Florida

pilotos vieron tierra y se convencieron de que estaban cerca del río de las Palmas, cuando de hecho la expedición solamente se había deslizado hasta la actual bahía de Tampa en la costa occidental de Florida. Todavía se encontraban dentro del enorme *adelantamiento* de Narváez, pero en el extremo contrario. Miruelo se había equivocado en más de 1.500 kilómetros en la ubicación de la flota. Fue un error grave con consecuencias fatales.

Puede que la falta de habilidades de Miruelo fuera en parte la causa de su colosal error, pero también contaron las limitaciones de la navegación del siglo XVI, sumadas a los desafíos que planteaba el desconocido golfo de México.

En el siglo xvi, el método básico de navegación oceánica era la *estimación*. Los pilotos guiaban sus barcos desde un punto de origen hacia una nueva posición calculando la dirección y la distancia recorridas entre ambos. Cualquier punto del globo podía especificarse por medio solamente de la dirección y la distancia a partir de un punto inicial. Para mantener la misma dirección, los navegantes usaban una brújula magnética de 32 puntos. Para determinar la distancia recorrida, los pilotos calculaban la velocidad del barco fijándose simplemente en la rapidez con que las burbujas del mar pasaban al lado del barco. Durante la era de los descubrimientos este sistema tremendamente sencillo se utilizaba de manera precisa para realizar incluso largos viajes oceánicos. Por ejemplo, la navegación por estima permitió a Colón ir y volver cuatro veces de España al Caribe.[16]

A su vez, la navegación por estima se hizo posible gracias a un nuevo tipo de carta de navegación conocida como *portulano*. Inventadas en el siglo xiii, los portulanos causaron una revolución náutica, primero en el Mediterráneo y más adelante en el Atlántico. A diferencia de los mapamundis medievales con sus imaginativas interpretaciones de masas terrestres y distancias, los portulanos son increíblemente precisos. Es posible hacerse una idea de su exactitud comparando mapas convencionales del siglo xvi, que suelen exagerar la extensión del Mediterráneo casi veinte grados (un problema que se remonta a Ptolomeo, en el siglo ii d.C.) con portulanos, en las que el error equivalente rara vez excede *un* grado.[17]

Pensadas para marineros auténticos y en activo, los portulanos solo incluyen detalles geográficos relevantes como costas, islas, ríos y montañas. Pero su rasgo visual más llamativo y útil es la serie de líneas que dividen las cartas. Estas líneas fueron imprescindibles para los navegantes del siglo xvi. Cada una de ellas representa lo que los pilotos llamaban *derrotero*, o más técnicamente loxodromia, un camino definido por una dirección fija de la brújula. Estas eran las líneas que los pilotos se esforzaban por seguir al conducir los barcos por los océanos. Así, los portulanos daban a los pilotos información sobre la distancia entre el punto A y el punto B, la dirección exacta que tenían que seguir, y las indicaciones geográficas relevantes a lo largo del camino (islas, rocas, costas); todo lo que necesitaban saber, ni más ni menos. Y lo que es más importante, los portulanos no dependían de latitudes ni de longitudes. De hecho, casi ningún portulano contenía tales medidas antes de 1500. Además, no exigían el uso de tablas de declinación ni requerían de ninguna otra conversión o cálculo, ya que estas cartas se trazaban basándose en el norte magnético, en vez del auténtico. Simplemente manteniendo un rumbo con una brújula magnética y llevando el registro de la distancia recorrida en un portulano, un piloto que fuera analfabeto —y casi uno de cada cuatro pilotos en el siglo xvi aún no sabía escribir su propio nombre— podía conducir una expedición hábilmente y sin sufrir percance alguno hasta su destino.[18]

Como la mayoría de los pilotos de su época, Miruelo debió haber utilizado el consagrado método de navegación por estima. Es perfectamente posible que Miruelo no supiera la latitud (y menos todavía la longitud) del río de las Palmas y que no fuera capaz de determinar su posición excepto en referencia a características conocidas del terreno. En la década de 1520 solo algunos pilotos eran capaces de navegar *por alturas*, es decir, usando una alidada para medir el ángulo formado por el sol y el horizonte a mediodía y luego corregir esta *altitud del sol* con tablas de declinaciones solares. Este método habría permitido a Miruelo establecer su latitud en todo momento. Pero las dificultades prácticas de realizar una lectura precisa en una cubierta que se balanceaba, de usar la tablas de declinación publicadas correctamente y de ser capaz de realizar cálculos matemáticos para poder obtener un cálculo aproximado de la latitud provocaron que este procedimiento excediera las capacidades de muchos pilotos en la década de 1520. Y además, este ejercicio difícil resultaba superfluo porque la navegación por estima solía ser precisa y fiable.[19]

Para ir de La Habana al río de las Palmas, lo único que Miruelo tenía que hacer era seguir un *derrotero* y calcular la velocidad, registrando toda esta información en una carta para dar seguimiento a su avance a través del golfo de México. Esto era todo lo que tenía que hacer. Desde el puerto de La Habana, es fácil imaginar la costa circular del golfo de México como un reloj inmenso. En el norte, a las doce en punto, se encuentra Florida. El río de las Palmas queda al oeste, a las nueve en punto. Yucatán se encuentra al sudoeste, a las siete en punto. Miruelo debió de dirigir su brújula hacia el oeste o algo más al norte, hacia el río de las Palmas.[20]

Por desgracia para Miruelo, navegar de La Habana al río de las Palmas también significaba que los barcos tenían que enfrentarse a la fuerza de la corriente oceánica más rápida del mundo, la corriente del Golfo.

La corriente del Golfo entra por la abertura entre Cuba y la península de Yucatán en el golfo de México procedente del sur y, tras rodearlo, sale a través del estrecho de Florida. La potencia de la corriente del Golfo es asombrosa. Equivale a casi 2.000 ríos Misisipi fluyendo juntos (30 millones de metros cúbicos de agua por segundo) y avanza a través del océano como una serpiente inmensa de agua caliente. Se lleva consigo plantas, pescado, escombros y barcos a velocidades que pueden rebasar los 160 kilómetros al día, o sobre unos 4 nudos. En el estrecho de Florida la velocidad de la corriente del Golfo oscila entre 1,5 y 2,5 nudos, según la época del año, afectando siempre a la velocidad y dirección de los barcos de vela.[21]

En la década de 1520, los pilotos europeos apenas empezaban a conocer esta poderosa corriente oceánica. Cuando la expedición de Ponce de León se encontró con la corriente del Golfo en 1513, los tripulantes se sorprendieron al percatarse de que sus barcos iban hacia atrás aunque tenían un viento favorable. Dos barcos cercanos a la costa tuvieron que echar anclas para no moverse, pero el bergantín que no logró fondear fue arrastrado y desapareció de su vista. La corriente del Golfo siguió sorprendiendo a los pilotos durante décadas. En 1565, treinta años después de la expedición de Narváez, un comerciante inglés llamado John Hawkins que navegaba por el cabo de Florida se encontró de repente en la corriente del Golfo: «No la sentimos, o muy poco, hasta que topamos con el cabo, y entonces notamos una corriente tan fuerte que aunque echamos todas las velas contra la corriente, ésta nos llevó hacia atrás a gran velocidad». El curso de la corriente del Golfo no acabó de descubrirse sino hasta el siglo XVIII.[22]

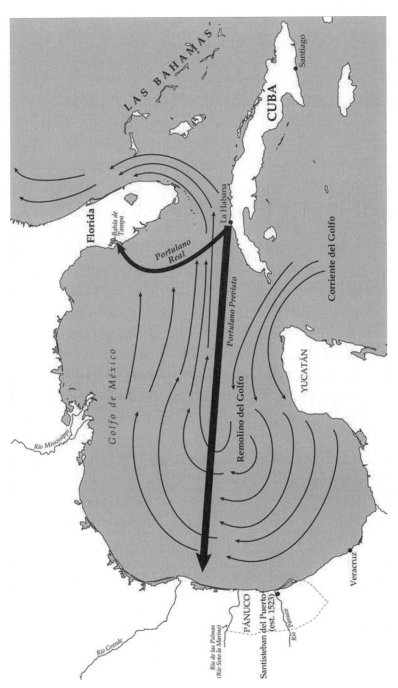

El golfo de México con la corriente del Golfo y los portulanos
previsto y real de Narváez

Miruelo solo podía tener un conocimiento limitado de esta corriente. Podemos afirmar que nadie de aquella época podría haber sabido lo importante que sería la corriente del Golfo en la travesía que pensaba realizar, ya que las expediciones previas habían tomado rutas más indirectas que bordeaban la corriente. Dado que la corriente fluye del noroeste al sudeste al salir del golfo de México, los barcos de Narváez debieron haber navegado completamente opuestos a ella. El primer efecto debió de ser que la velocidad real de la flota se redujo drásticamente, por lo que el tiempo de navegación se incrementó y dio la impresión de que los barcos habían recorrido una distancia mucho mayor de la real. Si los barcos se encontraron con vientos ligeros o vientos de proa en contra, la corriente debió de arrastrarlos hacia atrás.

No se sabe cuántos días trascurrieron entre la salida de la expedición de La Habana y el primer avistamiento de tierra. Pero lo que sí está claro es que los pilotos estaban convencidos de que habían navegado lo bastante como para cruzar todo el golfo de México, cuando de hecho puede que hubieran recorrido tan solo un tercio de esa distancia.

Y lo que es igual de importante, la corriente del Golfo debió de empujar al barco hacia el este aunque los tripulantes creyeran que estaban siguiendo un curso mucho más occidental. Aunque las agujas de la brújula hubieran señalado hacia el oeste o un poco más al norte desde allí, la potente corriente oceánica debió haber desviado los barcos hacia el este en la dirección de Florida.[23]

El grupo de Narváez avistó por primera vez el continente el 12 de abril de 1528. Al creer que estaban relativamente cerca pero a la derecha del río de las Palmas, los pilotos giraron los barcos a la izquierda al acercarse a la costa y empezaron a buscar características geográficas conocidas. Lo que vieron debió de resultar perturbador. La costa del lado de estribor parecía ir hacia el norte en vez de hacia el sur, y el sol se ponía en el mar en vez de en la tierra, como habría ocurrido en la desembocadura del río de las Palmas. Sin duda los pilotos se dieron cuenta de estas singularidades, pero probablemente en un principio no debieron de prestarles mucha atención porque juzgar la forma general y la dirección de cualquier costa resulta imposible al primer vistazo.

Aunque Miruelo y los otros navegantes estuvieran muy preocupados, es probable que se guardaran todas sus preocupaciones para sí. A fin de cuentas ya se habían puesto en evidencia en los bajíos de Canarreo y no podían permitirse el lujo de volver a perder la confianza de Narváez. Y los hechos estaban de su parte. Solo podían estar seguros de los dos factores fundamentales de la navegación por estima: la dirección y la distancia. Habían viajado lo bastante como para atravesar el golfo de México y en la dirección correcta. El río de las Palmas *tenía que estar* más arriba en la costa.

Y así Miruelo y los demás pilotos hicieron una proclama audaz y trágica. Dijeron que «la costa de Pánuco» no debía de quedar a más de 10 o 15 leguas (de 48 a 72 kilómetros) por delante de ellos. En ese momento condenaron la expedición al fracaso.[24]

· · ·

Tras el primer avistamiento de tierra, la flota pasó dos días más navegando por la costa, hasta que los expedicionarios encontraron una bahía poco profunda, inservible como puerto, pero donde al menos había un poblado indio. El asentamiento estaba formado mayoritariamente por chozas con techo de paja. Al otro lado de la bahía había una isla que también estaba habitada. El contador real Alonso Enríquez se dirigió hasta allí, «y llamó a los indios, los quales vinieron y estuvieron con él buen pedazo de tiempo, por vía de rescate le dieron pescado y algunos pedazos de carne de venado».[25]

El 15 de abril Narváez decidió que los colonos desembarcaran. Los barcos atracaron tan cerca de la costa como pudieron, y los pasajeros agotados por el mar empezaron a dirigirse hacia tierra en botes de remos pequeños. El grupo se había visto muy debilitado en el transcurso del viaje desde La Habana. Habían zarpado con 80 caballos, pero casi la mitad de ellos, no pudiendo soportar las tormentas, murieron. Los 42 caballos restantes estaban tan débiles y enfermos que casi no se podían montar ni emplearse de manera eficaz. Los europeos tendrían que hacer frente a los nativos sin su ventaja militar más contundente y letal.

Pero los caballos no fueron necesarios. Al ver que los barcos se aproximaban, los indios decidieron evacuar prudentemente. De esta suerte los exploradores tuvieron entera libertad para deambular entre las chozas. Lo que más encontraron fueron redes de pesca, pero también descubrieron una sonaja de oro, lo que debió de resultarles alentador.

Narváez no tardó en tomar posesión de la tierra para España y para sí mismo. Aunque los expedicionarios no sabían su ubicación exacta, por lo menos estaban seguros de hallarse dentro del enorme *adelantamiento* de Narváez, en algún lugar entre Florida y el río de las Palmas. Como relata Cabeza de Vaca: «[Narváez] levantó pendones por Vuestra Majestad y tomó la posesión de la tierra en su real nombre y presentó sus provisiones y fue obedecido por governador como Vuestra Majestad lo mandava». Por su parte, los otros oficiales de alto rango presentaron sus propias órdenes reales ante Narváez y prometieron obedecerlas. Si hubiera habido nativos para presenciar la curiosa ceremonia que tenía lugar en su propio poblado, se habrían quedado totalmente desconcertados.[26]

Tras montar un campamento, los recién llegados se pusieron a explorar los alrededores. Durante las dos semanas siguientes organizaron dos expediciones de reconocimiento. En la primera incursión, los españoles se dirigieron a pie hacia el norte durante gran parte del día, presumiblemente siguiendo la costa, hasta que, a última hora de la tarde, se encontraron con «una vaía muy grande que nos pareçió que entrava mucho por la tierra», probablemente la bahía de Tampa. La visión de aquella masa de agua inmensa debió de resultar muy bella pero también desconcertante. Ningún mapa europeo contenía ninguna indicación o referencia a una bahía grande cerca del río de las Palmas.[27]

Los exploradores volvieron al campamento para compartir la noticia de su hallazgo. Unos días después, el grupo de reconocimiento volvió a la bahía grande y empezó a rodearla. Esta vez los europeos sorprendieron a un grupo de indios y capturaron a cuatro de ellos. Los cautivos terminaron guiando a los extraños hasta su poblado, que también estaba en la bahía, unos veinte kilómetros más adelante. Como los visitantes parecían especialmente interesados en el maíz, los nativos les mostraron un maizal que todavía no estaba listo para ser cosechado.

En este primer encuentro hubo elementos de coerción pero también de cooperación. Pero, desgraciadamente, todo acabó en un grave altercado. Los indios de la bahía poseían «muchas caxas de mercaderes de Castilla, y en cada una dellas estava un cuerpo de hombre muerto, y los cuerpos cubiertos con unos cueros de venados pintados».

Estaba claro que procedían de un naufragio, ya que los hombres de Narváez también encontraron fragmentos de zapatos, ropa blanca, hierro y tocados que parecían proceder de Nueva España. Era evidente que los indios habían tratado a los europeos fallecidos con mucho respeto, dándoles sepultura a su manera y envolviéndolos cuidadosamente en pieles pintadas de gran valía. Pero fray Juan Suárez, el obispo del río de las Palmas y la Florida, concluyó rápidamente que todo esto era una idolatría inspirada por el diablo e hizo que quemaran las cajas y los cuerpos. Los extranjeros habían optado por comportarse de manera decididamente ofensiva.[28]

Los indios de la bahía grande también tenían algunas piezas de oro. Tras preguntarles, lo cual resultaba una tarea laboriosa y nada clara porque no había traductores, los nativos dijeron que «muy lexos de allí avía una provincia que se dezía Apalachee, en la qual avía mucho oro, y hazían seña de aver muy gran cantidad de todo lo que nosotros estimamos en algo». Casi se puede asegurar que los indios adornaban la verdad con la esperanza de que los intrusos se marcharan.[29]

Los exploradores ya veían que la bahía era pobre y estaba escasamente poblada, así que la mención de una rica provincia indígena, tal vez otro Imperio azteca, despertó de manera inevitable su interés. Los capitanes de la expedición tenían que tomar una importante decisión: podían volverse a los barcos para continuar la navegación buscando una zona más prometedora para establecerse, o bien marchar por tierra hacia Apalachee.

Narváez no dudó. En el campamento llamó aparte a los miembros de mayor rango de la expedición: el tesorero real Cabeza de Vaca, fray Juan Suárez, el contador, el inspector de minas, un marinero y un escribano. El gobernador reveló a este pequeño grupo su intención de dividir la expedición en dos. Todos los hombres y caballos que estuvieran en condiciones procederían a pie, adentrándose en ocasiones en la tierra pero manteniéndose en paralelo a la costa hasta alcanzar el río de las Palmas. Mientras tanto, los barcos navegarían directamente hasta la desembocadura del río para esperar al grupo de tierra; solo los miembros de la tripulación y las mujeres viajarían en las naves.

Era un plan audaz pero no descabellado, considerando lo que los pilotos habían afirmado sobre la ubicación de la flota respecto al río de las Palmas. Y no era la primera vez que se utilizaba un plan semejante, ya otras expediciones habían recurrido a esta misma maniobra. El propio Narváez lo había hecho así en Cuba. Mientras la columna dirigida por este se había abierto camino de este a oeste por el centro de la isla, un bergantín había navegado por la costa norte mientras algunas canoas dirigidas por Diego Velázquez exploraban la costa sur. Este avance en tres flancos resultó muy útil, ya que los barcos llevaban provisiones y ofrecían información, facilitando el trabajo de la columna que avanzaba por tierra. Quince años más tarde, Narváez proponía la misma estrategia a fin de conocer mejor su nuevo *adelantamiento*.[30]

Dentro del pequeño grupo, una clara mayoría apoyaba el plan del gobernador. Fray Juan Suárez habló a su favor, argumentado que si el contingente de tierra se mantenía cerca de la costa necesariamente toparía con el río y cierto puerto que el piloto Miruelo sabía que se encontraba cerca. Según los pilotos, la costa de Pánuco no podía encontrarse a más de 50 o 70 kilómetros de distancia de donde se hallaban. Suárez también recordó a todos las múltiples calamidades que había vivido la expedición en el mar. Pensaba que volver a bordo sería como «tentar a Dios». El religioso debía de tener muy fresco el recuerdo de las cajas llenas de cuerpos, así que, harto de los viajes por mar, prefería continuar a pie. El contador, el inspector de minas y el marinero también estuvieron de acuerdo con Narváez. O bien Apalachee los tentaba demasiado o bien estaban demasiado agotados para volver a los barcos.[31] Pero también hubo oposición al proyecto de Narváez. El notario observó con bastante sensatez que el contingente terrestre correría un grave peligro al dejar ir los barcos sin identificar primero un puerto seguro al que todos pudieran volver. El grupo de tierra se desligaría literalmente del único medio de volver a las zonas controladas por españoles. La oposición de Cabeza de Vaca era aún más categórica, según su propia explicación. Suscribía la reticencia del notario a dejar los barcos sin haber establecido primero un puerto seguro, pero sus preocupaciones iban aún más lejos. Señaló que los pilotos no estaban seguros de dónde se encontraban, y los caballos estaban tan debilitados que no podrían utilizarse en ningún encuentro hostil con los indios. Además, la expedición carecía de intérpretes y por lo tanto no poseía información fiable sobre la tierra en la que estaban a punto de entrar. Finalmente, Cabeza de Vaca señaló que la expedición se estaba quedando sin provisiones: calculaba que como mucho cada hombre podría contar con una ración de tan solo una libra de bizcocho y otra de tocino.[32]

La única versión de esta reunión es la de Cabeza de Vaca, y la escribió años después. Teniendo en cuenta lo que resultó de la expedición, la versión que nos ofrece Cabeza de Vaca no es desinteresada. Pero aún así, es muy probable que tanto él como otros se opusieran al plan de Narváez y plantearan cuestiones que debieron haberse discutido durante largo tiempo.[33]

Al final Narváez se impuso. El gobernador era un soldado hábil, un veterano del Nuevo Mundo y una presencia que imponía y que contaba con el apoyo mayoritario. Narváez sabía muy bien que las riquezas del Nuevo Mundo muy bien podrían ser suyas si las quería, pero estaban destinadas solo a los intrépidos. ¿Acaso no lo había demostrado ya Cortés en México? Narváez estaba decidido a seguir su estrella hasta Apalachee, aunque para ello tuviera que perder el apoyo de su tesorero real.

Narváez ordenó a los hombres que empaquetaran sus pertenencias y procuraran tanta comida como pudieran. También vio una oportunidad de avergonzar a su tesorero real en público. En presencia de los demás, Narváez dijo a Cabeza de Vaca que se quedara a encargarse de los barcos, ya que «tanto estorvava y temía la entrada por la tierra».

Esta hubiese sido una división práctica del trabajo. Pero Cabeza de Vaca no pudo aceptar la insinuación de cobardía. No podía soportar una afrenta semejante y, como más tarde lamentaría, «yo quería más aventurar la vida que poner mi honrra en esta condiçión».[34]

Las mujeres casadas también se opusieron al plan de Narváez. Tendrían que separarse de sus maridos y enfrentarse a un destino incierto, arreglándoselas solas en los barcos. Una de las diez mujeres se acercó al gobernador y afirmó rotundamente que no debería conducir a los hombres tierra adentro. Dijo que en España una morisca de Hornachos había predicho que ni Narváez ni los demás escaparían jamás de la tierra, y «que si alguno saliesse, que haría Dios por él muy grandes milagros, pero que creía que fuessen pocos los que escapassen o no ningunos». La mujer de la expedición de Narváez estaba tan convencida de la adivinación que había oído que llegó hasta el extremo de aconsejar a las otras viajeras que se olvidaran de sus maridos que iban a continuar por tierra, e incluso las instó a buscar protección inmediatamente entre los miembros de la tripulación que permanecerían en los barcos con ellas.[35]

El gobernador se sintió obligado a responder. Narváez afirmó que efectivamente los que se adentraran en la tierra con él tendrían que luchar contra «muchas estrañas gentes» e incluso reconoció que muchos de los expedicionarios bien podrían morir. Pero también expresó su convicción de que los que sobrevivieran gozarían de buena fortuna y se harían muy ricos.[36]

Un tanto nerviosos, los miembros del contingente de tierra se despidieron de los que se quedaban en los barcos. Nunca más se volverían a ver. De esta forma, unos 300 europeos, un puñado de esclavos africanos y 40 caballos flacos quedaron abandonados a su suerte en un mundo totalmente desconocido.

CAPÍTULO 4

ATRAVESAR FLORIDA A PIE

Narváez y sus hombres se aventuraron tierra dentro, seguros de que Pánuco no quedaba a más de 50 o 70 kilómetros de distancia. Tras rodear la bahía de Tampa, se dirigieron directamente hacia el norte. El interior de Florida debió de parecerles como otro mar: el terreno era llano, inacabable y, exceptuando algún que otro río o pantano, en general sin características destacables. Miraran hacia donde miraran, el verde se extendía hasta donde alcanzaba la vista. Durante dos semanas los exploradores atravesaron esta plataforma enorme de piedra caliza cubierta de vegetación. «En todo este tiempo no hallamos indio ninguno», informó Cabeza de Vaca, «ni vimos casa ni poblado. Y al cabo llegamos a un río que lo passamos a nado, que traía muy gran corriente». Tardaron un día entero en cruzar el río.[1]

De repente la larga península de Florida se había convertido en un callejón sin salida y en una ironía cruel: quedaba casi a la vista del territorio controlado por los españoles, pero al mismo tiempo estaba muy lejos de él. La punta de la península se halla a tan solo 145 kilómetros de Cuba. En los días despejados incluso se puede distinguir la forma de la isla por encima del horizonte. Pero cruzar el estrecho resultaba imposible sin los barcos. El puesto de avanzada europeo más próximo en el continente mismo era Santisteban del Puerto en la provincia de Pánuco. Pero para llegar por tierra hasta allí, el grupo de Narváez tendría que seguir una dilatadísima ruta a lo largo de la península, alrededor del extremo norte del golfo de México, para luego descender por la costa del actual noreste de México, un viaje que sumaba más de 2.400 kilómetros hasta Santisteban y más de 2.700 hasta la ciudad de

México, el equivalente a la distancia que habían recorrido los caballeros de las cruzadas al atravesar todo el continente europeo de Sevilla a Constantinopla.

Los exploradores debieron haber pensado en la comida a cada paso. Cuando los barcos y el contingente de tierra se separaron, cada hombre había recibido dos libras de bizcocho y media de tocino. Unas raciones tan miserables como aquellas no podrían haber durado más que unos pocos días. Los exploradores tuvieron que confiar en que la abundante flora y fauna de Florida les ofrecería algo para comer. Mientras los hombres de Narváez rodeaban pantanos o caminaban bajo doseles de pinos, descubrieron tres tipos distintos de ciervos, conejos, liebres, osos, leones (el felino de mayor talla es la pantera de Florida), gansos, martinetes «y otras salvaginas, entre los quales vimos un animal que trae los hijos en una bolsa», una descripción inequívoca de la zarigüeya. Curiosamente, no informaron haber visto ningún caimán, una criatura que habría resultado especialmente sorprendente para recién llegados al Nuevo Mundo como Cabeza de Vaca.[2]

Pero pese a la riqueza natural que los rodeaba, el grupo no pudo encontrar comida. Durante semanas, sus míseros almuerzos consistían casi exclusivamente en corazones de una palma (posiblemente el sabal) que a los exploradores les resultaba bastante similar a una palmera comestible que crecía en Andalucía. Tardarían tiempo en aprender a sacar más provecho de su entorno. Por el momento, vivían como náufragos en mitad de un océano verde.[3]

Pese al hambre, los exploradores aún eran capaces de someter a otros humanos. En cuanto cruzaron el río «que traía muy gran corriente» —probablemente el río Withlacoochee en el actual condado de Citrus— encontraron unos doscientos indios. Cabeza de Vaca explica cómo Narváez «salió a ellos, y después de avellos hablado por señas, ellos nos señalaron de suerte que nos uvimos de rebolver con ellos».[4]

En Florida, los ríos funcionaban como fronteras importantes entre distintos grupos, y estas fronteras se vigilaban y respetaban. En cuanto cruzaron el río, los hombres de Narváez habían entrado en el territorio de una nueva comunidad, donde fueron tratados como intrusos.

Durante la escaramuza, los españoles capturaron a cinco o seis indios que los condujeron a un poblado a unos 2,5 kilómetros de distancia. Esta comunidad india tenía maíz maduro abundante. Constituía un pequeño oasis en mitad de las interminables llanuras cubiertas de pinos. Acuciados por el hambre, los españoles devoraron el maíz; debió de parecerles su salvación. «Y dimos infinitas gracias a nuestro Señor por avernos socorrido en tan gran necesidad», escribió Cabeza de Vaca, «porque ciertamente como éramos nuevos en los trabajos, allende del cansancio que traíamos, veníamos muy fatigados de hambres». Los intrusos se dieron un festín que duró días.[5]

Pero no todo iba bien. En esos días, el distanciamiento entre Narváez y Cabeza de Vaca se hizo más profundo. Desde el principio, el tesorero real había querido permanecer cerca de la costa y volver a establecer contacto con los barcos lo más pronto posible. Pero había cedido ante la mayoría y se había visto obligado a marchar tierra adentro. Tras dos semanas de arduas caminatas, Cabeza de Vaca se había convencido de que su plan era el adecuado. Y los frailes y demás personas con cargos reales habían llegado a darse cuenta de que Cabeza de Vaca tenía razón al mostrarse cauteloso y empezaron a cerrar filas en torno a él. Todos rogaron al gobernador que enviara exploradores hacia la costa, que según los indios no quedaba muy lejos de allí. Bien podría resultar que el río «que traía muy gran corriente» y que acababan de cruzar fuera el esquivo río de las Palmas, o puede que encontraran un buen fondeadero en su desembocadura. O quizás encontrarían el puerto que Miruelo había dicho que se encontraba cerca del río de las Palmas. ¡Incluso puede que los barcos estuvieran esperando allí![6]

No obstante, Narváez no estaba interesado en desviarse de su objetivo yendo a la costa. No dejaba de pensar en Apalachee. El gobernador se había dedicado a interrogar a los indios sobre esta rica provincia, y todos señalaban hacia el norte. Encontrar el río de las Palmas se había convertido en un objetivo secundario.

Al principio Narváez no quería ni oír hablar de ningún plan de dirigirse a la costa, y a las súplicas de sus hombres respondió «que no curássemos de hablar en aquello… porque estava muy lexos». Sin embargo, tras insistir mucho, el gobernador accedió finalmente a enviar un grupo de reconocimiento. Y dado que Cabeza de Vaca era el que más insistía en inspeccionar la costa, Narváez le ordenó ir con cuarenta hombres, todos a pie.[7]

Al día siguiente Cabeza de Vaca partió hacia la costa, acompañado por el capitán Alonso del Castillo y sus hombres. Caminaron hasta el mediodía, cuando llegaron a unas barras de arena y una bahía poco profunda. Cabeza de Vaca, Castillo y los hombres se adentraron en el agua para comprobar su profundidad. No encontraron ningún fondeadero ni puerto adecuado, caminaron casi ocho kilómetros y el agua nunca les llegó más arriba de las rodillas. Los arrecifes de ostras dificultaban especialmente la marcha, ya que cortaban las suelas de los zapatos y los pies de los hombres. Narváez envió a otro grupo de exploración unos días después. Este segundo grupo confirmó que la bahía era poco profunda y no había ningún puerto. No vieron señales de barcos, aunque detectaron algunas canoas indias que cruzaban de un lado a otro.[8]

La apuesta de Cabeza de Vaca había fracasado, y había llegado la hora de actuar siguiendo el plan de Narváez. La expedición retomó la agotadora marcha hacia Apalachee. El espectro del hambre volvió; en ocasiones caminaban treinta kilómetros o más sin encontrar maíz. Pero, aunque los vigías indígenas debieron de seguir a los europeos a lo largo de todo su viaje, no encontraron indios hostiles. La marcha larga y monótona solo se veía salpicada con encuentros ocasionales.

Un día, un grupo de indios se dirigió sin miedo hasta el campamento de Narváez. Los lideraba un noble nativo, llevado a hombros de un porteador y cubierto de una piel de venado pintada. Unos cuantos indios más alrededor de él tocaban flautas de caña. A los españoles todo esto debió de parecerles como una aparición o un sueño. Narváez pasó una hora conversando con este señor que se llamaba Dulchanchellin. Lograron comunicarse solamente a través de señas, hablaran de lo que hablaran debió de resultar tan esforzado como impreciso. Pero Narváez estaba decidido a preguntarle sobre Apalachee. Regaló al noble cascabeles y cuentas, y a cambio Dulchanchellin se quitó su preciosa piel y se la pasó a Narváez. Los españoles entendieron que estos indios eran enemigos acérrimos del pueblo de Apalachee y que estaban muy dispuestos a indicar a los extraños la dirección correcta.[9]

Los indios y los españoles caminaron juntos hasta que encontraron otro río amplio, quizás el río Suwannee. Un jinete impaciente de nombre Juan Velázquez cruzó directamente el río. La corriente era tan fuerte que lo hizo caerse del caballo, y al agarrarse a las riendas, su caballo también se ahogó. Los indios de Dulchanchellin dijeron a los españoles dónde buscar el cuerpo de Velázquez. También encontraron el caballo muerto. Los exploradores hambrientos tuvieron ocasión de darse un festín con el cadáver del caballo.[10]

Tras un mes y medio de marchas, el terreno empezó a cambiar. Los españoles habían caminado tanto desde que habían salido de la bahía de Tampa que los árboles parecían más altos y majestuosos, y el aire se había vuelto algo más fresco, ya que la parte tropical de Florida daba paso a un clima más templado característico del continente.

Por fin, un día de mediados de junio de 1528, los hombres se encontraron con Apalachee. Todo el mundo se alegró. El hambre, el agotamiento y los dolores de espalda por cargar con armas pesadas parecieron desvanecerse. Como escribió Cabeza de Vaca: «Con vernos llegados donde deseábamos y donde tanto mantenimiento y oro nos avían dicho que avía, paresçionos que se nos avía quitado gran parte del trabajo y cansancio». Había transcurrido exactamente un año desde que la expedición de Florida había salido de España.[11]

• • •

Apalachee era realmente el señorío más grande y complejo de toda la península de Florida. De hecho, era una especie de anomalía. Hasta entonces los españoles se habían encontrado con pueblos nativos organizados en pequeños poblados repartidos por zonas grandes. El tamaño de estas comunidades se establecía en función de la cantidad de comida disponible. Aunque algunos de estos grupos cultivaban maíz, principalmente eran cazadores y recolectores. Su dieta dependía de una amplia variedad de animales, incluidos ciervos, aves marinas, pavos, caimanes, rayas y tiburones. Los indios que vivían cerca de la costa también se hartaban de ostras y otros moluscos exquisitos. Estas fuentes de alimentación proporcionaban comidas variadas y deliciosas, pero también limitaban el número de gente que podía residir en un solo lugar. Cuando las comunidades aumentaban de tamaño, aumentaba la presión sobre el entorno más inmediato, lo que provocaba que grupos de familias acabaran trasladándose a zonas sin ocupar en busca de recursos más abundantes.[12]

Apalachee funcionaba de un modo muy distinto. Este señorío ocupaba una zona sorprendentemente pequeña en la franja noroeste de Florida, limitada por los ríos Aucilla y Ochlockonee. Pero a pesar de su reducido tamaño era un territorio muy favorecido por la naturaleza. Aunque el pueblo de Apalachee vivía relativamente cerca de la costa y tenía acceso a recursos estuarinos, la mayoría de su comida procedía de unas ricas tierras altas conocidas actualmente como las Red Hills de Tallahassee. Ese pedazo de tierra extraordinariamente fértil facilitaba el cultivo intensivo del maíz. Llegado el siglo XVI, el pueblo de Apalachee había despejado grandes campos que se extendían kilómetros y kilómetros y solían cultivarse mediante el trabajo colectivo. El maíz mantenía a comunidades humanas varias veces superiores de lo que resultaba posible en cualquier otra parte de Florida. También fomentaba la estabilidad, los excedentes numerosos y el poder.[13]

Pero esta riqueza agrícola también tenía su contrapartida. La necesidad de coordinar y movilizar grandes cantidades de personas para abrir surcos, plantar y cosechar conducía de manera inevitable a una mayor centralización y desigualdad. A diferencia de los otros grupos de Florida, que eran relativamente igualitarios, Apalachee mantenía una jerarquía complicada. En lo más alto se encontraba el jefe principal, una figura asociada con el sol que da la vida. Él tomaba decisiones sobre la vida y la muerte de sus súbditos y también controlaba a varios jefes de poblados que gobernaban sus propias localidades. Cada uno de estos jefes de poblados recibía a su vez la ayuda de oficiales menores

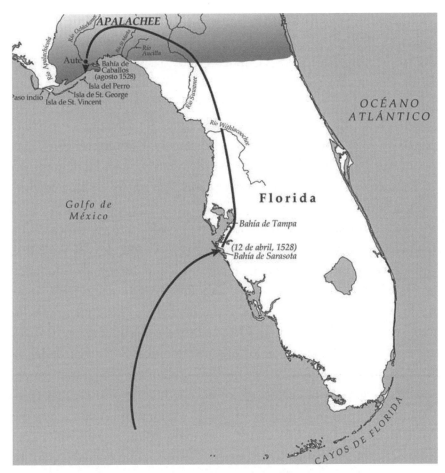

Florida y ruta probable de Narváez, incluidos los dos ríos y Apalachee
hasta la bahía de Caballos

encargados de funciones concretas, hasta llegar a los humildes campesinos que constituían la gran mayoría del pueblo. Esta disposición
jerárquica también prevalecía entre los asentamientos. Apalachee tenía
un centro, una ciudad capital conocida como Anhaica donde residía el
jefe principal. Desde Anhaica proyectaba su influencia hacia una serie
de capitales locales periféricas, que eran asentamientos más modestos.
Los jefes de los poblados residían en esas capitales locales y gobernaban las aldeas y granjas de los alrededores.[14]

102 · POR TIERRAS EXTRAÑAS

Apalachee era solamente un señorío entre las decenas que florecie-
ron entre 1000 y 1600 d.C. a lo largo de los fértiles terrenos inundables
del río Misisipi, desde los Grandes Lagos hasta el golfo de México.
Estos señoríos formaban parte de una extraordinaria tradición cultural
a lo largo del potente río y sus afluentes. Practicaban la agricultura
intensiva, se organizaban en sociedades muy jerarquizadas y participaban en redes comerciales de larga distancia. Eran los señoríos más
poderosos al norte de México. Los académicos actuales las denominan
sociedades *misisipianas*; sus templos, casas y pirámides de base cuadra-
da proclamaban su poder.

Estos centros habían dominado en el pasado, pero ya empezaban a
tambalearse. Algunos pueblos misisipianos, sobre todo los del alto Misisipi, entraron en decadencia y en algunos casos fueron abandonados
antes de la llegada de los europeos. Cahokia, el mayor señorío misisipia-
no, localizado al este de la actual Saint Louis, fue abandonado mucho
antes de la llegada de Colón. Otros centros experimentaron declives
acelerados durante la era de los descubrimientos. Estas sociedades ya
se enfrentaban a problemas de guerras endémicas y degradación del
medio ambiente, y la llegada de los europeos aceleró su desaparición.
Cuando los colonos franceses e ingleses exploraron la cuenca alta del
Misisipi en los siglos XVII y XVIII, esta extraordinaria tradición cultural prácticamente había desaparecido. Lo único que quedaba eran los
imponentes montículos.[15]

Pese a estos desplomes previos a Colón, algunos señoríos del bajo
Misisipi aún florecían en los siglos XVI y XVII. Núcleos como Natchez,
dentro del actual estado de Misisipi, y Apalachee en Florida, dieron
continuidad a esta tradición cultural centenaria hasta bien entrada la
era colonial. Aguantaron lo suficiente como para tener que enfrentarse
a intrusos poderosos y autoritarios.[16]

Los hombres de Narváez se acercaron al poblado Apalachee sin ser
vistos. El pueblo estaba formado por unas cuarenta casas, desde luego
era mucho más rico que cualquier otro que se hubieran encontrado por
el camino, pero aun así resultaba bastante decepcionante en comparación
con sus exorbitantes expectativas. La expedición debió haber llegado

a una de las capitales periféricas y no a la propia Anhaica que debía de tener 200 casas o más. El poblado que Narváez y sus hombres encontraron estaba rodeado de bosques tupidos y múltiples lagunas con árboles que sobresalían de ellas.[17]

Narváez ordenó a Cabeza de Vaca que llevara a 9 jinetes y 50 soldados de infantería para atacar el poblado. Al entrar, descubrieron que solo había mujeres y niños. Todos los hombres indígenas habían marchado. Pero volvieron al cabo de un tiempo y, tras saber lo que había sucedido, dispararon flechas a los extranjeros y mataron a un caballo antes de retirarse. Los europeos se quedaron con las mujeres y niños como rehenes. Dos días más tarde, los indios pidieron que pusieran en libertad a sus familias. Narváez accedió, pero a cambio pidió que les entregaran al jefe del poblado, al que retendrían como rehén.[18]

Las armas superiores otorgaron el control indiscutible del poblado a los españoles, pero no mucho más. Los guerreros nativos dominaban los alrededores recurriendo a tácticas de guerrilla para intentar desalojar a los intrusos de su pueblo y obligarlos a liberar a su líder. Eran impredecibles, hábiles, rápidos e implacables. En una ocasión incluso lograron prender fuego a las casas donde se alojaban los españoles. Fuera del poblado, las oportunidades de supervivencia eran mínimas, tal y como aclara Cabeza de Vaca: «los indios nos hazían continua guerra, hiriéndonos la gente y los caballos en los lugares donde ívamos a tomar agua, y esto desde las lagunas y tan a su salvo que no los podíamos ofender, porque metidos en ellas nos flechavan».[19]

Narváez y sus hombres permanecieron en este poblado durante veinticinco o veintiséis días enteros. Por lo menos estaban bien alimentados: encontraron gran cantidad de maíz junto con morteros para molerlo. También hallaron pieles de venado y algunos mantos de tela de mala calidad desperdigados que las mujeres indígenas utilizaban para vestirse.[20] Y pese a este botín, aquellas semanas debieron de ser angustiosas. No podían ignorar la terrible verdad: este villorrio no era un Imperio azteca, y no había oro a la vista. Era una población indígena corriente formada por casas sencillas hechas de ramas y hierba.

Narváez y sus hombres habían albergado sueños de riquezas alimentados por una sonaja de oro y las historias que les habían contado los indios a lo largo del camino. Pero al perseguir su objetivo de manera tan implacable habían abandonado sus barcos. Mientras los españoles merodeaban por el poblado indio, debieron de percatarse de las graves consecuencias de sus actos. Había muchas cosas que no sabían, y el simple hecho de plantear las preguntas debió de resultar duro. ¿Acaso los habían engañado los guías indios? ¿Serían capaces de volver a reunirse con los barcos? ¿Cuán lejos podían encontrarse todavía el río de las Palmas y la costa de Pánuco?

Durante aquellas semanas en el poblado, los caminantes organizaron tres expediciones de reconocimiento de los alrededores, intentando hallar asentamientos más importantes. El retorno de cada una de estas salidas probablemente fue esperado con impaciencia, y la decepción debió de ser general tras cada reencuentro. La tierra parecía muy poco poblada y difícil de recorrer.

Desesperados, los exploradores centraron su atención en los rehenes, incluido el jefe del poblado, al que debieron de someter a una presión enorme. Este líder indígena, acostumbrado a que lo trataran como un semidiós (al igual que sus antepasados antes que él, ya que estos cargos eran hereditarios), debió de sentirse enormemente disgustado al ver que unos intrusos arrogantes que habían aparecido como por arte de magia unos pocos días atrás se dedicaban a interrogarlo y maltratarlo. El jefe del poblado no era el único rehén. De camino al poblado, los expedicionarios habían capturado a unos *guías* indios que eran enemigos del pueblo de Apalachee. Los españoles interrogaron a cada uno de estos rehenes por separado.

El destino de la expedición dependía de lo que tuvieran que decir estos cautivos. Sorprendentemente, sus respuestas —o lo que fuera que sus interlocutores españoles entendieran de ellas— conformaban una explicación completa pero engañosa: «Respondiéronnos, cada uno por sí, que el mayor pueblo de toda aquella tierra era aquel Apalachen, y que adelante avía menos gente y muy más pobre que ellos, y que la tierra era mal poblada y los moradores della muy repartidos, y que yendo adelante avía grandes lagunas y espesura de montes y grandes desiertos y despoblados».[21]

Resulta fácil imaginar cómo los *guías* indígenas de más al sur pudieron haber confundido el *señorío* de Apalachee con la *localidad* en la que se encontraban. Para ellos puede que Apalachee fuera un conjunto indiferenciado, o puede que pensaran que Apalachee fuera *aquel* asentamiento. Pero el jefe del poblado sabía la verdad. No había ninguna localidad llamada *Apalachee* dentro del señorío. Apalachee estaba formada por múltiples asentamientos de distinto tamaño e importancia. Algunos de ellos eran poblaciones muy importantes, incluida Anhaica, que probablemente quedaba al oeste de donde estaban. Lo cierto es que once años más tarde otra expedición española recorrió la zona y dejó una descripción sorprendentemente distinta. Una fuente describió que Apalachee estaba «muy poblada» y citó varias localidades en el camino antes de llegar a Anhaica. De manera similar, algunos testimonios de principios del siglo XVII realizaron cálculos aproximados de la población de Apalachee situándola entre las 30.000 y 34.000 almas, en una época en la que se había visto considerablemente mermada por los encuentros militares con europeos y por las epidemias. Apalachee no era precisamente la tierra «muy poco poblada» descrita por los rehenes.[22]

Al describir Apalachee como un señorío pequeño y empobrecido, el jefe del poblado disuadió a los europeos de adentrarse más en su territorio. Y fue igual de astuto al aconsejar a los forasteros que era más aconsejable que marcharan hacia la costa. Tras soportar semanas de incursiones guerrilleras constantes en ese villorrio y desanimados por la aparente pobreza de *Apalachee*, los hombres de Narváez ya habían dejado de fantasear sobre el oro y pensaban solo en salvarse. Se plantearon desplazarse hacia el sur, en dirección a la costa, donde al menos cabría alguna esperanza de que los barcos los encontraran. El jefe del poblado sabía que en la parte norte del territorio Apalachee había poblaciones importantes dedicadas a la horticultura extensiva en las cumbres planas y tierras fértiles que habitaban. Si los españoles se hubieran dirigido hacia el oeste, hubieran encontrado comunidades de proporciones considerables, llenas de maíz, y hubiesen dado con la capital del señorío. Por el contrario, las llanuras arenosas de la costa que quedaban al sur estaban poco pobladas y se utilizaban principalmente para cazar y recolectar plantas silvestres.[23] Junto con algunos de los demás rehenes, el ingenioso jefe animó a sus captores a dirigirse hacia el sur ofreciéndoles una serie de mentiras y verdades a medias. Dijo que «por aquella vía yendo a la mar nueve jornadas, y que allí avía un pueblo que llaman Aute, y los indios dél tenían mucho maíz y que tenían frixoles y calabazas, y que por estar tan cerca de la mar alcançavan pescados, y que éstos eran amigos suyos». Es posible que Aute estuviera *fuera* de la esfera de influencia del señorío Apalachee. De ser así, el jefe retenido no solo había salvado a sus compañeros apalaches del poder destructivo de los españoles, sino que también había desatado este azote sobre una capital indígena rival.[24]

La marcha a Aute fue desastrosa. Tras solo dos días, los caminantes se encontraron con unos pantanos casi infranqueables, tan profundos que los hombres tuvieron que adentrarse en las aguas que les llegaban a la altura del pecho y rodear árboles sumergidos. Cruzar estos pantanos no solo resultó difícil sino también arriesgado. Al cruzar unas lagunas, unos indios que salieron de detrás de los árboles en la costa tendieron una emboscada a los hombres e hirieron a varios exploradores y caballos. Los indios también capturaron a uno de los *guías* que Narváez habían tomado como rehén semanas antes.

El tesorero real debió de sorprenderse, al igual que los otros exploradores. Pero al mismo tiempo, no podía evitar admirar la habilidad de los atacantes: «Quantos indios vimos desde la Florida aquí todos son flecheros, y como son crescidos de cuerpo y andan desnudos, desde lexos paresçen gigantes. Es gente a maravilla bien dispuesta, muy enxutos y de muy grandes fuerças y ligereza. Los arcos que usan son gruessos como el braço [y] de onze o doze palmos de largo [tan altos como un hombre] que flechan a dozientos passos con tran gran tiento que ninguna cosa yerran». Dos miembros de la expedición juraron haber visto dos ramas de roble tan gruesas como la pantorrilla de un hombre atravesada completamente de lado a lado «y esto no es tanto de maravillar», continuó Cabeza de Vaca, «vista la fuerça y maña con que las echan, porque yo mismo vi una flecha en el pie de un álamo que entrava por él un *xeme* [jeme, la distancia entre el pulgar y el dedo índice extendido]».[25]

Tras nueve días de penurias y peligro, los españoles llegaron a Aute. Enseguida se percataron de que su agotador viaje había sido en balde; Aute ya no podía serles de mucha ayuda y tampoco aportaba perspectivas de mejora. Lo habían abandonado y quemado hasta los cimientos antes de su llegada; obviamente los nativos estaban muy al tanto de los movimientos e intenciones de los intrusos. Y lo que es peor, muchos españoles enfermaron, probablemente debido al tifus o la fiebre tifoidea. Al cabo de pocos días de haber llegado, nada menos que un tercio de los miembros de la expedición había caído enferma, Narváez entre ellos. Los afectados tenían dificultades incluso para moverse y desde luego no podían cargar con su equipo. Unos cuarenta hombres nunca se recuperaron. El grupo se redujo a poco más de 250 miembros.[26]

Como habían dicho los apalaches, en Aute había algo de maíz, frijoles y calabaza listos para cosechar, pero el poblado no ofrecía otras ventajas. La costa quedaba aún a un día de distancia. Tras debatir y meditarlo mucho, los españoles acabaron decidiendo seguir hasta la costa, donde por lo menos contaban con una mínima oportunidad de que los rescataran. Esta última etapa del viaje los estaba llevando al límite de sus fuerzas. Cada día enfermaban más exploradores, y no había suficientes caballos para llevarlos a todos. «Fue cosa de muy gran lástima y dolor ver la neçessidad y trabajo en que estávamos», dice Cabeza de Vaca, «y tales que pocos avía de quien se pudiesse aver algún provecho».[27]

Mientras atravesaban los últimos pantanos boscosos, los caminantes debían de estar acongojados. Los sueños de oro se habían hecho añicos; muchos hombres habían fallecido ya. La expedición antaño poderosa y orgullosa se había visto reducida a un grupo de supervivientes perdidos en el Nuevo Mundo.

La costa cerca de Aute fue la decepción final de la expedición. Los exploradores humillados salieron en algún punto entre el río St.

Marks y la bahía de Apalachicola, una zona de islotes poco profundos, calas y marismas. Aunque este estuario enroscado y laberíntico llega al final al golfo de México, gran parte está separado por una cadena de islas en forma de barrera. Los expedicionarios debieron de quedarse desconsolados cuando vieron una bahía tan grande y poco profunda. El agua solo les alcanzaba hasta la cintura. Con marea baja, los bordes escarpados de los enormes bancos de ostras debían de resultar visibles. Era imposible que un barco pudiera penetrar en este laberinto tan poco profundo.[28]

Tras las caminatas brutales, los roces con los indios y las enfermedades que les habían debilitado, los supervivientes habían llegado a un cruel callejón sin salida. El desánimo y la impotencia debieron de apoderarse de ellos durante varios días. «Dexo aquí de contar esto más largo porque cada uno puede pensar lo que se passaría en tierra tan estraña y tan mala y tan sin ningún remedio de ninguna cosa ni para estar ni para salir della».[29]

• • •

Para cuando el grupo terrestre alcanzó otra vez la costa, habían pasado cuatro meses desde que se había separado de su flota. Los hombres y mujeres a bordo de los barcos habían pasado la mayor parte del tiempo dedicados a buscarlos. El contingente marítimo contaba con unos 100 individuos, y estaba formado por los miembros más indispensables de la tripulación y las diez mujeres. Aunque menos arriesgadas, sus actividades no dejaban de ser peligrosas y llenas de ansiedad. Las diez mujeres en particular se enfrentaban a futuros inciertos, ya que a medida que pasaban los días las perspectivas de volver a ver a sus maridos eran cada vez menores.

Narváez había ordenado a los barcos que fueran al río de las Palmas, donde tenían que esperar al contingente terrestre. Pero tras unos pocos días navegando los marineros se habían convencido de que estaban totalmente equivocados al afirmar que el río de las Palmas estaba cerca. Quedaba muy lejos. De hecho, estaban navegando en una costa totalmente distinta de la que se imaginaban. Debieron de quedar horrorizados al darse cuenta de su error, pero ya era demasiado tarde para enmendarlo. Los miembros de la tripulación debieron haber sido los primeros en comprender que la posibilidad de no volver a ver jamás al grupo terrestre era muy real.

Pero por muy angustioso que resultara todo esto, los hombres y mujeres a bordo de los barcos tenían preocupaciones aún más acuciantes. Cuando se separaron, el contingente marítimo había cedido la mayor parte de las provisiones al grupo de tierra. Al cabo de los días, debieron de escasear mucho los alimentos, y puede que incluso pasaran hambre. Sin más provisiones, no habrían podido siquiera volver a las islas del Caribe. Solo un golpe de suerte los salvó de un fin trágico. Justo antes de separarse de la expedición, Narváez había enviado al piloto Miruelo de vuelta a Cuba en el barco principal. Iba a buscar provisiones adicionales y volver enseguida. De alguna manera, en esta ocasión sí logró llevar a cabo su misión. Miruelo se unió otra vez con la flota al cabo de unos cuantos días, y los llevó víveres muy necesarios que sirvieron para mantener una búsqueda que llegó a durar casi un año.

La búsqueda empezó en la actual bahía de Tampa. Uno de los barcos navegó por el interior de la bahía, donde la tripulación vio un palo clavado deliberadamente en la tierra. Estaba partido por arriba y colocada en la grieta había una carta. Los del barco concluyeron que este trozo de papel contenía información muy importante que posiblemente había dejado el propio Narváez. Los españoles avistaron a un grupo de indios caminando por la playa y los llamaron para que les llevaran el trozo de papel al barco. Estos se negaron y en vez de eso hicieron señas a los españoles para que se acercaran a la costa.

Era una invitación tremendamente arriesgada, pero la carta no se podía ignorar. Dos hombres, un joven de dieciocho años de Sevilla llamado Juan Ortiz y un hombre mayor de nombre desconocido se subieron a un bote de remos y se dirigieron hasta la playa. Los indios los apresaron inmediatamente. El hombre mayor fue asesinado en la refriega que se produjo a continuación. Juan Ortiz sobrevivió pero lo tomaron como rehén.

Al parecer el palo partido y la carta constituían una trampa tendida astutamente por los indios. Parece ser que cuando Narváez y sus hombres rodearon la bahía, maltrataron a los indios y habían cortado la nariz a un noble nativo llamado Hirrihigua. Este líder nativo no había olvidado esta ignominia. Cuando Hirrihigua vio el barco español solo en la bahía, puso el cebo con la astucia de alguien deseoso de venganza.[30]

El explorador mayor que murió en la playa podía considerarse afortunado. Los indios retuvieron a Juan Ortiz durante once años hasta que lo rescató otra expedición española. Su cautiverio fue horrendo. En los días festivos, parece ser que los nativos obligaban a Ortiz a correr de sol a sombra en una plaza. Un grupo de guerreros lo vigilaba. Cuando aminoraba, le disparaban flechas para divertirse. En otra ocasión, los indios lo ataron sobre un fuego y no lo soltaron hasta que sufrió graves quemaduras. Según un escritor posterior que entrevistó a algunos exploradores que conocieron a Juan Ortiz, el pobre cautivo «deseaba morir porque le obligaban a cargar madera y agua todo el tiempo y le daban muy poca comida y no lo dejaban dormir; cada día le pegaban cruelmente con palos, lo abofeteaban o lo azotaban, y lo sometían a otros tormentos sobre todo durante los días de celebración; si no hubiera sido cristiano se habría quitado la vida con sus propias manos».[31] (Por desgracia, solo tenemos testimonios indirectos del cautiverio de Ortiz. Aunque algunas de las torturas debieron de ser reales, también es posible que Ortiz exagerara su terrible experiencia para reclamar un lugar entre los rescatadores españoles. No habría sido el primer europeo que sintiera la necesidad de rechazar su vida *como nativo*, ni sería el último).

Tras salir de la bahía de Tampa, los barcos continuaron buscando al grupo terrestre. Exploraron la costa interminable de Florida hasta el norte pero no hallaron ni el menor rastro. El hombre a cargo del contingente marítimo, un capitán al que se identifica sencillamente como Carvallo, hubo de tomar una decisión trascendental. La flota podía aventurarse más al norte o volver al punto de desembarco. De manera bastante justificada, Carvallo decidió volver, confiando en que Narváez y sus hombres también se percataran de que el río de las Palmas estaba demasiado lejos. Los barcos esperaron en el punto de desembarco durante meses, pero el grupo de tierra parecía haber desaparecido. Florida se los había tragado a todos y cada uno de ellos.

Al cabo de un año, cada vez estaban más convencidos de que el grupo terrestre había perecido. Llegó un punto en que Carvallo y su tripulación debieron de decidir que Narváez y sus hombres habían muerto. Las diez mujeres también empezaron a considerarse viudas. Algunas ya habían establecido nuevas relaciones con otros tripulantes. Y además, preocupaciones más acuciantes surgían. Las provisiones que había traído Miruelo se estaban acabando. La flota acabó volviendo a Cuba, donde algunos residentes culparon a Carvallo por ser «demasiado miedoso» en sus búsquedas y por haber «abandonado» la costa de Florida «sin esperar más tiempo el retorno de su capitán general y gobernador».[32]

Solo una persona poseía los recursos e interés suficiente para reactivar la búsqueda: la esposa de Narváez, María de Valenzuela. Era una mujer «virtuosa y de alcurnia», dueña de propiedades, que no dudaba en usar los tribunales para salirse con la suya. Durante las prolongadas ausencias de Narváez, había administrado las posesiones de su marido además de las suyas, dedicándose a dirigir hábilmente a centenares de indios y esclavos negros para el lavado de oro mientras se hacía cargo de su familia.

Por increíble que parezca, decidió organizar una expedición por su cuenta para buscar a su marido y a sus hombres. Se marchó de su casa en Bayamo y durante nueve meses se alojó en el puerto de Santiago de Cuba. Compró dos bergantines, reunió una tripulación y consiguió provisiones y municiones. Su determinación era inquebrantable. Lo único que no podía era capitanear ella misma la expedición. Así que María de Valenzuela confió en uno de los compañeros de Narváez en España, un hombre llamado Hernando de Ceballos. La infatigable María debió de dar instrucciones a Ceballos para que comprara provisiones en Sevilla y se embarcara hacia Cuba, donde tomaría a su cargo la flota.

Ceballos salió enseguida de Cuba con dos bergantines, y probablemente volvió a recorrer la travesía de Narváez hasta Florida, pero no tuvo más suerte al intentar encontrar a los exploradores de tierra que la que habían tenido sus propios camaradas. Al cabo de algunos meses, él también abandonó la búsqueda y zarpó hacia Nueva España donde vendió los bergantines y se embolsó los beneficios.[33]

Tal vez Ceballos había subestimado la personalidad de María. Esta mujer había perdido a su marido y una pequeña fortuna buscándolo, pero su tenacidad permanecía intacta. Entabló un juicio a Ceballos para recuperar su dinero. El caso llegó hasta el Consejo de Indias y el emperador. Ceballos afirmó que había gastado más dinero buscando a Narváez del que había recibido al vender los bergantines, pero los jueces no quedaron convencidos y ordenaron que lo encadenaran. El mensaje estaba claro: nadie se iba a aprovechar de la indómita María de Valenzuela.

No obstante, la victoria legal de María no debió de consolarla mucho. Su tozudo marido, que lo había arriesgado todo innecesariamente al irse a Florida, se había perdido para siempre.[34]

Capítulo 5

En balsas

Narváez y sus hombres acamparon frente al estuario que habían enconado y pasaron un mes y medio allí. Lo llamaron la bahía de Caballos porque cada tercer día mataban a un caballo para complementar sus reservas menguantes de maíz, frijoles y calabaza. Resulta fácil imaginar el macabro ritual: la decisión de qué caballo sacrificarían, la matanza, el reguero de sangre que caía en la arena mientras los hombres lo desollaban, la hoguera en la que la carne se asaba, los hombres desesperados y hambrientos que la devoraban... Los cadáveres se arrojaban a un lado; once años más tarde, otra expedición española encontró el campamento de Narváez y lo reconoció por las «calaveras de caballos» y «los morteros que habían usado para triturar maíz y las cruces en los árboles».[1]

También ardieron estribos, espuelas y ballestas. En un gesto extraordinario, los hombres arrojaron esos objectos a un fuego al rojo vivo para intentar fundir el metal y convertirlo en herramientas, sobre todo hachas y sierras. Para generar calor suficiente para fundir el metal, alguien diseñó una forja rudimentaria ensamblando un fuelle con pieles de venado; los tubos por los que salía el aire del fuelle se hicieron de troncos huecos.

El proceso de fundir las armas debió de resultar enormemente difícil, pero no había alternativa: los hombres estaban desesperados por marcharse de Florida. Al comerse a los animales y fundir las armas, ponían en práctica un plan extraordinario. Pensaban construir cinco balsas para deslizarse por encima de los arrecifes de ostras y barras de arena hacia el golfo de México. Una vez en el mar abierto, o bien los verían los barcos o podrían navegar hasta Pánuco, que esperaban y rogaban que no estuviera demasiado lejos de allí.

No había resultado fácil ponerse de acuerdo en este plan audaz. Narváez ya se había enfrentado a una insurrección general. Unos días después de haber llegado a la bahía de Caballos, los jinetes habían acordado en secreto emprender la marcha por su cuenta. Les parecía evidente que sería más factible sobrevivir si continuaban a galope y sin que los retuvieran los enfermos y moribundos. Pero entre los conspiradores había «muchos hijos de algo y hombres de buena suerte», por lo que no pudieron realizar sus planes sin informar primero a Narváez y a otros oficiales reales. Como explica Cabeza de Vaca, la facción leal a Narváez hizo entender a los conspiradores que cometerían un delito grave «en que desamparavan a su capitán y [a] los que estavan enfermos y sin poder y apartarse sobre todo del servicio de Vuestra Majestad». Al final los jinetes accedieron a quedarse con sus compañeros menos afortunados.[2]

El plan de construir balsas en la bahía de Caballos era también un deseo de unidad. Al matar a los caballos, todos los hombres estarían en igualdad de condiciones y ninguno sería capaz de abandonar al grupo. Este plan tuvo una recompensa inmediata: obtuvieron un suministro regular de carne durante varias semanas. Pero también supuso una apuesta muy arriesgada. Tuvieron que cambiar sus armas más efectivas contra los indios —los caballos y las armas de fuego— por cinco barcas improvisadas que puede que lograran o no conducirlos a un lugar seguro.

Los caballos y las armas de fuego habían otorgado a los españoles del siglo XVI una superioridad abrumadora respecto a los pueblos del Nuevo Mundo, algo que los conquistadores no olvidaban nunca. Cuando Narváez y sus hombres desembarcaron en Florida, no tenían ni idea de cuántos indios se encontrarían o si estos nativos albergaban intenciones hostiles o amigables. Pese a esta incertidumbre, Narváez confiaba en que sus hombres se impondrían en casi cualquier choque debido a sus armas de fuego y animales.

Lo cierto es que gracias a la superioridad de sus armas los líderes expedicionarios españoles habían vencido a un elevado número de adversarios indígenas. Cuando Hernán Cortés llegó por primera vez a la costa de México, ordenó que los barcos fuesen varados para evitar que sus hombres volvieran y luego logró la rendición de México-Tenochtitlán, una ciudad de 250.000 habitantes, con poco más de 1.000 soldados. De manera similar, entre 1536 y 1537, Francisco Pizarro y unos 180 españoles lograron contener a unos 100.000 atacantes indígenas durante más de un año en el corazón del Imperio inca. Miles de indios fallecieron, pero solo murió un español, un hombre que no llevaba el casco puesto.[3] Protegidos por petos, animales feroces y armas letales, los conquistadores pronto se dieron cuenta de que no necesitaban negociar con los nativos; en la mayoría de casos podían simplemente imponer su voluntad. Los españoles tampoco hicieron un esfuerzo por entender el mundo social de los nativos, ni en realidad para concebirlos de otro modo que no fuera como súbditos potenciales, cautivos, porteadores, guías o esclavos. Hasta entonces, los hombres de Narváez no habían tenido consideración alguna por los nativos de Florida. Los miembros de la expedición se habían llevado la comida de los indios y ocupado sus casas sin preocuparse de las represalias que pudieran tomar. La tecnología respaldaba la sensación de confianza y superioridad supremas.

No obstante, esa clase de sensaciones comenzaron a desvanecerse en la bahía de Caballos. Mientras los hombres mataban a sus caballos y fundían sus ballestas, debieron de ser muy conscientes de que estaban cediendo todas las ventajas militares sobre los nativos de Norteamérica. A partir de entonces tendrían que enfrentarse al Nuevo Mundo totalmente expuestos a sus peligros. Sobrevivir gracias a una tecnología militar superior era una cosa. Pero otra muy distinta sería hacerlo basándose solamente en su ingenio.

• • •

A finales del verano de 1528, la zona de la playa que daba a la bahía de Caballos debía de parecer un campamento caótico. Algunos de los hombres manejaban la forja, mientras otros talaban árboles y otros más emprendían expediciones de asalto para conseguir maíz. Los hombres tuvieron ocasión de demostrar su enorme autosuficiencia y asombroso ingenio. No por nada ellos habían pretendido fundar colonias europeas en el Nuevo Mundo. Entre ellos había artesanos y constructores de talento, y sus habilidades colectivas pasaban por una prueba durísima. Aunque hubieran tenido las herramientas y materiales necesarios, construir cinco balsas grandes y en condiciones de navegar era un gran desafío. Pero los exploradores desamparados tenían que construir sus barcas con cualquier elemento que aún conservaran o que lograran obtener de las marismas de Florida. Además, los hombres de la bahía de Caballos poseían unos conocimientos muy rudimentarios de la construcción naval: todos los hombres con experiencia de navegación se habían quedado con el contingente marítimo. El líder de la construcción debió haber sido un carpintero portugués llamado Álvaro Fernández. La última esperanza de supervivencia recaía sobre él.[4]

El primer desafío fue diseñar una balsa que flotara cuando estuviera totalmente cargada. Aunque algunos hombres habían fallecido en los ataques de los indios y otros tantos habían sucumbido a las enfermedades, todavía había 250 expedicionarios vivos de los 300 que iniciaron el camino por tierra en la bahía de Tampa. Cada una de las cinco balsas tendría que cargar con 50 hombres, agua suficiente para ellos, un montón de maíz, baratijas, ropa y las pocas armas que quedaban. Suponiendo que cada pasajero pesara unos 70 kg de promedio, y que la carga de comida fuese de 1,5 toneladas por barco, resulta que cada balsa necesitaría transportar un mínimo de unas 5 toneladas.

Para soportar cargas como esas, las balsas modernas suelen estar fabricadas con materiales extremadamente flotantes como espuma de poliestireno o poliuretano. También están diseñadas con compartimentos de aire o tubos interiores para flotar más. Los constructores de balsas de la bahía de Caballos ni siquiera podían soñar con tales comodidades. Dependían solamente del impulso hacia arriba proporcionado por la propia madera. Por lo tanto, elegir el tipo de árbol adecuado era imprescindible, ya que los distintos tipos de madera ofrecían diversos niveles de flotación. Algunas maderas duras como la teca y el ébano son en realidad tan densas que se hunden en el agua. Puede que Narváez y sus hombres se plantearan utilizar los árboles de madera dura que crecen en la zona de Apalachee-Apalachicola, como árboles del caucho, robles y sauces. Tales maderas habrían flotado, pero habría resultado muy difícil cortarlas y arrastrarlas hasta la orilla, y debido a su elevada densidad no habrían podido llevar mucha carga. Resultaban mucho más viables las coníferas como cipreses, pinos y cedros que crecen abundantemente en la región. Cualquiera de estas especies podía aportar madera de una densidad intermedia bastante adecuada para construir balsas.[5]

Cortar la madera para las balsas resultó una tarea realmente titánica. Según Cabeza de Vaca, cada balsa medía 22 codos de largo, es decir, puede que unos 10 metros. En otro pasaje revela que, cuando iban totalmente llenas, las balsas flotaban un *xeme* (del pulgar al dedo índice extendido) o unos 18 centímetros por encima del agua. Suponiendo que cada balsa era de madera de densidad media como la de pino o cedro, que medía 10 metros de lado y que sobresalía unos 18 centímetros por encima de la línea de agua cuando la cargaban con 5 toneladas, se puede deducir siguiendo el principio de Arquímedes que cada balsa debía de pesar poco más de 15 toneladas. No conocemos los detalles del diseño. Pero la mejor manera de imaginársela es como una plataforma grande de 29 troncos atados uno con otro, cada uno de los cuales debía de medir algo más de 30 centímetros de diámetro y 10 metros de largo. Para construir esas cinco balsas, los famélicos caminantes debieron de cortar unos 150 pinos adultos o la cantidad equivalente de otras especies. Seleccionar los árboles más apropiados, despejar la zona a su alrededor, asestar cientos de hachazos a cada tronco y apartarse corriendo de los gigantes que caían ya debió de resultar bastante duro. Y aun así, derribar los árboles solamente era el inicio del proceso. Aún tenían que quitarles todas las ramas, cortar los troncos para que tuvieran la medida deseada y arrastrarlos hasta la zona de botadura. Incluso con las herramientas industriales adecuadas, estas tareas habrían resultado abrumadoras. Los hombres de Narváez tenían que hacerlo todo con hachas y sierras rudimentarias, y correr contra el tiempo mientras devoraban sus últimos caballos. Para asegurarse de que todos los miembros de la expedición compartieran esta labor brutal y agotadora, los líderes ordenaron que solo los que trabajaran podrían comer carne de caballo.[6]

Una vez reunidos todos los troncos en la orilla, los constructores de las balsas tuvieron que diseñar un sistema para sujetarlos y que no se soltaran. Volvieron a improvisar utilizando el pelo resistente de los caballos muertos. Algunos miembros de la expedición debieron de pasar incontables horas reuniendo todas las colas y crines de los caballos muertos, trenzando los pelos para hacer cuerdas. Aunque tuvieran unos treinta caballos, las sogas debían de ir muy buscadas, ya que no se necesitaban solamente para atar troncos, sino también para aparejar las velas.

Debió de resultar preocupante para un grupo de marineros de agua dulce —para la mayoría de ellos, el viaje por el Atlántico debió haber sido su primera experiencia a bordo— el percatarse que una alfombra de troncos ondulante sería lo único que los separaría del mar devorador. El agua resultaría visible a través de los huecos entre los troncos. Los miembros de la expedición —muchos de los cuales no sabían nadar— estaban tan preocupados ante esta posibilidad que se pusieron a tapar los agujeros. Reunieron gran cantidad de hojas de sabal y las trituraron para hacer una pasta fibrosa que se pudiera emplear como estopa para meterla entre los troncos. Un griego cristiano llamado Doroteo Teodoro sofisticó este procedimiento al recoger «çierta tea que traxo de unos pinos» para el calafateo. Claro que sellar el fondo de la balsa no la hacía más adecuada para la navegación, y en todo caso, los materiales añadían más peso. Pero al menos debió de tranquilizar a algunos hombres.[7]

Había otro problema más importante, que era conseguir que estas plataformas de 15 toneladas navegaran sin dar vueltas caprichosamente, de modo que se perdiera el control y se fueran a la deriva. Los hombres de Narváez tallaron remos de madera de ciprés y se resignaron a remar mucho. Pero también pretendían aprovechar la potencia del viento para salir de Florida. Construyeron mástiles que se alzaban desde las plataformas y sujetaban velas cuadradas. Las velas debieron atarse a los mástiles y palos de tal manera que pudieran orientarse y regularse. Hechas de camisas cosidas las unas a las otras, debieron de ofrecer un espectáculo asombroso.[8]

Por último, los ingeniosos hombres de la bahía de Caballos consideraron la cuestión de las provisiones. No había ninguna manera de conservar la carne de caballo o el marisco, así que tendrían que depender en gran medida del maíz y puede que de algunos frijoles y calabazas que habían robado a comunidades indias cercanas. Cuando salieron, cada balsa debía de llevar una cantidad considerable de maíz, pero aun así es probable que los hombres previeran lanzar asaltos puntuales para conseguir más comida a lo largo del camino.[9]

Llevar un suministro adecuado de agua fresca suponía el mayor desafío para los hombres de la bahía de Caballos. En nuestra época de botellas de plástico, resulta fácil olvidar lo difícil que es fabricar recipientes para contener agua. Elaborar ollas de arcilla habría sido la solución más sencilla: tales recipientes podrían haberse impermeabilizado cociéndolos con fuego. Históricamente, la mayoría de las sociedades agrícolas del mundo, incluido el pueblo nativo de Apalachee, habían dado con esta misma solución básica, pero parece que a los miembros de la expedición no se les ocurrió. Puede que no encontraran arcilla adecuada junto a la costa arenosa. Así que los hombres de Narváez intentaron algo distinto. Despellejaron las patas de los caballos y curtieron las pieles para elaborar botas para llevar el agua.[10]

Tras cinco o seis semanas de duro trabajo, las balsas estaban listas, y solo quedaba vivo un caballo. Los hombres lo mataron y devoraron la que sabían que sería la última carne que probarían en bastante tiempo. Luego, tras arrastrar las balsas al agua y cargarlas, cincuenta hombres se metieron en cada una. Había tan poco espacio a bordo que los hombres apenas podían moverse.

Y lo que resultó más preocupante, los pasajeros se dieron cuenta de que flotaban a escasos centímetros de la línea del agua; las olas los mojaban al desplazarse.

Narváez dirigía la *balsa principal*. Navegaba con su círculo más próximo y algunos de los hombres más fuertes y sanos. El contador real Alonso Enríquez y fray Juan Suárez recibieron la segunda balsa, que transportaba la sección religiosa. La tercera y la cuarta balsa fueron confiadas a dos pares de capitanes. Una fue asignada a los capitanes Téllez y Peñaloza, y la otra a los capitanes Alonso del Castillo y Andrés Dorantes. Es de suponer que estos cuatro capitanes navegaban con sus respectivas compañías. La balsa de Castillo y Dorantes debió de incluir a Estebanico, el esclavo africano. La quinta y última balsa iba a ser comandada conjuntamente por Cabeza de Vaca y el inspector real Alonso de Solís.

El 22 de septiembre de 1528, los españoles zarparon. «Y tanto puede la necessidad», escribió un Cabeza de Vaca un tanto filosófico, «que nos hizo aventurar a ir desta manera y meternos en una mar tan trabajosa, y sin tener notiçia del arte de marear ninguno de los que allí ivan».[11]

• • •

Durante los primeros siete días del viaje, los españoles se vieron obligados a sortear una serie laberíntica de islotes y barras de arena antes de llegar al mar abierto. Durante estos días, el agua nunca fue profunda, no les llegaba más allá de la cintura. Al final de esta travesía inicial, los hombres se encontraron con una isla (posiblemente la actual isla de St. Vincent), que estaba tan cerca del continente que las dos masas terrestres formaban un estrecho. Más adelante quedaba el golfo de México. Cuando la flota se aproximó a la isla, la balsa de Cabeza de Vaca se adelantó «y della vimos venir cinco canoas de indios, los quales las desampararon y nos las dexaron en las manos viendo que ívamos a ellas». Los españoles se apropiaron inmediatamente de las canoas abandonadas, usaron la madera para añadir regalas a las balsas, que pasaron a tener dos palmos de francobordo, y por lo menos consiguieron que entrara menos agua.[12]

Los navegantes también avistaron unas casas indias en la costa; un pequeño pueblo de pescadores que debió parecerles a los expedi-

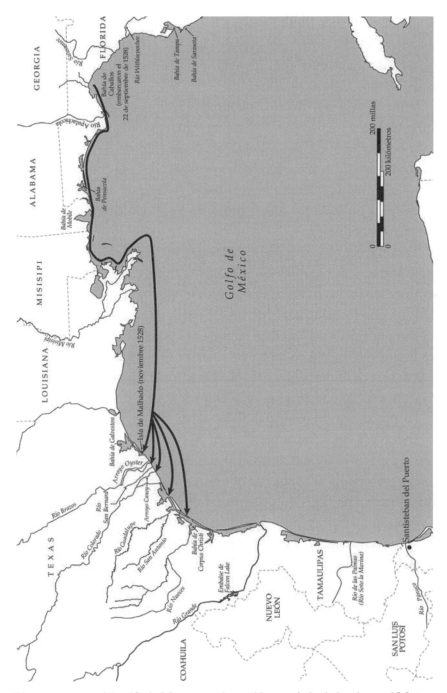

El extremo norte del golfo de México con la posible ruta de las balsas hasta el Misisipi y la costa de Texas

cionarios un blanco ideal. Fueron a la costa y quedaron encantados al encontrar muchas lizas y «huevas de ellas que estavan secas», un festín inesperado. Fue «muy gran remedio para la neçessidad que llevávamos», escribe Cabeza de Vaca.[13]

Una vez en el mar abierto, la improvisada flota navegó hacia el oeste durante un mes. Las balsas avanzaban, aguantando quizás mejor de lo que podía esperarse, y por primera vez desde el inicio de la expedición, las cosas parecían ir bien. Las balsas iban pegadas a la costa y entraban en islotes y bahías peligrosamente bajas. A veces se encontraban con pescadores indios a los que Cabeza de Vaca describe como «gente pobre y miserable».[14]

Tras navegar un mes sin incidentes, los problemas volvieron a presentarse. Las raciones comenzaron a menguar, pero lo que más atormentaba a los balseros era que no tenían agua fresca. Las botas de agua que los náufragos habían fabricado con patas de caballos se habían podrido, y no lograban contener el preciado líquido. Mientras los hombres flotaban en las balsas abiertas, expuestos a todo el calor y la potencia deshidratadora del sol, debieron de lamentar un millar de veces su decisión de llevar el agua en pieles.

La preocupación principal de los españoles se convirtió entonces en encontrar agua fresca para beber. Acercaron sus balsas a la costa con la esperanza de avistar un arroyo o lago, pero nada de esto sirvió. Luego vieron una pequeña isla que parecía vacía y decidieron ir hasta allí. Parecía una decisión prudente. Los hombres alcanzaron la isla y anclaron las balsas, justo a tiempo porque una tormenta sorprendió a los náufragos allí. La tormenta fue tan fuerte que los balseros no hubieran podido marcharse de la isla. Durante el primer día, los expedicionarios se terminaron la poca agua que aún tenían. Los hombres debieron de repartirse en grupos para ir en busca del arroyo más mísero y de la fuente más turbia. Pero descubrieron que la isla estaba completamente seca, y la tormenta, que debió de traer poca lluvia, no parecía amainar.[15]

A medida que se iban deshidratando, Narváez y sus hombres debieron haber pasado de la sequedad en la boca y un ligero malestar, a

síntomas más severos: mareo, incapacidad para sudar, arrugamiento de
la piel, y un impulso irrefrenable de beber cualquier tipo de líquido. No
resulta sorprendente que al cabo de cinco días tomaran la peor decisión
posible: sucumbieron al impulso de beber agua del mar. «Y algunos se
desatentaron tanto en ello», dice Cabeza de Vaca, «que súpitamente se
nos morieron cinco hombres». Lo cierto es que el agua salada acelera el
proceso de deshidratación; el sodio ingerido se combina con cualquier
molécula de agua que encuentra, y las células pierden la humedad.
Una alteración repentina del nivel de sal puede provocar ataques y
daño cerebral. Cabeza de Vaca prefiere no describir estos momentos
tan acuciantes: «No creo que ay necessidad de particularmente contar
las miserias y trabajos en que nos vimos, pues considerando el lugar
donde estávamos y la poca esperança de remedio que teníamos, cada
uno puede pensar mucho de lo que allí passaría».[16]

La situación de los españoles no podía ser más funesta. Tenían que
optar entre la deshidratación extrema y un mar embravecido. Incapaces
de seguir resistiendo y con la tormenta aún rugiente, los desventurados
balseros salieron al mar, confiando su destino a Dios y prefiriendo
desafiar a los elementos en vez de morir de sed.[17]

Durante todo aquel día de finales de octubre o principios de
noviembre de 1528, mientras los hombres intentaban cruzar hacia
el continente, las balsas fueron anegadas por las olas pero volvieron
a emerger instantes después. En algún sentido las balsas eran más
apropiadas que los barcos para soportar la tormenta, ya que por mucha
agua que cayera en cubierta no se hundirían. Su preocupación principal era mantener la integridad física de las balsas. Las tripulaciones,
debilitadas por los efectos de la grave deshidratación, apenas debieron
haber tenido fuerzas para navegar. Solo una aparición milagrosa los
salvó. Al atardecer, las balsas rodearon finalmente una lengua de tierra
que se adentraba en el mar, y al otro lado los hombres hallaron mucha
tranquilidad y pudieron guarecerse. Muchas canoas fueron al encuentro de los viajeros. «Y los indios que en ellas venían nos hablaron, y sin
querernos aguardar se volvieron. Era gente grande y bien dispuesta y
no traían flechas ni arcos».[18]

La maltrecha flota siguió a las canoas hasta que alcanzaron unas casas junto a la costa. Por increíble que parezca, los indios los recibieron con pescado cocinado y muchos jarros con agua. Los náufragos no debían de creer su buena suerte. El jefe de este asentamiento invitó cordialmente a Narváez a su casa. A cambio, los españoles entregaron parte del maíz que aún tenían, así como algunas cuentas y cascabeles.

Pero aquella relación tan cordial se agrió enseguida. Aquella noche, los anfitriones atacaron a sus huéspedes, asaltando a los enfermos que yacían en la costa. Lograron matar a tres miembros de la expedición. Los indios también intentaron entrar en la casa del jefe donde dormía Narváez. El gobernador sufrió una herida causada por una piedra pero no se lo llevaron. Cabeza de Vaca no explica el motivo de este asalto.[19]

Los visitantes apenas tuvieron tiempo para retirarse a sus balsas. En el transcurso de aquella noche en la que tantas cosas pasaron, los indios atacaron tres veces, arrojando piedras y otros objetos. Tenían muy pocas flechas. Pero aun así, obligaron a los visitantes a retirarse hacia la costa e hirieron a muchos de ellos. Incluso Cabeza de Vaca sufrió un corte en la cara. Los nativos habrían continuado con su ofensiva a no ser que un pequeño grupo de españoles que se escondía detrás de unos arbustos lograra sorprender a los indios desde la retaguardia, disolviéndolos.[20]

A la mañana siguiente empezó a soplar un *norte*, por lo que los náufragos no pudieron abandonar aquel entorno hostil durante un día más. Para calentarse, encendieron hogueras. El propio Cabeza de Vaca rompió más de treinta canoas indias para hacer astillas y leña. Mientras esperaban que el tiempo mejorara, los españoles debieron haber reunido todas las vasijas de arcilla que encontraron y las llenaron de agua, pero pese a haberse abastecido de ese modo, no consiguieron llegar muy lejos.[21]

Tras tres o cuatro días en el mar, los balseros se volvieron a quedar sin agua dulce. Se vieron obligados a entrar en un estuario y arriesgarse a otro enfrentamiento. Vieron una canoa: los indios que iban a bordo de ella se acercaron sin temor a la balsa principal. Narváez pidió agua. Los indios accedieron a llevársela, pero solo si les daban vasijas para transportarla. Era el momento de tomar decisiones difíciles. Los europeos estaban desesperados por beber agua, pero las vasijas también eran indispensables. Perderlas supondría un revés muy grave. Las negociaciones debieron de alargarse, y la tensión debió de agravarse porque ambas partes eran incapaces de comunicarse de otro modo que no fuera a través de señas. Al final Doroteo Teodoro, el griego cristiano que había recogido la tea en la bahía de Caballos, se ofreció a ir con los indios en la canoa. Se llevó a un esclavo africano con él. A cambio, los nativos accedieron a dejar a dos de sus hombres con los españoles.

Aquella noche, los indios volvieron. Las vasijas continuaban vacías, y no había ni rastro de los cristianos. Desde la lejanía, los nativos animaban a los hombres que habían dejado con los españoles a arrojarse al agua. Los españoles sujetaron a los hombres para evitar que se escaparan, y los indios en la canoa se volvieron rápidamente y remaron hacia la costa. Los españoles, sedientos y habiendo perdido las vasijas, permanecieron en las balsas pensando en el destino del griego y su esclavo.

Por la mañana varias canoas se acercaron a las balsas. Los indios se mostraron agresivos y exigieron la liberación de sus dos compañeros. El gobernador replicó que liberaría a los dos rehenes solo si le devolvían a los dos cristianos que se habían llevado. Las canoas rodearon las balsas e intentaron cerrar la desembocadura del estuario, pero las balsas lograron alcanzar el mar abierto. «Y como no nos quisiessen dar los christianos, y por este respecto nosotros no les diéssemos los indios», escribe Cabeza de Vaca, «començáronnos a tirar piedras con hondas y varas con muestras de flecharnos, aunque en todos ellos no vimos sino tres o quatro arcos. Estando en esta contienda el viento refrescó y ellos se bolvieron y nos dexaron».[22]

Los españoles tuvieron que abandonar al esclavo africano y al valiente griego que había recogido la tea en la bahía de Caballos para sellar el fondo de las balsas. Una expedición española posterior descubrió que esos dos hombres fueron llevados tierra adentro y posteriormente sacrificados. No queda ninguna constancia de lo que hicieron los españoles con sus dos rehenes indios.[23]

Al día siguiente los náufragos encontraron toda el agua dulce que quisieron. Dieron con el delta de un río muy ancho, que se adentraba en el golfo como una amplia y majestuosa avenida, y que llevaba tanta agua que las tripulaciones de las balsas pudieron beber directamente desde el mar. Habían llegado al río Misisipi. Desde que habían salido de la bahía de Caballos habían navegado unos 590 kilómetros. Por desgracia, Pánuco se encontraba todavía a 990 kilómetros de distancia.

Poder beber el agua desde la seguridad de sus balsas resultó un consuelo inesperado, pero cruzar el inmenso río supuso también un desafío formidable. Este poseía un caudal tan ingente que apartó las balsas de la costa. El viento, que en aquel momento soplaba desde la tierra hacia el mar, vino a exacerbar el problema empujando todavía más a las barcas hacia el mar abierto. La flota se vio apartada media legua (2,4 kilómetros) de la tierra. Los balseros no podían hacer nada para contrarrestar estas fuerzas. Era imprescindible que continuaran a la vista del continente: si se veían empujados mar adentro sin referentes para orientarse, estarían perdidos para siempre. Este drama duró dos días más hasta que los hombres al fin consiguieron dirigir las balsas hacia la costa.

En la costa lejana, los supervivientes pudieron ver varias columnas de humo, pero no lograron averiguar nada más ya que estaba oscureciendo. Por prudencia, los hombres decidieron esperar hasta la mañana siguiente antes de acercarse. Aunque el agua era baja, no lograron anclar las barcas adecuadamente pues solo tenían piedras atadas con cuerdas para esa función. Aquella noche, las balsas se separaron. El viento debió haber arreciado, empujando a dos de ellas hacia el mar abierto.

Cuando se hizo de día, lo único que vio Cabeza de Vaca fueron dos balsas en el horizonte. Sus remeros se dirigieron hacia la más cercana, que resultó ser la de Narváez. Cuando las dos barcas se acercaron lo bastante como para poder gritarse la una a la otra, el gobernador pidió al tesorero real su opinión sobre qué había que hacer. Cabeza de Vaca sugirió que todos deberían intentar navegar en la dirección de la tercera balsa y mantenerse unidos. Narváez respondió que eso no se podía hacer «porque la barca iva muy metida en la mar y él quería tomar la tierra». Como aclaración, uno de los acompañantes de Narváez añadió que su objetivo principal era alcanzar la tierra porque, si no lo hacían, la gente de a bordo empezaría a morirse de hambre.[24]

Era solo cuestión de tiempo para que todas las balsas se separaran. Los hombres de Cabeza de Vaca intentaron seguir al gobernador, remando desesperadamente, intentando sobreponerse a las corrientes y vientos, pero la tripulación estaba agotada. Desde hacía tres días subsistían con una ración diaria que consistía solamente en un puñado de maíz crudo. En cambio, la embarcación de Narváez era un poco más ligera y llevaba a los hombres más fuertes y sanos, así que siguió navegando sin problemas. Incapaz de mantener el ritmo, Cabeza de Vaca acabó pidiendo al gobernador que le echara un cabo. Narváez se negó, diciendo que los hombres de su balsa estaban decididos a llegar a tierra esa misma noche y no podía dedicar esfuerzos ni tiempo a ayudar a los de las otras balsas. Tras oír su respuesta, Cabeza de Vaca le dijo que no sería capaz de mantener el mismo ritmo y pidió a Narváez que le dijera cuáles eran sus órdenes. La contestación fue decisiva. Narváez dijo que «ya no era tiempo de mandar unos a otros, que cada uno hiziesse lo que mejor le pareziesse que era para salvar la vida». Decidido a salvarse, Narváez había abandonado el mando de las otras cuatro balsas. Cada nave tendría que valerse por sí misma.[25]

Cabeza de Vaca ordenó a sus hombres que pusieran dirección hacia la tercera balsa, que, por increíble que parezca, aún resultaba visible. Esta nave era la que comandaban los capitanes Téllez y Peñaloza. Las dos tripulaciones viajaron juntas durante cuatro días más. Debían de llevar algo de agua dulce; las provisiones sin embargo casi se habían agotado. Las raciones tuvieron que reducirse a medio puñado de maíz crudo al día. Llegados a este punto, los hombres carecían de fuerzas para remar. Su única esperanza estaba puesta en el viento caprichoso, pero los elementos no cooperaron. Una tormenta alcanzó a las dos balsas, separándolas y amenazando con romperlas.

De algún modo la balsa de Cabeza de Vaca consiguió aguantar un día más. Atormentados por el hambre extrema y empapados por las salpicaduras de las olas, los hombres se encontraron al borde mismo de la muerte. Incluso Cabeza de Vaca, quien normalmente es parco en sus descripciones, nos ofrece un panorama funesto. «La gente començó mucho a desmayar de tal manera que cuando el sol se puso todos los que en mi barca venían estaban caídos en ella unos sobre otros tan cerca de la muerte que pocos avía que tuviesen sentido». Solo el timonel y Cabeza de Vaca hacían turnos para dirigir la balsa. Pero el timonel también empezó a flaquear. «A dos horas de la noche», dice Cabeza de Vaca, «el maestre me dixo que yo tuviesse cargo della, porque él estava tal que creía aquella noche morir». Cabeza de Vaca agarró la caña del timón durante unas horas y pasada la medianoche fue a ver si el timonel había muerto. Para su sorpresa, se encontraba mejor y se ofreció a navegar hasta que se hiciera de día.[26]

Poco antes de que amaneciera, Cabeza de Vaca oyó las olas. El timonel pensó que la tierra estaba cerca. Los dos hombres lograron reunir energía suficiente para arrojar un cabo de fondeo en la oscuridad. Solo había siete brazas de profundidad. Cuando amaneció, vieron tierra a no más de cinco kilómetros de distancia. Cabeza de Vaca cogió un remo y empezó a remar. La mayoría de los hombres yacían mientras un puñado remaba frenéticamente hacia la salvación. En su desesperación, los hombres remaron más allá de donde rompían las olas. Cuando intentaron detener la balsa, debió haber sido demasiado tarde para evitar que se rompiera. Una gran ola arrojó la nave en plena arena, y el impacto despertó a los hombres dormidos. Como narra Cabeza de Vaca: «Se començaron a descolgar y con manos y pies andando. Y como salieron a tierra a unos barrancos, hezimos lumbre y tostamos del maíz que traíamos. Y hallamos agua de la que havía llovido, y con el calor del fuego la gente tornó en sí y començaron algo a esforçarse». El tesorero real y sus hombres habían alcanzado una isla frente a lo que hoy es el estado de Texas.[27]

• • •

Milagrosamente las cinco balsas hicieron tierra en distintas partes de la misma costa. La balsa que navegó más lejos fue la que comandaban los capitanes Téllez y Peñaloza. Cabeza de Vaca vio por última vez esta nave en algún lugar al oeste del río Misisipi, su tripulación había agotado casi toda la comida y se dirigía hacia una tormenta. Debieron haber pasado muchos días en alta mar, a la deriva y enfrentados a la posibilidad real de morir de hambre. Cuando estos hombres finalmente alcanzaron Texas, tal vez hasta la isla del Mustang o la del Padre, su condición debía de ser lamentable. Es bastante posible que algunos de ellos ya hubieran muerto. Resulta difícil imaginar cómo la tripulación de esta balsa consiguió navegar unos 250 kilómetros más que Cabeza de Vaca; tal vez tuvieron que recurrir al canibalismo para permanecer con vida. Pero no murieron de hambre, al menos no todos. Cuando llegaron a tierra, una tribu india conocida como los camones se lanzó sobre la tripulación hambrienta. Los náufragos «venían tan flacos que aunque los matavan, no se deffendían». Ni un solo hombre sobrevivió al ataque. Los camones se llevaron todos los objetos de los españoles, y acabaron vendiéndolos a otros grupos. La balsa permaneció donde había atracado. Quedó en la costa como testimonio final de la tenacidad de su tripulación, que había navegado 1.200 kilómetros desde que había salido de la bahía de Caballos.[28]

La balsa que llevaba a los religiosos y comandaban el contador real Alonso Enríquez y fray Juan Suárez recaló junto a la desembocadura del río San Bernando. La balsa se había volcado y no había modo de repararla. Los hombres decidieron abandonarla y continuar a pie hacia el territorio controlado por los españoles. Fue una gran pérdida ya que habían llegado a una zona pantanosa atravesada por ríos e islotes. La balsa hubiera sido muy útil. Sin ella, tuvieron que dedicar una energía y un tiempo preciosos a construir nuevas naves que probablemente serían bastante pequeñas. Aunque algunos hombres se ahogaron, lograron caminar hacia el sur durante muchos kilómetros, alimentándose de cangrejos y algas.[29]

Mientras marchaba hacia el sur en dirección a Pánuco, este grupo se encontró con la tripulación de Narváez, que probablemente había des-

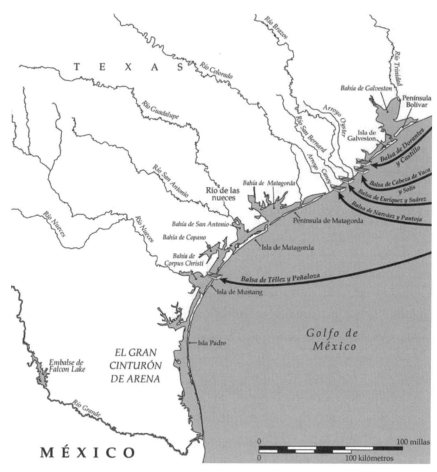

La costa de Texas y los sitios aproximados donde desembarcaron las cinco balsas

embarcado en los alrededores de la actual bahía de Matagorda. Los dos grupos debieron de alegrarse mucho al reencontrarse. Aunque habían estado separados poco tiempo, ambas tripulaciones habían experimentado aventuras increíbles y debían de estar ávidas por intercambiar relatos de sus duras experiencias. Más que todo, duplicar el número de hombres y ver caras conocidas debió de ser un gran consuelo en mitad de una tierra completamente desconocida. No obstante, este encuentro casual también suscitó algunas preguntas inquietantes. Juntos, los dos grupos sumaban ochenta miembros, pero la balsa de Narváez solo podía transportar a la mitad. También parecía haber cierta tensión entre los líderes de los dos grupos. A fin de cuentas, Narváez había renunciado públicamente a su autoridad sobre las otras barcas; los dos contingentes habían actuado de manera independiente durante cierto tiempo. Pero ahora el gobernador quería retomar el control. Se sentía tan amenazado por el contador real Alonso Enríquez que revocó su título de teniente de gobernador y nombró a uno de sus compañeros en su lugar.

La arrogancia de Narváez fue su perdición. Temeroso de un ataque indio, se concedió el privilegio de dormir en la balsa mientras los hombres acampaban en la costa. A bordo, acompañando a Narváez, quedaba una tripulación mínima: un timonel y un paje. En caso de emboscada, estos tres afortunados hombres tendrían al menos una oportunidad de escapar. Sin embargo, a la mitad de la noche, el viento arreció y se volvió tan fuerte que empujó la balsa hacia el mar abierto sin que nadie se diera cuenta de lo que estaba sucediendo. El despertar debió de ser durísimo. Desde la balsa los tres hombres debieron de tener ocasión de echar un último vistazo a la tierra inmensa y hostil que Narváez gobernaba solo de nombre.[30]

La barca no llevaba comida ni agua, así que los tres hombres no pudieron haber resistido mucho. Pero aun así quedó tiempo para reflexionar. Contra todo pronóstico, Narváez no murió en un ataque indio o de una enfermedad debilitadora, sino que, en el colmo de la ironía, pasó sus últimas horas atrapado en una pequeña plataforma flotando en las aguas del golfo de México y rodeado del enorme *adelantamiento* que no logró conquistar.

El resto de los hombres de las dos balsas continuaron su viaje a las órdenes de nuevos líderes. Pero ya hacía demasiado frío. Tras unos cuantos días más de viaje agotador, pararon y decidieron pasar el invierno en aquella costa extraña. Pánuco tendría que esperar hasta la primavera. El grupo de supervivientes era lo bastante grande como para que no fuese atacado fácilmente. Acamparon en una zona boscosa con agua y leña abundante, algunos cangrejos y marisco, y se aprestaron a hacer frente al frío.[31]

El invierno fue terrible. Tras agotar la escasa comida que tenían, estos náufragos desdichados se encontraron cara a cara con la muerte. Mientras luchaban por no perecer de hambre, recurrieron a una solución extrema. Los vivos cortaron los cuerpos de los muertos a tiras, y posiblemente secaron la carne al sol para evitar que se estropeara. «Era gente sin remedio, donde todos murieron aquel invierno pasado, de hambre y de frío, y comiéndose algunos de ellos a los otros». El día 1 de marzo de 1529, solo quedaba un hombre vivo. Su nombre era Hernando de Esquivel, natural de Badajoz. Un indio se lo encontró alimentándose todavía del cuerpo de Sotomayor, el antiguo líder del desventurado grupo.[32]

Al norte de donde se desarrollaba este drama, las últimas dos balsas también habían alcanzado tierra. Una era la de Cabeza de Vaca. La otra estaba comandada por los capitanes Andrés Dorantes y Alonso del Castillo. Estos dos grupos de hombres no se habían visto desde que habían cruzado el río Misisipi, unos 480 kilómetros atrás. Siguiendo trayectorias paralelas, impulsados por los mismos vientos, sacudidos por las mismas tormentas y corrientes y debido a una increíble coincidencia, llegaron a desembarcar en lados opuestos de la misma isla.

CAPÍTULO 6

ESCLAVIZADOS

Despu és de ser arrojados a la playa, Cabeza de Vaca y su famé-
lica tripulación pasaron un tiempo recuperando fuerzas.
Encendieron fuegos y asaron parte del maíz que les quedaba.
Un español llamado Lope de Oviedo, que claramente estaba más sano
y fuerte que los demás, subió a un árbol para inspeccionar la tierra.
«Entendió que estávamos en isla», escribió Cabeza de Vaca, «y vio que
la tierra estava cavada a la manera que suele estar tierra donde anda
ganado, y paresçiole por esto que devía ser tierra de cristianos, y ansí
nos lo dixo». Tal noticia debió de dejarlos pasmados.[1]

Los hombres habían llegado a una isla alargada que solo tenía
2,5 kilómetros de ancho por 25 kilómetros de largo. Seguramente
fue la isla de Galveston, o, lo que es más probable, la isla que quedaba
justo al sur.[2]

Cabeza de Vaca ordenó a Lope de Oviedo que siguiera explorando
sin alejarse demasiado. Encontró un sendero y lo siguió poco más de
1,5 kilómetros hasta un pequeño poblado indio. Como las cabañas
estaban abandonadas, el español cogió un tarro, lo llenó de lizas e
inició el regreso a la playa. Un perro pequeño lo seguía. Una vez en
el sendero, notó que detrás de él había tres indios con arcos y flechas.
Ellos lo llamaban. El náufrago consiguió reunirse con su grupo sin que
lo apresaran, y los tres nativos se detuvieron a una prudente distancia.
Al cabo de media hora cien indios armados hasta los dientes habían
rodeado a los españoles. Cabeza de Vaca solo hace una observación
mordaz pero reveladora: «Agora ellos fuessen grandes o no, nuestro
miedo los hazía parecer gigantes».[3]

Ni se plantearon resistir. De los cuarenta hombres del contingente de Cabeza de Vaca, ni siquiera seis habrían podido enfrentarse a ellos. Los débiles extranjeros tendrían que resignarse a morir allí mismo o llegar a un acuerdo con los nativos isleños. Los dos líderes españoles, Cabeza de Vaca y el inspector real Alonso de Solís, decidieron acercarse a los guerreros indígenas y los llamaron. Los indios avanzaron. Los dos oficiales reales les ofrecieron cuentas y cascabeles, y a cambio los indios dieron flechas a los forasteros, lo cual era una señal de amistad. A través de gestos, los indios hicieron entender a los náufragos que volverían a la mañana siguiente con comida. Probablemente los españoles pasaron una noche de preocupación. Debió de pasarles por la cabeza la idea de prepararse para resistir un ataque.[4]

Al día siguiente, al amanecer, los indios volvieron. Como habían prometido, trajeron pescado y unas raíces curiosas que los extranjeros no conocían —probablemente raíces de anea o tule—, que eran grandes como castañas y que los indios extraían de debajo del agua con muchas dificultades. Por la tarde los nativos trajeron más comida. Se mostraron tan confiados que esta vez llegaron con mujeres y niños. Les debió de resultar fascinante observar a los náufragos, tan distintos de ellos. Siguieron visitando el campamento de los náufragos durante varios días, y siempre les daban pescado y raíces.[5]

Cuando los españoles hubieron recobrado algo de fuerza, pensaron en reanudar su viaje a Pánuco. Desenterraron la balsa de la arena y la arrastraron al borde del agua. Aunque algo debilitados, eran diestros y sagaces. Debieron de almacenar algo de agua y probablemente guardaron unas raíces de las que les daban los indios. Cuando les pareció que todo estaba listo, los hombres se quitaron la ropa para mantenerla seca y se metieron en el agua fría para empujar la balsa y apartarla de la costa. Tras saltar a bordo y haber recorrido cierta distancia, una ola enorme los golpeó, y tal como explica Cabeza de Vaca: «Y como íbamos desnudos y el frío que hazía era muy grande, soltamos los remos». La balsa se deslizó un poco más hasta que otra ola grande la hizo volcar. El inspector real Alonso de Solís y dos hombres más se aferraron a la barca con tanta obstinación que quedaron atrapados bajo el agua y se ahogaron. Los demás se zambulleron en el océano frío y tempestuoso; estaban medio ahogados y tiritaban cuando volvieron a la playa.[6]

En ese intento fallido de abandonar la isla los españoles perdieron las últimas posesiones que les quedaban. A lo largo de Florida y la costa del Golfo se habían ido deshaciendo del equipaje; ahora el proceso se había completado. Los náufragos se enfrentaban al Nuevo Mundo desnudos. «E como entonçes era por noviembre», escribe Cabeza de Vaca, «y el frío muy grande y nosotros tales que con poca difficultad nos podían contar los huesos, estávamos hechos propria figura de la muerte».[7]

En esos años de la expedición de Florida, Norteamérica era más fría que en la actualidad. Desde el siglo XIII hasta el XIX, el mundo experimentó un periodo prolongado de enfriamiento, y las pruebas sugieren que los años que van de 1527 a 1529 fueron especialmente duros. Cabeza de Vaca se había quejado del frío en pleno verano de Florida, así que el invierno que les esperaba debió de ser realmente sobrecogedor.[8]

Los hombres, con hipotermia a causa del tiempo que habían pasado en el agua, volvieron a su campamento, donde por fortuna aún encontraron algunas brasas para reavivar el fuego. Pasaron las horas siguientes acurrucados y compadeciéndose: «Y ansí estuvimos pidiendo a nuestro Señor misericordia y perdón de nuestros peccados, derramando muchas lágrimas, aviendo cada uno lástima no solo de sí mas de todos los otros que en el mismo estado vían». A medida que su situación se volvía más desesperada, los hombres indefensos buscaron la fuerza y el consuelo en sus creencias religiosas.[9]

Cuando los indios volvieron al atardecer como de costumbre para llevar comida, se quedaron sorprendidos al ver a los cristianos tan cambiados. Se retiraron de inmediato, y Cabeza de Vaca tuvo que correr tras ellos para intentar explicarles lo que había sucedido. Poco a poco, los nativos llegaron a entender el desastre acontecido a sus huéspedes. También vieron los cuerpos de dos europeos ahogados. Y por fin, se sentaron entre los náufragos. «Y con el gran dolor y lástima que huvieron de vernos en tanta fortuna», escribe Cabeza de Vaca, «començaron todos a llorar rezio y tan de verdad que lexos de allí se podía oír». El llanto duró más de media hora. «Y cierto ver que estos hombres, tan sin razón y tan crudos a manera de brutos, se dolían tanto de nosotros, hizo que en mí y en otros de la compañía cresçiesse más la passión y la consideración de nuestra desdicha».[10]

Cuando terminaron los lamentos, Cabeza de Vaca pidió decidido a los isleños que los llevaran a sus hogares. No había otra alternativa, pues de otro modo los náufragos morirían congelados y hambrientos. Y los indios parecían dispuestos a hacerles el favor. Pero incluso en aquellas circunstancias desesperadas, algunos expedicionarios se opusieron al plan, sobre todo los que habían estado en México y habían visto u oído hablar de los sacrificios humanos y el canibalismo ritual de los aztecas. Dijeron que «no se devía hablar en ello, porque si a sus casas nos llevavan nos sacrificarían a sus ídolos».[11]

Los indios se marcharon para hacer algunos preparativos. Volvieron aquella noche después de haber encendido cuatro o cinco hogueras grandes entre la costa y su aldea. Temían que sin tales precauciones algunos de los extranjeros podrían desmayarse y morir de frío durante el corto trayecto desde la playa hasta el poblado. Cuando lo tuvieron todo preparado, los indios empezaron a llevarse a los náufragos, conduciéndolos hasta el primer fuego, «y desque vían que avíamos tomado alguna fuerça y calor, nos llevavan hasta el otro, tan a priessa que casi los pies no nos dexavan». No todos los españoles accedieron a ir con los isleños. Por lo menos cinco hombres decidieron quedarse por su cuenta junto a la playa, una decisión que no tardarían en lamentar.[12]

Cuando Cabeza de Vaca y sus compañeros llegaron al poblado, vieron que los indios habían preparado una casa grande con muchos fuegos dentro. Las celebraciones y los bailes comenzaron menos de una hora después de que llegaran los extranjeros, y duraron toda la noche. «Para nosotros no aviendo fiesta ni sueño», recordó Cabeza de Vaca, «esperando quándo nos avían de sacrificar». Pero los hombres sobrevivieron aquella noche, y a la mañana siguiente los indios les dieron más comida y continuaron tratándolos con amabilidad, por lo que se disiparon sus miedos.[13]

La generosidad de los indios era asombrosa. Hacía ya un tiempo que llevaban comida a los europeos dos veces al día y habían hecho grandes esfuerzos para transportarlos a su campamento y darles cobijo.

Y ahora parecían estar dispuestos a alimentar a los náufragos durante todo el invierno. Para una comunidad indígena tan pequeña, unas cuantas docenas de familias, hacerse cargo de cuarenta adultos más supondría una carga enorme. Ese mismo día Cabeza de Vaca vio a un nativo llevando unos objetos europeos que no provenían de su balsa. El tesorero real preguntó ansioso al nativo dónde había conseguido esos objetos. Y por increíble que parezca, el hombre respondió a Cabeza de Vaca mediante señas que había recibido esos objetos de otros hombres europeos como él mismo, y que este segundo grupo se encontraba un poco más lejos pero también en la isla.[14]

Esta revelación debió de causar una gran conmoción entre los náufragos. Cabeza de Vaca envió inmediatamente a dos de sus hombres a buscar a estos otros europeos, pero el grupo de reconocimiento no tuvo que ir muy lejos. El otro grupo de náufragos ya se dirigía hacia el poblado, porque habían sido avisados sobre la presencia de la tripulación de Cabeza de Vaca por otros indios que vivían en aquel lado de la isla. Resultó ser el contingente bajo las órdenes de los capitanes Andrés Dorantes y Alonso del Castillo, en el que también debía de encontrarse Estebanico. «Y llegados a nosotros», recuerda Cabeza de Vaca, «se espantaron mucho de vernos de la manera que estávamos».[15]

Todos debieron de pensar que este encuentro era un auténtico milagro. Se habían visto por última vez en el cruce del río Misisipi y se habían enfrentado a tantos peligros en las semanas transcurridas que cada grupo debió de creer que el otro había fallecido.

Los miembros del grupo de Dorantes y Castillo aún tenían su balsa, lo cual los esperanzaba mucho. Al menos algunos de los náufragos tendrían oportunidad de proseguir el viaje a Pánuco. Los ochenta hombres de inmediato se pusieron manos a la obra. Decidieron que solo los más fuertes continuarían el viaje; el resto permanecería en la isla para recuperarse y quizá en primavera intentaría alcanzar el territorio controlado por los españoles por tierra.

Pero la balsa frustró las esperanzas de los náufragos. Cuando la echaron al agua unos días después del reencuentro, se desbarató enseguida y se fue al fondo. Los náufragos se habían quedado sin embarcaciones ni provisiones. Es más, el invierno se avecinaba, y muchos de ellos estaban desnudos, así que nadar por ríos y bahías resultaba imposible. Pánuco tendría que esperar hasta la primavera.[16]

Pero aun sin la barca, los náufragos decidieron mandar una avanzada hacia el sur. Cuatro hombres harían un intento desesperado por llegar a Pánuco durante el invierno. Probablemente les dieron ropa y provisiones. Tal vez les construyeron una balsa pequeña. Estos cuatro individuos eran de los más fuertes y todos eran buenos nadadores. Por desgracia, ni siquiera ellos lograron alcanzar tierra de cristianos; los cuatro murieron en el intento.

Tras este desastre, por muy consumidos que se encontraran y por muchas carencias que padecieran, los náufragos debieron de considerarse bastante afortunados. Al menos habían sido acogidos por unos indios amistosos.

· · ·

Los supervivientes de la expedición de Pánfilo de Narváez fueron los primeros extranjeros en vivir en los inmensos territorios al norte de México y en entrar en contacto con múltiples pueblos de Norteamérica. Fue una experiencia que ni los españoles ni sus anfitriones amerindios olvidarían.

En el momento del contacto había diferencias muy marcadas entre ambos grupos. Los contrastes eran tan patentes que muchos europeos discutían abiertamente si los nativos eran realmente humanos, y viceversa. Dos pueblos muy distintos de la gran familia humana habían vuelto a entablar contacto después de un larguísimo tiempo. Los pueblos del Nuevo Mundo descendían de un pequeño grupo de hombres y mujeres que había atravesado el estrecho de Bering unos 12.000 años atrás y emigrado a América, la última gran masa terrestre en poblarse. Poco después de este episodio migratorio, ambos mundos volvieron a perder el contacto.[17]

A lo largo de los milenios, estos auténticos pioneros del Nuevo Mundo exploraron el continente entero y se multiplicaron hasta alcanzar los 60 o 70 millones en el siglo xv (una cifra comparable a la población europea de la época). Construyeron centros ceremoniales, tendieron enormes redes comerciales y lucharon unos contra otros. Era todo un mundo, desconectado y despreocupado del resto del planeta. Pruebas recientes de ADN confirman que todos los linajes de nativos americanos se remontan en última instancia a Asia, pero durante miles de años evolucionaron de manera completamente independiente a todos los demás humanos del planeta. Estos dos fragmentos enormes del género humano no volvieron a unirse hasta 1492, cuando Colón llegó al Caribe.[18]

Pese a su prolongada separación, el Viejo y el Nuevo Mundo habían evolucionado de manera increíblemente similar. Los pueblos de ambos mundos habían domesticado plantas y animales, se habían organizado en señoríos, principados, monarquías e imperios, y habían desarrollado formas de escritura y matemáticas. Todo esto solo puede explicarse atendiendo a nuestra herencia común como seres humanos. La mayoría de los primeros exploradores europeos repararon en un principio en las marcadas diferencias entre los nativos que se encontraban y ellos mismos. Pero Cabeza de Vaca y sus hombres pudieron observar también las similitudes. Es más, sus vidas dependían de esta herencia común.

La isla donde habían recalado las dos balsas albergaba dos grupos indígenas pequeños: los capoques y los hans. El aspecto de estos dos grupos ya de por sí resultaba sobrecogedor. Era habitual que alcanzaran el metro ochenta, por lo que solían ser mucho más altos que los españoles. Los nativos iban completamente desnudos y poseían un físico robusto y flexible. Les gustaba perforarse un pezón, a veces ambos, e insertar en los agujeros juncos grandes que podían tener hasta dos dedos de grosor y dos palmos y medio de largo. También se perforaban el labio inferior, en el que se insertaban otro junco, aunque este *solo* tenía medio dedo de grosor. Solo las mujeres se cubrían parte del cuerpo. Su ropa era de fibra de árbol, las doncellas llevaban pieles de venado.[19]

Cabeza de Vaca y su tripulación vivían con uno de los dos grupos, aunque no nos dice cuál de los dos. El contingente de Dorantes y

Castillo residía con el otro. Parece que al principio los dos grupos de supervivientes podían visitarse libremente, y que las relaciones entre los capoques y los hans eran cordiales. Aunque hablaban lenguas mutuamente ininteligibles, los dos grupos no tenían dificultades en compartir su espaciosa isla. Cada grupo debía de estar formado por unos 400 o 500 individuos.[20]

Nada podía haber preparado a los náufragos para el estilo de vida que tuvieron que adoptar para sobrevivir. Los capoques y los hans eran pueblos totalmente nómadas. Su vida era errante, y rara vez pasaban más de unas cuantas semanas en cualquier lugar. Tenían muy pocas posesiones y vivían en tiendas semicirculares sencillas que se construían con facilidad y proporcionaban una protección mínima de los elementos. No obstante, sus viviendas sencillas ocultaban el uso extraordinariamente sofisticado que hacían del entorno. Su conocimiento de la flora y la fauna de la costa era sencillamente inigualable. Eran expertos en buscar y encontrar alimento. Los capoques y los hans se desplazaban siguiendo patrones estacionales pensados para aprovechar fuentes específicas de comida en un radio de acción que no se limitaba a su isla, sino que se extendía a la pradera costera en el continente. Sus habilidades de caza eran igualmente formidables. A juicio de Cabeza de Vaca, tenían la vista y el oído tan agudos y tan acostumbrados a reconocer el menor movimiento que se hallaban entre los mejores del mundo.

Cuando las dos balsas desembarcaron en noviembre, los capoques y los hans debían haber llegado recientemente a la isla para pasar el invierno en ella. Solían subsistir a base de pescado y raíces, que al principio eran abundantes, pero los nativos sabían que las cosas se irían deteriorando hasta tocar fondo en febrero, cuando los tubérculos de fécula dan brotes y ya no son comestibles.[21]

El invierno de 1528 a 1529 fue extraordinariamente duro. El frío y las tormentas no permitieron a los indios sumergirse en el agua para arrancar las raíces. La pesca resultó extremadamente difícil y en general no sacaban nada. Puede que las casas fueran portátiles, pero ofrecían muy poca protección contra el tiempo inclemente. Muchos náufragos no consiguieron sobrevivir. «En muy poco tiempo, de ochenta hombres que de ambas partes [de la isla] allí llegamos, quedaron bivos solos quinze». Con estas palabras, Cabeza de Vaca resume lo que debieron haber sido dos meses terribles. Casi a diario debieron haber muerto expedicionarios.[22]

El invierno debió de haber parecido apocalíptico a los últimos supervivientes, pero los nativos entendían que este periodo de hambre formaba parte del ciclo anual. Cuando el invierno dio paso a la primavera, y las raíces empezaron a producir brotes y ya no resultaban comestibles, los capoques y los hans iniciaron los preparativos para abandonar la isla e ir a la costa de tierra firme en busca de otro alimento que se podía encontrar durante todo el año: los ostrones u ostiones. Normalmente subsistían a base de estos moluscos durante tres o cuatro meses al año y, como algunos de los supervivientes señalaron mordazmente, «sin comer otra cosa alguna». Al llegar abril los indios también peinaron la costa y «comimos moras de çarças todo el mes, en el qual no cessan de hazer sus areitos [festines] y fiestas». En el verano había que cazar venados y bisontes, aunque sin descartar otras fuentes de alimento, incluidas arañas, lagartos, serpientes y ratas. En otoño los capoques y los hans volvían a su isla para pescar y cosechar raíces acuáticas, con lo que el ciclo anual volvía a comenzar.[23]

Vivir en la costa de Texas no era fácil. Los supervivientes de ambas balsas de la expedición de Narváez habían intentado pasar el invierno por su cuenta y habían acabado comiéndose los unos a los otros. Pero durante siglos estos nativos de la costa habían sobrevivido e incluso prosperado en ese mismo entorno. Aunque otros grupos indígenas tanto al sur como al norte cultivaban maíz, los capoques y los hans y sus descendientes confiaban solamente en lo que les daba la tierra.[24]

· · ·

Lo que había empezado como una relación entre anfitriones indígenas por un lado e invitados españoles por otro acabó siendo un vínculo entre amos y esclavos. La transición fue gradual, pero inequívoca.

El entusiasmo de la acogida inicial pronto disminuyó. Los capoques y los hans se habían mostrado extraordinariamente generosos con los exploradores abandonados, pero con la llegada del invierno esperaron que los forasteros también pondrían de su parte. Los indios debieron de quedarse muy sorprendidos ante lo inútiles que eran los extranjeros. La incapacidad de los náufragos para cazar con arcos y flechas debía de resultarles ridícula, y sus habilidades pesqueras no debían de ser mucho mejores, ya que sus conocimientos de las trampas, presas y peces comestibles eran mínimos. Como no les podían confiar a los forasteros ocupaciones viriles, les dieron trabajo de mujeres. Tenían que cavar para sacar raíces, y cargar leña y agua.[25]

Un incidente vino a hacer la relación más difícil. No todos los españoles se habían trasladado a vivir con los indios. Cinco balseros habían decidido pasar el invierno junto a la playa; el miedo a que los nativos los sacrificaran y comieran debio haber sido abrumador. Pero al quedarse habían cometido un grave error. Y lo que más temían, el canibalismo, acabó ocurriendo, aunque no de la forma que habían esperado. Al encontrarse sin comida y muy necesitados, se comieron los unos a los otros. Y como señala Cabeza de Vaca con una lógica impecable: «Quedó uno, que por ser solo, no huvo quien lo comiesse».[26]

Cuando los indios se enteraron de lo que había sucedido, se disgustaron mucho. «Huvo entre ellos tan gran escándalo que sin duda que si al principio ellos lo vieran los mataran, y todos nos viéramos en grande trabajo». Irónicamente, en siglos posteriores los europeos acusaron a los nativos de la costa de Texas de canibalismo. No sabían que en el siglo XVI los caníbales habían sido los propios europeos, y habían sido los indios quienes quedaron horrorizados ante semejante comportamiento.[27]

La situación de los náufragos se volvió todavía más precaria cuando los nativos isleños empezaron a morir de una «enfermedad de estómago», que bien pudo haber sido disentería propagada por los cuerpos en descomposición de los europeos. Aproximadamente la *mitad* de los indios de la isla pereció. Fue una calamidad increíble y un augurio terrible del desastre demográfico que asolaría en breve al continente entero por la introducción de nuevos patógenos en el Nuevo Mundo. Echaron la culpa a los forasteros, tal vez con razón. «Y teniéndolo por muy cierto», escribe Cabeza de Vaca, «concertaron así de matar a los que avíamos quedado».[28]

Cuando los indios se preparaban para poner en práctica sus intenciones, el indio que había llegado a ser dueño de Cabeza de Vaca intervino. Defendió decididamente a los náufragos, razonando que si ellos tenían el poder de provocar la enfermedad entre los nativos seguro que habrían evitado las muertes de muchos de los suyos. El indio, que debió ser lo bastante influyente como para tener esclavos e ir en contra de la opinión general, señaló que ninguno de los extranjeros hacía ningún daño o mal y concluyó que lo mejor que podían hacer era dejarlos vivir. Por algún motivo consiguió convencer a los demás, y así perdonaron la vida a los forasteros.[29]

Decidieron que los hombres permanecerían en la isla como esclavos de los nativos. La vida se volvió tan dura para los supervivientes que dieron por nombre a la isla *Malhado*. Durante casi seis años las vidas de los náufragos giraron en torno al trabajo incesante. Sus tareas eran triviales en apariencia: llevar madera, cavar para sacar raíces o ir a buscar agua. No había nada insidioso ni cruel en estas actividades, pero eran constantes además de resultar agotadoras físicamente y a menudo dolorosas. Los troncos pesados les rozaban directamente las espaldas desnudas, y los porteadores tenían los pies doloridos de caminar sobre la arena caliente en verano y entre plantas espinosas. A Cabeza de Vaca los dedos le sangraban constantemente de cavar raíces, y se veía obligado a meterse completamente desnudo entre matorrales de aneas y otras plantas.[30]

Para entonces, los supervivientes estaban totalmente a merced de sus señores. Los niños nativos se burlaban de los cristianos casi a diario. Según Cabeza de Vaca: «los muchachos les pelaban las barbas cada día por su pasatiempo, y en viéndolos descuidados les daba cualquier muchacho su repelón, y les tomaba la mayor risa y placer del mundo». Aquello no era más que humor juvenil; los adultos no dudaban en usar la violencia para obligarlos a actuar. Los cautivos dijeron que les pegaban con palos, los abofeteaban y les tiraban de las barbas pobladas. Cualquier omisión poco importante, retraso o infracción comportaba un castigo grave, incluso la muerte. Cabeza de Vaca relata cómo tres cristianos fueron asesinados «por solo passar de una casa a otra... y los otros tres que quedavan esperavan parar en esto mismo». La ansiedad diaria de los náufragos ante la posibilidad de que los castigaran o mataran debió de tener consecuencias dramáticas. Ninguno de ellos confiaba en permanecer con vida de un día al siguiente. Un español que no había cometido infracción alguna fue asesinado sencillamente porque una mujer india había soñado «no sé qué desatino», recuerdan los náufragos, «porque los de aquella parte creen en sueños y matan a sus propios hijos por sueños».[31]

Indudablemente, los náufragos se habían convertido en esclavos. Pero también hay que señalar que sociedades como las de los capoques y los hans no eran «sociedades esclavistas» en el sentido de que no buscaban y explotaban de forma activa mano de obra esclava. Sí poseían esclavos, resultado de la guerra continua con los grupos vecinos, o de sucesos como el descrito cuando forasteros errantes como los náufragos *se unían* a estos grupos para escapar del hambre.

Sin embargo, este sistema distaba mucho del que empleaban sociedades más centralizadas y jerárquicas como, por ejemplo, Portugal y España, u otras sociedades indígenas del continente americano. Para los indios de la costa de Texas, los esclavos eran marginales respecto a su supervivencia y bienestar. En primer lugar, puede que un esclavo constituyera un par de brazos más, pero también era otra boca que alimentar. En vez de procurar y explotar sistemáticamente a los esclavos, los toleraban como perros callejeros y les permitían quedarse siempre y cuando demostrasen su utilidad. Pero una vez que los náufragos fueron admitidos en el grupo, sus vidas pasaron a depender por entero de la voluntad de sus amos. Este contexto peculiar no contribuía a atenuar los sufrimientos de Cabeza de Vaca y sus compañeros. Pero nos ayuda a entender por qué los náufragos fueron esclavizados poco a poco, por qué tuvieron que buscar amos que no querían serlo y que a menudo abusaban de ellos, y por qué durante su estancia de seis años en la costa de Texas fueron capaces de huir de un clan indígena a otro.[32]

Los conquistadores, antaño poderosos, habían experimentado una caída social extraordinaria. La vida de esclavo maltratado debió resultar indescriptiblemente amarga para individuos de la alcurnia de Cabeza de Vaca y los capitanes Dorantes y Castillo. Si se hubiera quedado en Europa, Castillo hubiera podido pasar su vida como juez o funcionario municipal. ¿Qué impulso insensato lo había empujado a unirse a la expedición de Narváez y renunciar a una vida de comodidad y felicidad? Quizá el capitán Dorantes fuera más un hombre de acción y aceptara mejor la violencia de la vida y los reveses de la fortuna. A fin de cuentas, ya llevaba una cicatriz en la cara producida en una acción militar. Pero seguro que nunca imaginó pasarse sus últimos días esclavizado por gente extraña y desnuda al otro lado del mundo.

¿Y qué decir del tesorero real? Varias generaciones de la familia Cabeza de Vaca habían trabajado para fomentar los objetivos imperiales de España. Su abuelo había sido el famoso capitán que había conquistado Gran Canaria. Con la historia de sus antepasados en mente, Álvar Núñez Cabeza de Vaca también debió haber soñado con realizar grandes conquistas y acciones heroicas cuando la expedición de Florida se puso en marcha. Pero sus ambiciones se habían visto destruidas en la vorágine de un huracán, en un error colosal de navegación, en una marcha difícil a través de Florida, en una angustiosa travesía en balsa y en una sórdida vida de esclavo. Sin duda, este noble debió tener grandes dificultades para resignarse a pasar el resto de su vida cavando en busca de raíces hasta que le sangraran los dedos y aguantando estoicamente las palizas a manos de nativos que nunca entenderían lo que él estaba destinado a ser.

El hombre más capaz de lidiar psicológicamente con las condiciones adversas debió haber sido el africano Estebanico. No desconocía la vida como esclavo, pues ya desde antes lo habían capturado, apartándolo de su hogar y vendiéndolo en Europa. Claro que sus sufrimientos en el Nuevo Mundo aumentaron cuando la expedición se fue a pique, pero su posición social apenas había cambiado. Había sido el esclavo de Dorantes, pero ahora su propio amo estaba esclavizado, un extraño giro del destino que probablemente debió de proporcionar a Estebanico una satisfacción indescriptible. Aunque es posible que su subordinación a Dorantes y los otros españoles persistiera de alguna manera, el hecho de que los europeos también estuvieran esclavizados debió de reducir las disparidades. Eran los indios, y no los españoles, quienes ejercían la autoridad suprema, un hecho que mermó considerablemente la capacidad de Dorantes de hacer valer su autoridad sobre el africano. Con el paso del tiempo Estebanico acabó convirtiéndose en otro esclavo más, indistinguible de sus antiguos amos.

El hecho de que Estebanico siguiera vivo era en sí un milagro. El resto de los náufragos eran españoles de élite con muchas más posibilidades de supervivencia que los africanos sencillamente porque estaban mejor alimentados y habían estado menos expuestos a los estragos del extenuante trabajo físico. Además, los europeos en posiciones de poder solían usar su autoridad para protegerse del peligro y aumentar sus posibilidades de supervivencia. Y aun así, Estebanico logró superar a decenas de españoles que cabría esperar hubieran sobrevivido en lugar de él. En este sentido podemos decir que Estebanico fue el superviviente por excelencia. Había experimentado la vida de esclavitud en tres continentes distintos y se había visto obligado a enfrentar peligros y aventuras increíbles. Asombrosamente y contra todo pronóstico, había sobrevivido a todos ellos.

• • •

Los últimos náufragos aguantaron como esclavos en la costa de Texas durante seis años. Para cuando llegó la primavera de 1529, tras aquel primer invierno brutal, solo unos dieciocho náufragos permanecían con vida. Se dispersaron entre los capoques y los hans siguiendo a sus respectivos amos.

La experiencia de Cabeza de Vaca resultó especialmente dura porque todos los náufragos europeos y africanos acogidos por este grupo de indios (no sabemos cuál de los dos) murieron durante el invierno.

Al llegar la primavera él era el único náufrago aún con vida en este grupo, y sus amos lo llevaron al continente. La sensación de soledad y abandono de Cabeza de Vaca se vio exacerbada por una grave y prolongada enfermedad que sufrió en aquella época.

También fue un periodo de zozobra. Durante su larga convalecencia, Cabeza de Vaca descubrió que la mayoría de los náufragos, que aún vivían en la isla de Malhado con el otro grupo, habían acordado reanudar su búsqueda de Pánuco. Este contingente considerable de doce hombres —que incluía a Dorantes, Castillo y Estebanico— cruzó hacia el continente, no muy lejos de donde Cabeza de Vaca se esforzaba por recuperarse, y se dirigió al sur.

El tesorero real se enteró de las intenciones de sus compañeros a través de sus amos indígenas. Dorantes y Castillo intentaron incluso entrar en contacto con Cabeza de Vaca, pero no pudieron verlo. En cualquier caso, él no estaba en condiciones de viajar. La marcha de sus compañeros debió resultar un golpe demoledor para el tesorero real.[33]

Cabeza de Vaca solo podía confiar en Dios. Sus convicciones religiosas constituían su último refugio. En el verano u otoño de 1529, sus captores lo llevaron otra vez a Malhado. Allí, el tesorero real descubrió que no todos los exploradores se habían marchado a Pánuco, sino que dos náufragos débiles se habían quedado en la isla. Como Cabeza de Vaca, estos dos hombres no habían podido seguir al contingente de Dorantes y Castillo. Este descubrimiento debió haber sido un gran consuelo. Los dos hombres eran Lope de Oviedo, el que trepaba por los árboles y que había sido el primero en explorar Malhado, y otro español de nombre Jerónimo de Alaniz.

Cabeza de Vaca permaneció con el mismo grupo de indios durante más de un año, dedicándose a viajar entre Malhado y el continente. Pero éstos trataban al tesorero real con dureza y lo obligaban a trabajar mucho. Cabeza de Vaca decidió huir de la isla y unirse a otro grupo que vivía en un bosque en tierra firme. Estos indios se llamaban charrucos. Debió de entrar en contacto con ellos durante sus viajes con los nativos isleños.[34]

Así empezó una nueva fase en la vida de Cabeza de Vaca. Los charrucos estaban en guerra con los grupos que los rodeaban. Necesitaban a un tratante que fuera ajeno al conflicto y que fuera bien recibido y capaz de comerciar incluso durante las hostilidades; un extraño como Cabeza de Vaca era el intermediario perfecto. Animado por los charrucos, el antiguo secretario real se convirtió en comerciante itinerante y consiguió desempeñar un papel extraordinario entre los indios de la región. Tan solo podemos imaginar el miedo de Cabeza de Vaca al adentrarse en tierras nuevas completamente desprotegido y llevando mercancías valiosas, pero los charrucos lo exhortaban a ir de un lugar a otro para conseguir las cosas que necesitaban. Durante dos años el ingenioso náufrago ejerció ese oficio.[35]

Cabeza de Vaca comenzó sus extraordinarios viajes comerciales recopilando entre los charrucos objetos que codiciaban los pueblos del interior. Entre esos objetos de la costa se encontraban fragmentos de conchas de caracol marino y los corazones de esos mismos animales. También llevaba «cuentas de mar» —una descripción poética, pero un tanto vaga de lo que podrían ser perlas—, así como cierto tipo de concha que se utilizaba en el interior para cortar una fruta parecida a un frijol (los nativos usaban esta fruta en sus ceremonias de curación y por lo tanto era muy apreciada). Provisto de estas mercancías, Cabeza de Vaca se aventuraba por el interior durante varias semanas seguidas, y cubría distancias de 190 kilómetros o más. Le daban de comer y le permitían recorrer territorios de varios grupos indígenas, sin que nada de esto diera lugar a conflictos.

A cambio de las mercancías de la costa, Cabeza de Vaca recibía pieles, de las que siempre había mucha demanda entre los charrucos. También traía ocre rojizo «con que ellos se untan y tiñen las caras y cabellos», así como pedernales, engrudo y cañas rígidas para hacer flechas. «Y este offiçio me estava a mí bien», explica Cabeza de Vaca, «porque andando en él, tenía libertad para ir donde quería, y no era obligado a cosa alguna y no era esclavo, y dondequiera que iva me hazían buen tratamiento y me davan de comer por respeto de mis mercaderías, y lo más principal porque andando en ello, yo buscaba por dónde me avía de ir adelante».[36]

Lo único que disuadía a Cabeza de Vaca de marcharse a Pánuco eran los otros dos náufragos que se habían quedado en Malhado. Jerónimo de Alaniz murió un tiempo después, pero Lope de Oviedo aguantó en la isla. Así, cada año, Cabeza de Vaca atravesaba la bahía para visitar a Lope de Oviedo, y trataba de convencerlo para escapar juntos. Las visitas de Cabeza de Vaca a Malhado son muy reveladoras, porque implican que sus antiguos dueños nativos ya no pensaban en castigarlo porque se hubiera escapado, sino que quizás estaban más interesados en tener acceso a las mercancías del tesorero real.

Pese a los esfuerzos de Cabeza de Vaca por convencerlo, Lope de Oviedo se mostraba reticente a marcharse de la isla, y posponía una y otra vez la fecha de la escapada. Prefería aferrarse a su vida en la isla de Malhado, por precaria y atormentada que fuera, antes que arriesgarse a morir en tierras desconocidas y entre pueblos aún más violentos e impredecibles.[37]

No obstante, al cabo de tres años, Cabeza de Vaca acabó imponiéndose. En la primavera o verano de 1532, los dos supervivientes se escaparon hacia Pánuco. Lope de Oviedo no sabía nadar, así que Cabeza de Vaca tuvo que ayudarlo a cruzar la bahía hasta el continente. Debieron de seguir la misma ruta que había tomado el grupo de Dorantes y Castillo años atrás, moviéndose con mucho esfuerzo a través de una región de cuatro ríos, hasta que cayeron en manos de un grupo de indios conocidos como los quevenes. Estos indios les proporcionaron noticias sorprendentes a los dos fugitivos. En primer lugar, los quevenes les dijeron que más al sur había tres cristianos más que aún estaban vivos. Luego Cabeza de Vaca y Lope de Oviedo preguntaron acerca de todos los demás, y los quevenes respondieron que todos habían muerto de frío y hambre. Y lo que aún resultó más alarmante, los quevenes les dijeron que en esa zona trataban mal a los cristianos y señalaron que algunos indios vecinos incluso habían matado a tres cristianos solo para divertirse. Para demostrárselo, los quevenes se llevaron a Lope de Oviedo, le pegaron con un palo y lo abofetearon, «y yo no quedé sin mi parte», escribe Cabeza de Vaca, «y de muchos pellazos de lodo que nos tiravan, y nos ponían cada día las flechas al coraçón diziendo que nos querían matar como a los otros nuestros compañeros».

Lope de Oviedo, quien se había mostrado muy renuente a escaparse, se desanimó y decidió volver a la isla. El tesorero real trató de tranquilizar a su compañero, hablándole durante mucho rato. Pero no pudo evitar que Lope de Oviedo volviera a Malhado. No se sabe qué fue de él.[38]

El tesorero real continuó solo con los quevenes; para él no había vuelta atrás. Llevaron a Cabeza de Vaca a un río serpenteante y lleno de vegetación, donde varios grupos se habían reunido para comer nueces. Cuando Cabeza de Vaca se acercó a una casa donde lo habían conducido los indios, salió Andrés Dorantes. El capitán se quedó muy sorprendido al ver a otro español a quien hacía tanto tiempo que había dado por muerto. «Dimos muchas gracias a Dios de vernos juntos», recuerda Cabeza de Vaca, «y este día fue uno de los de mayor plazer que en nuestros días avemos tenido». Era el otoño de 1532; los dos españoles no se veían desde hacía tres años y medio.[39]

Cabeza de Vaca y Dorantes se fueron juntos a ver a Castillo y Estebanico, que también estaban acampados en lo que llamaban el *río de las nueces*. Los cuatro debieron pasar algún tiempo hablando y compartiendo sus increíbles historias. Fue así como Cabeza de Vaca se enteró de lo que había ocurrido a sus compañeros náufragos.

Tras aquel desastroso primer invierno de 1528 a 1529, Dorantes y Castillo sacaron a la mayoría de los supervivientes de la isla de Malhado en primavera. Su primer paso había consistido en convencer a la gente de Malhado de que los llevaran al continente en canoas, ya que muchos de los náufragos no sabían nadar. De alguna manera, estos hombres todavía conservaban algunos objetos rescatados de su balsa que utilizaron para ofrecer a los indios como regalos. Para llegar hasta el continente, los extranjeros tuvieron que desprenderse de una valiosa manta de martas cibelinas que habían robado durante su viaje en balsa. La manta era considerada una de las «mejores que creo yo que en el mundo se podrían hallar», se decía que su perfume parecía de «ámbar y almizcle, y era tan fuerte que podía detectarse a una gran distancia».[40]

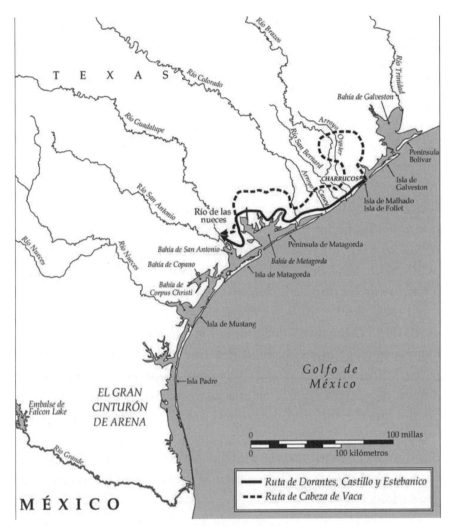

Paradero de los dos grupos de supervivientes entre 1529 y 1532

Los nativos isleños debieron de quedar bastante satisfechos, ya que accedieron a que este grupo de supervivientes se marchara incluso transportándolos a la otra orilla.

Una vez en el continente, los miembros del grupo de Dorantes y Castillo tuvieron ocasión de demostrar su gran tenacidad. Durante semanas, recorrieron la costa yendo hacia el sur. El terreno no podría ser más difícil: de hecho, ninguna otra porción de la costa entre el río Misisipi y el río de las Palmas está atravesada por más cuerpos de agua que la sección que intentaban cruzar al sur de la actual bahía de Galveston. Tuvieron que sortear cuatro ríos grandes y tres estrechos o bahías más. En cada caso se vieron obligados a construir balsas improvisadas, reparar canoas abandonadas o pedir ayuda a los indios de la zona.[41]

La travesía resultó costosísima. Algunos de los hombres se ahogaron por el camino mientras que otros fueron asesinados por los indios. El grupo pasó de doce a diez, luego a seis, y al final eran solo tres: Dorantes, Castillo y Estebanico. Estos tres supervivientes se tuvieron que *unir* a los indios para no morir de hambre. Fueron esclavizados y obligados a seguir a sus respectivos amos, por lo que se separaron. Aun así, de alguna manera consiguieron mantener el contacto esporádico los unos con los otros, e incluso a veces trabajar codo con codo.

El reencuentro de estos tres náufragos con Cabeza de Vaca en el otoño de 1532 fue memorable. Sintieron que sus esperanzas se renovaban y se ampliaban sus posibilidades. Los cuatro hombres discutieron la posibilidad de huir. «Yo le[s] dixe que mi propósito era de passar a tierra de cristianos y que en este rastro y busca iva». Dorantes respondió que él también llevaba años instando a sus compañeros a que escaparan, pero ni Castillo ni Estebanico habían querido irse. Estos dos hombres sufrían una desventaja aplastante: no sabían nadar. La costa resultaba para ellos la prisión más insólita que Dios podía haber diseñado.[42]

Pero ahora tal vez había una salida. El milagroso reencuentro había modificado las posibilidades de escapar: ahora había dos personas que sabían nadar y que podían ayudar a las que no sabían. Los cuatro eran supervivientes familiarizados con los indios y con el entorno costero. Tramaron un plan. Tras una larga espera, el cuarteto reanudaría la búsqueda de tierras cristianas.

CAPÍTULO 7

EN EL CORAZÓN DEL CONTINENTE

Los náufragos no se encontraron por casualidad. Dorantes, Castillo, Estebanico, Cabeza de Vaca y sus respectivos amos y guías indios se habían dirigido al río por la misma razón: las nueces de pecán. Desde hace varios siglos crecen grandes bosques de nueces de pecán en el bajo río Guadalupe. Estos árboles majestuosos de pecán miden entre 27 y 36 metros y extienden sus copas por el fondo del valle en dirección a la bahía de San Antonio. Los árboles de pecán solo dan nueces cada dos años, pero en el otoño de 1532 estaban repletos de ellas. Como si fueran maná del cielo, las nueces brillantes caían a montones en el suelo. Había tantas, se cosechaban con tanta facilidad y eran tan nutritivas (los granos dorados contienen proteínas, fibras y múltiples aceites vegetales), que los indios las encontraban irresistibles. Llegaban grupos de hasta 100 o incluso 150 kilómetros de distancia para cosechar las nueces. Entre los que se reunían en el río de las nueces estaban los yguases, que tenían a Castillo y Estebanico, los mariames, que tenían a Dorantes, y los quevenes, que viajaban con Cabeza de Vaca. Resulta fácil imaginarse a los cuatro supervivientes hablando mientras partían pecanes, recogiendo los fragmentos comestibles con dedos flacos e inseguros, y masticando entusiasmados. Sus encuentros tenían que pasar desapercibidos y no podían durar mucho, pero sabían lo que hacían. Dado que ya se avecinaba el invierno, tendrían que esperar seis meses al menos para llevar a cabo su plan de huida.[1]

Los cuatro trotamundos pretendían aprovechar los movimientos estacionales de sus amos indígenas para efectuar su huida. Dorantes había vivido tiempo suficiente con los mariames, y Castillo y Estebanico con los yguases, como para saber que cada verano ambos grupos se dirigían hacia el sur. Desde el río de las nueces viajaban en dirección a Pánuco entre 120 y 160 kilómetros, y alcanzaban la parte más meridional de su campo de acción, llegando hasta el curso bajo del actual río Nueces al oeste de la bahía de Corpus Christi. Iban hasta allí para aprovechar otra fuente de comida, tunas o higos chumbos. La zona estaba completamente cubierta de cactus que daban estos frutos. Las plantas podían ser más elevadas que un hombre a caballo, y sus matorrales eran gruesos y totalmente infranqueables. Pero estaban plagados con frutos de colores que bastaban para mantener a diversos grupos indígenas durante dos o tres meses del verano.[2]

El plan de los náufragos era simple. Seguirían a sus respectivos amos hasta el gran tunal, que a fin de cuentas quedaba de camino a Pánuco. Como todos los demás, se atiborrarían de tunas durante varias semanas. Cuando la estación estuviera terminando, en torno a septiembre, y mientras los indios se preparaban para volver a sus habitaciones de invierno en el norte, el cuarteto se escabulliría de sus captores e intentaría unirse a otros grupos de indios que hubieran llegado desde el sur al gran tunal.

Tras acordar este plan, los supervivientes se separaron una vez más para seguir a sus grupos respectivos hasta las zonas adyacentes al valle del río Guadalupe. Castillo y Estebanico se marcharon con los yguases. Los mariames seguían con Dorantes, pero el capitán español pasó a tener una compañía conocida. La misma familia que tenía a Dorantes también tomó a Cabeza de Vaca como esclavo.

Dorantes conocía muy bien a los mariames ya que llevaba diez meses viviendo solo con ellos. Tras haber aprendido el idioma mariame, Dorantes debió de ser un maestro excelente para Cabeza de Vaca, quien también llegó a dominar el lenguaje. Los mariames eran un grupo que debía constar de unos 200 individuos. Es posible imaginarse un campamento de unas cuarenta casas portátiles. Durante nueve meses del año se extendían por la zona del valle del bajo río Guadalupe. Se movían constantemente, cada dos o tres días, y pasaban el tiempo pescando, sacando raíces, cazando ciervos y, por supuesto, comiendo nueces de pecán siempre que encontraban. Solo abandonaban esta base estable durante los meses de verano para aventurarse más al sur hacia la tierra de los nopales.

Durante el tiempo que pasaron con los mariames, Cabeza de Vaca y Dorantes llegaron a apreciar la belleza salvaje de su entorno. Describieron la costa de Texas y sus enormes praderas que se extendían hasta donde alcanzaba la vista. Cabeza de Vaca incluso llegó a especular que el ganado prosperaría en aquellas tierras, anticipándose de esa manera —unos 200 años o más— a los ranchos, vaqueros y enormes rutas ganaderas que un día llegarían a caracterizar este rincón del Nuevo Mundo.[3]

El hambre debió de atraer la atención de los supervivientes hacia los grandes animales que deambulaban por las praderas en la bahía de San Antonio. Dorantes recordó las manadas de venados que había en la costa. Para cazarlos, los nativos corrían tras ellos durante horas, hasta agotar a los animales; en ocasión incluso los cazaban vivos. También los rodeaban con hogueras o se acercaban a los animales lentamente, formando una fila de sesenta hombres que empujaban a los ciervos al agua hasta que se ahogaban. Para los hombres y mujeres que vivían al borde de la inanición, esas cazas tan largas debieron de resultar épicas; los riesgos eran enormes. Unos pocos hombres podían matar a 500 ciervos, a 60, a uno o, como ocurría a menudo, a ninguno en absoluto.[4] Los náufragos también fueron los primeros extranjeros en detectar a esas *vacas* grandes con cuernos pequeños y pelo muy largo: el bisonte americano o búfalo. A principios del siglo XVI su territorio llegaba hasta el sur de Texas. El bisonte es el mayor mamífero de Norteamérica, puede medir más de 1,80 metros de la pezuña al hombro y pesar hasta una tonelada. Un solo animal habría bastado para alimentar a un grupo entero. Pero cazar bisontes resultaba extremadamente difícil. Tenía que hacerse a pie y solo con arcos y flechas. En tres ocasiones distintas, Cabeza de Vaca pudo contemplar a estos animales imponentes y saborear su carne, que declaró ser mejor que la ternera.[5]

A pesar de esta riqueza natural, los mariames y sus dos esclavos europeos a veces pasaban hambre. En tales ocasiones se limitaban a comer dos o tres clases de raíces de gusto amargo, que tenían que cocinarse durante dos días para que fueran comestibles, y que incluso hacían que se les hinchara el estómago. También comían arañas, huevos de hormiga, gusanos, salamandras, lagartos y serpientes e incluso habían llegado a comer tierra, madera, excremento de ciervo y «otras cosas que dexo de contar», dice Cabeza de Vaca, «y creo averiguadamente que si en aquella tierra huviesse piedras las comerían».[6]

A pesar de estos periodos de hambre, los mariames parecían felices. Según Cabeza de Vaca, la mayoría de ellos eran grandes bebedores, mentirosos y ladrones que nunca dejaban de bailar o hacer sus celebraciones y *areitos*. Según parece, los mariames tenían un lado lúdico. En lo más crudo del invierno, cuando aún faltaban meses para la temporada de tunas, se burlaban de Cabeza de Vaca y Dorantes diciéndoles que no estuvieran tristes porque «presto» habría tunas. Evocaban para sus cautivos imágenes de días alegres que pasaban comiendo tunas y bebiendo su dulce jugo mientras veían cómo se les hinchaba el vientre.[7]

Cabeza de Vaca y Dorantes pertenecían a una familia formada por un hombre y una mujer, su hijo y otro adulto que vivía con ellos. Curiosamente, todos los miembros de la familia sufrían una enfermedad que los había vuelto ciegos de un ojo. Cabeza de Vaca sentía una curiosidad particular por las relaciones entre los hombres y las mujeres mariames. Los hombres mariames conseguían las mujeres comprándolas a sus enemigos. El precio de cada novia era un arco y dos flechas o, a falta de estos objetos, una red de pesca grande. A cambio de esta inversión, un hombre mariame obtenía una compañera muy trabajadora. En un día corriente, una mujer apenas descansaba seis horas, entre atizar el horno para secar las raíces amargas, recoger leña y agua, cuidar de los niños y vigilar las pertenencias de la casa, porque «no se cargan los hombres ni llevan cosa de peso». Y aun así, pese a todo el trabajo que hacían, las mujeres eran los miembros menos valorados de la comunidad (junto con los ancianos).[8]

El desdén de los mariames por las mujeres se extendía a sus propias hijas, que solían dejar fuera para que se las comieran los perros. Según Cabeza de Vaca, los mariames participaban en el infanticidio femenino para negar esposas potenciales a los grupos de los alrededores que eran sus acérrimos enemigos. «Y que si acaso», dice Cabeza de Vaca, «casassen sus hijas, multiplicarían tanto sus enemigos que los subjetarían y tomarían».[9]

Pero aunque el mundo social y natural en el que vivían debía de resultarles fascinante, Dorantes y Cabeza de Vaca sufrían por su condición de esclavos. La adaptación debió de resultar especialmente brusca para Cabeza de Vaca. Se había visto obligado a dejar su extraordinaria vida como comerciante itinerante entre los charrucos y volver al humilde estatus de cautivo de los mariames. El trabajo más duro se concentraba en verano, cuando Dorantes y Cabeza de Vaca se convertían en la primera línea de defensa contra las nubes de mosquitos, una amenaza peligrosa y omnipresente durante las estaciones cálidas. Todavía hoy en día la costa de Texas posee la dudosa distinción de albergar una de las concentraciones mayores y más diversas de mosquitos de cualquier parte de Norteamérica. El entorno costero pantanoso de la bahía de San Antonio proporcionaba un hábitat ideal a estos insectos implacables, que en el mejor de los casos eran molestos y en el peor letales. Era bastante posible sufrir cientos o incluso miles de picaduras de mosquito en este entorno infestado, minando así la vitalidad de una persona y provocando un debilitamiento generalizado del cuerpo y quizá la muerte.[10]

Dorantes y Cabeza de Vaca estaban encargados de mantener hogueras humeantes encendidas durante toda la noche en el campamento para apartar a los mosquitos. Transportar la madera y mantener prendidos los fuegos durante la estación cálida era agotador. Pero si se dormían los mariames despertaban a los cautivos golpeándolos con palos y obligándolos a volver al trabajo. Sus obligaciones nocturnas, junto con sus arduas tareas diurnas, sumado a la falta de sueño crónica debió de dejarlos exhaustos.[11]

Cabeza de Vaca y Dorantes pasaron el invierno y la primavera de 1533 con los mariames, esperando que llegara el momento oportuno. Las fuentes nos dicen muy poco sobre la experiencia de Castillo y Estebanico, pero sus vidas con los yguases debieron de ser similares.

En cualquier caso, el invierno y el verano constituyeron un compás de espera mientras los cuatro náufragos aguardaban el momento de llevar a cabo su plan de huida.

A principios del verano de 1533 los mariames y los yguases viajaron al sur hasta los nopales, y los cuatro náufragos se reunieron una vez más. Todo parecía ir según el plan. Cabeza de Vaca, Dorantes, Castillo y Estebanico pasarían el verano con los mariames e yguases, pero hacia el final de la temporada de tunas intentarían unirse a otros indios para viajar más al sur con ellos. Pero cuando los cuatro supervivientes se preparaban para huir, un extraño incidente complicó las cosas. Los indios que retenían a los náufragos se pelearon entre ellos por una mujer, y el conflicto llegó hasta el punto que los indios se dieron puñetazos y se pegaron con ramas, con lo que se hicieron heridas. Las consecuencias de la discusión fueron desastrosas para los cuatro supervivientes: «Y con el grande enojo que huvieron», escribe Cabeza de Vaca, «cada uno tomó su casa y se fue a su parte; de donde (...) todos los christianos que allí éramos también nos apartamos, y en ninguna manera nos pudimos juntar hasta otro año».[12]

Los cuatro náufragos debieron deprimirse al ver que su plan se vino abajo. Tuvieron que aguantar otro año de abusos, hambre y esperanzas frustradas para poder reunirse de nuevo en el gran tunal. Corrían el riesgo de morir en el transcurso del siguiente año, y era posible que ocurriera alguna otra cosa el verano siguiente que volviera a impedirles la huida. Pero no había nada que pudieran hacer.

Aquel año, entre los veranos de 1533 y 1534, fue terrible. Castillo y Estebanico permanecieron con los yguases y Dorantes permaneció con los mariames, pero a Cabeza de Vaca el trabajo le resultó tan insoportable y el hambre tan grande que huyó tres veces de sus amos. Fueron en su busca una y otra vez «poniendo diligençia para matarme. Y Dios nuestro señor por su misericordia me quiso guardar y amparar dellos». Los dos relatos ofrecen muy pocos detalles valiosos sobre esta coyuntura dramática, pero parece ser que el tesorero real pasó de un grupo a otro, con lo que el plan de los náufragos de reunirse en el gran tunal en la próxima estación se complicó aún más.[13]

Aun así pudieron volver a reunirse al año siguiente durante la temporada de tunas. De alguna manera, los cuatro náufragos se vieron el primer día de luna nueva, que Cabeza de Vaca cree que era el 1 de septiembre de 1534. Acordaron darse un mes más en el tunal y, cuando la luna estuviera completamente llena, todos se marcharían. La cuenta atrás había comenzado.

Esta vez, los hombres no se arriesgarían. En aquella reunión crucial del 1 de septiembre de 1534, Cabeza de Vaca dijo a los demás que se marcharía a Pánuco *con o sin ellos*. No estaba dispuesto a esperar otro año. Los cuatros debieron estar de acuerdo. Ese mismo día los grupos que retenían a los cuatro náufragos se fueron cada uno por su lado, «y ansí nos apartamos», recuerda Cabeza de Vaca, «y cada uno se fue con sus indios». La luna empezó a crecer y también la ansiedad.[14]

Dorantes fue el primero en huir de sus amos indígenas y en convertirse por tanto en fugitivo. Se unió a otro grupo conocido como los anegados, que acababa de llegar a los nopales. El capitán Dorantes había sido muy astuto o muy afortunado. Los anegados se llevaban mal con los mariames, y permitieron a Dorantes quedarse con ellos. Estebanico y Castillo fueron los siguientes. Tan solo tres o cuatro días después de la llegada de Dorantes, aparecieron arrastrándose en el campamento.

Aunque el trío había logrado escabullirse de sus antiguos captores, su situación seguía siendo extremadamente peligrosa. Simplemente se habían deslizado de una parte del gran tunal a otra. Los mariames y los yguases aún podían localizar a los fugitivos y castigarlos, o los anegados podían entregarlos a sus antiguos dueños. Empezaban a forjar una nueva relación, pero continuaban en una situación incierta. Incluso un pequeño gesto podría significar la diferencia entre la vida y la muerte.[15] Mientras tanto, Cabeza de Vaca había permanecido con sus amos indios, esperando nervioso el transcurso del mes y confiando en que sus compañeros se unirían a él en algún momento para escapar juntos. Por algún motivo los indios que retenían a Cabeza de Vaca ni siquiera estaban en el campo de tunas, sino que ya habían recorrido cierta distancia en dirección sur. La temporada de las tunas estaba terminando, y el grupo debió de comenzar a dirigirse a su territorio invernal. Cabeza de Vaca esperaría a sus compañeros hasta que hubiera luna llena.

Mientras tanto, a los tres náufragos que habían permanecido en el tunal con los anegados se les estaba acabando el tiempo. Es más, no estaban seguros de dónde se encontraba Cabeza de Vaca. Un día Dorantes, Castillo y Estebanico vieron una columna de humo alzándose por encima de la pradera a lo lejos, lo cual indicaba que había un grupo indio acampado. Se convencieron de que Cabeza de Vaca estaba con ellos. Los tres supervivientes debieron de plantearse las opciones que tenían: si los tres abandonaban a los anegados, se convertirían en fugitivos. Así que los tres náufragos acordaron que Dorantes y Estebanico se adelantarían para intentar encontrar a Cabeza de Vaca, y Castillo se quedaría. La presencia de éste último serviría para tranquilizar a los indios: «... y que se quedase Castillo hasta que volviesen. Y ellos [los indios] holgaron de ello.»[16]

Durante un día entero y parte de la noche, Dorantes y Estebanico caminaron en dirección a la columna de humo. Finalmente, a altas horas de la madrugada, se encontraron con un indio que los condujo al campamento, donde en efecto los esperaba Cabeza de Vaca. Era el decimotercer día de la luna, o mediados de septiembre de 1534.

Dorantes, Estebanico y Cabeza de Vaca necesitaban ahora un modo de rescatar a Castillo quien estaba a más de un día de camino. Afortunadamente, los indios en el campamento los ayudaron en este propósito al decidir acercarse al terreno donde recogían las tunas. Los cuatro náufragos volvieron a reunirse.

Por fin, después de casi dos años de haberse encontrado en el río de las nueces y haber jurado marcharse, lograron escapar. Los matorrales quedaban delante, y decidieron no perder el tiempo.

Al cabo de unos días, que solo les sirvieron para preguntar a sus anfitriones indios sobre el paisaje y los pueblos que vivían adelante, los cuatro hombres huyeron en silencio. Aunque estos indios los trataron muy bien, nunca recibieron un nombre específico en los relatos.

• • •

El concurrido puerto de Sevilla en el siglo XVI, la puerta de entrada al Nuevo Mundo.

ANCIENT WORKS, MARIETTA, OHIO,

Chas. Sullivan, del.

From an Original painting in possession of A. Nye Esq. Marietta.

Un ejemplo de las construcciones y túmulos antiguos que salpicaban las orillas de los ríos Misisipi y Ohio. Este yacimiento se encontró cerca de Marietta, Ohio. Proviene de Ephraim G. Squier y Edwin H. Davis, Ancient Monuments of the Mississippi Valley, Washington D.C., 1848.

Aún se recuerda a Cabeza de Vaca en algunos lugares por sus atrevidos procedimientos médicos. Pintura de Tom Lea (1906-2001). Cortesía de la Moody Medical Library, University of Texas Medical Branch en Galveston.

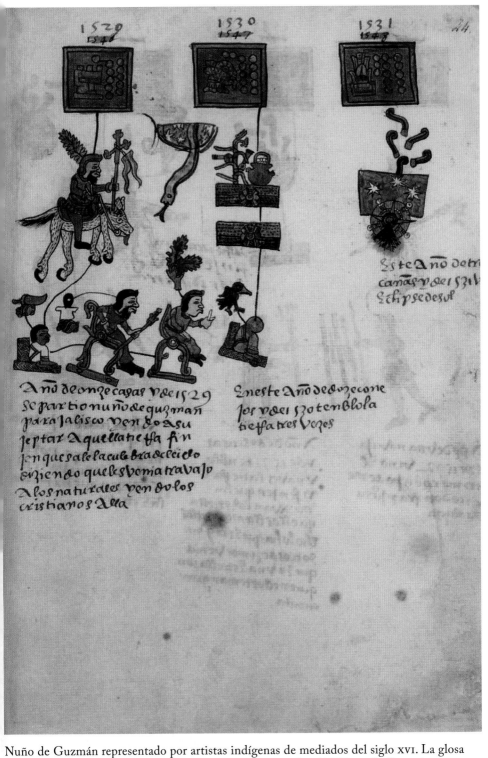

Nuño de Guzmán representado por artistas indígenas de mediados del siglo XVI. La glosa que acompaña a este códice dice así: «En el año 11 casa de 1529 Nuño de Guzmán se marchó [de la ciudad de México] hacia Jalisco, que fue a conquistar...». *Códice Telleriano-Remensis*, folio 44r.

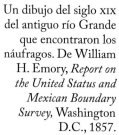

Incluso en el siglo XIX, los indios karankawa se consideraban indómitos y representativos de un modo de vida primitivo. Acuarela de Lino Sánchez y Tapia, en Jean Louis Berlandier, *The Indians of Texas* in 1830. Cortesía del Gilcrease Museum.

Un dibujo del siglo XIX del antiguo río Grande que encontraron los náufragos. De William H. Emory, *Report on the United Status and Mexican Boundary Survey*, Washington D.C., 1857.

Los frailes Juan de Palos (primero desde la izquierda) y Juan Suárez (tercero desde la derecha) son los únicos retratos de miembros de la expedición de Narváez que se han descubierto. En este mural aparecen entre los doce primeros frailes franciscanos que llegaron a México. Mural en la Sala de Profundis del monasterio de San Miguel de Huejotzingo. Huejotzingo, Puebla, México.

Diego Velázquez, el capitán bromista y regordete que conquistó Cuba y fue el primer candidato a conquistar México.

Dibujo del desembarco de Cortés en Veracruz en abril de 1519. *Códice Florentino*, Volumen II, folio 406 r.

Éste es un dibujo del siglo XIX de un nopal o chumbera, que proporciona un fruto básico para subsistir (la tuna, higo chumbo). De William H. Emory, *Report on the United Status and Mexican Boundary Survey*, Washington D.C., 1857.

El cascabel de cobre con una cara, mencionado por Cabeza de Vaca, coincide solamente con un tipo de cascabel encontrado por arqueólogos modernos. Este se halló en Paquimé, no muy lejos de donde pasaron los náufragos, y corresponde cronológicamente con la expedición de Florida; la cara grabada representa a la divinidad mesoamericana Tlaloc. Cortesía de la Amerind Foundation, Inc., Dragon, Arizona.

Los náufragos fueron los primeros en describir al búfalo norteamericano. Aquí hay una representación del siglo XVI de un animal que acabó convirtiéndose en sinónimo del vasto interior de Estados Unidos. De Francisco Hernández, *Nova plantarvm, animalivm et mineralivm Mexicanorvm...* Roma, 1651.

Reproducción en blanco y negro del extremo superior derecho de la fotografía inferior.

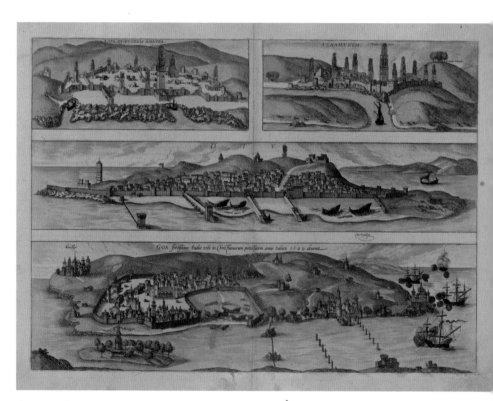

Azamor, el próspero e importante puerto del norte de África de donde procedía Estebanico. *De Civitates orbis terrarum*, George Braun y Franz Hogenberg, volumen 1. Colonia, 1572.

Cabeza de Vaca y sus compañeros se dirigieron al sur, dejando atrás casi seis años de esclavitud. No solo lograron superar su condición marginal, sino que además sufrieron una transformación más profunda. Este cambio había comenzado años atrás, con los isleños nativos de Malhado, cuando los náufragos habían realizado alguna que otra ceremonia de curación. Ante la insistencia de los capoques y los hans, Cabeza de Vaca y algunos otros habían hecho la señal de la cruz, rezado un padrenuestro o un avemaría, y habían suplicado a Dios que devolviera la salud a sus pacientes. Las ceremonias habían sido sencillas y poco frecuentes, pero cuando los supervivientes se aventuraron al sur del gran tunal, descubrieron que su fama como curanderos los precedía donde quiera que fueran. Los nativos no cesaron de presentar sus enfermos a los náufragos.[17]

Mientras los supervivientes continuaban su travesía hacia Pánuco, se convirtieron en curanderos. Con el tiempo, los cuatro náufragos acabaron recibiendo pacientes, y los cuatro curaron. La curación no era simplemente una estratagema cínica por parte de los náufragos para conseguir comida y respeto de los indios. Los cuatro náufragos debían de ser muy conscientes de las ventajas materiales de su nueva ocupación. Pero también consideraban sus capacidades curativas como algo espiritual y más profundo. Llegaron a pensar que su increíble odisea y los sufrimientos que habían pasado en Norteamérica fueron como una especie de prueba a la que Dios los había sometido antes de revelarles el auténtico fin de su existencia. Como dijo uno de los náufragos: «Y así Jesucristo los guió y obró de su infinita misericordia con ellos, y abriéndoles los caminos sin haberlos en la tierra, y los corazones de los hombres tan salvajes e indómitos, movió Dios a humillárseles y obedecerlos, como adelante se dirá».[18]

Dos culturas religiosas muy distintas entraron en contacto en el transcurso de las ceremonias de curación realizadas por los náufragos. En la mente de los españoles del siglo xvi, Dios y el diablo se mezclaban libremente con los mortales. En su mundo, la mística y los videntes poseían una influencia sin precedentes y los milagros no escaseaban. De hecho, los años inmediatamente anteriores a la partida de la expedición de Narváez estuvieron plagados de sucesos divinos. Se dijo que en 1513 la virgen María se le había aparecido a un pastor en las afueras de la ciudad de León y le había exigido que se construyera una capilla en ese lugar. Se dijo también que un año más tarde un hombre de Cuenca llamado Juan de Rabe había entrado en trance y visto a Dios en el paraíso junto a santos, ángeles y arcángeles. En 1523 la Virgen volvió a aparecerse a una tal Francisca la Brava de El Quintanar y esta vez incluso dejó algunos objetos en la tierra.[19]

Los creyentes comunes y corrientes de aquella época invocaban constantemente a Dios (o al diablo) para alcanzar sus fines. En la década de 1520, una secta conocida con los *alumbrados* (o *illuminati* en Italia) utilizó nuevas maneras de comunicarse con Dios. Los *alumbrados* abogaban por la contemplación y la obediencia mística a los impulsos emocionales personales, sobre todo los relativos al amor. Si se permitía que el amor floreciera, los *alumbrados* afirmaban que podrían establecer contacto directo con Dios y alcanzar un grado de perfección tal que incluso serían capaces de ceder a sus deseos carnales sin cometer pecado ni manchar sus almas. Mientras los náufragos luchaban por sobrevivir en el Nuevo Mundo, una jóven de Ávila consiguió establecer contacto regular con Dios e inició su ascenso a la santidad y al estadio más exaltado de misticismo. Conocida en el mundo entero como santa Teresa de Ávila, en su turbulenta y extraordinaria vida recibió muestras del favor divino tales como la visión del lugar que se le reservaba en el infierno si se apartaba del camino de la virtud, la transverberación de su corazón (un dardo de amor arrojado por un ángel le había perforado el corazón), y un matrimonio místico y extático con Cristo. La historia de Teresa no dejaba duda alguna en las mentes de los cristianos devotos que cualquier humano podía aspirar a ver, oír e incluso tocar a Dios.[20]

Los primeros exploradores y conquistadores formaban parte de esta cultura religiosa. A menudo eran cristianos devotos que creían en apariciones y milagros y vivían con miedo de Dios. Aunque estaban motivados por consideraciones materiales y en ocasiones participaban en actividades poco cristianas como matar indios, no obstante estos pioneros estaban convencidos de que sus proezas servían para favorecer los propósitos de Dios. A fin de cuentas, ¿acaso los espectaculares descubrimientos de España en el Nuevo Mundo no habían abierto un campo amplio y nuevo para la conversión religosa? ¿Acaso no formaban parte del plan grandioso y misterioso de Dios para difundir la palabra verdadera? Pánfilo de Narváez ya había argumentado todo esto en su campaña para obtener una cédula para la conquista de Florida.

Estas expresiones de fervor religioso respondían a algo más que al oportunismo. A medida que la expedición de Narváez se iba deshaciendo, los supervivientes se aferraban de manera más desesperada a su preciada fe. Lo cierto es que los tres últimos españoles (no sabemos lo que pensaba Estebanico) llegaron a creer que su terrible experiencia era una dura prueba para expiar sus pecados y una especie de martirio. Cuando Cabeza de Vaca y sus compañeros se quedaron solos en la isla de Malhado después de que las olas volcaran su balsa, los hombres desdichados y desnudos pasaron horas llorando en torno a un fuego, y tal y como señala Cabeza de Vaca directamente: «Y ansí estuvimos pidiendo a nuestro Señor misericordia y perdón de nuestros peccados». De manera similar, Dorantes declaró que «Dios les daba esfuerzo para ser pacientes en descuento de sus pecados y porque más mereciesen».[21]

Cada vez que Cabeza de Vaca derramaba sangre mientras cargaba madera para los hans, capoques, mariames y otros pueblos, se consolaba un poco al pensar en Jesucristo y la pasión, y al «considerar quánto más sería el tormento que de las espinas él padesçió que no aquel que yo entonces sufría». Está claro que los españoles llegaron a considerar sus sufrimientos como una mortificación de la carne, y las palizas y el hambre extrema muy similares a los de los flagelantes que se infligían dolor en el propio cuerpo, o a los monjes que se entregaban a un ayuno prolongado.[22]

Su propia supervivencia demostraba que existía un plan sobrenatural. Para Cabeza de Vaca, Dorantes, Castillo y posiblemente Estebanico, el hecho de que solo quedaran cuatro hombres vivos de los 300 que salieron no podía haber sido una mera coincidencia. Esta mortandad y la supervivencia de unos cuantos debía resultar inconcebible sin la intervención divina. Los supervivientes se habían enfrentado a tantos peligros y habían visto a tantos compañeros expedicionarios atravesados por flechas, consumidos por enfermedades, perdidos en tierras salvajes y desfallecidos de hambre que no podían evitar preguntarse *por qué* ellos seguían con vida.[23]

Las múltiples experiencias en las que los náufragos estuvieron a punto de perder la vida debieron convencerlos de que Dios los protegía. En una ocasión, Cabeza de Vaca se separó de los demás y se perdió en los bosques, incapaz de volver al campamento. Cabeza de Vaca estaba desnudo, y ya estaba llegando el invierno, y sabía que la temperatura bajaría durante la noche. La muerte por congelación parecía inevitable. «Y plugo a Dios», explica Cabeza de Vaca utilizando imágenes claramente bíblicas, «que hallé un árbol ardiendo, y al fuego dél passé aquel frío aquella noche».[24]

Durante cinco días Cabeza de Vaca alimentó el fuego. Era lo único que podía salvarlo. Mantuvo una antorcha encendida y llevó una carga de leña mientras buscaba a sus compañeros. Cuando se puso el sol, antes de dormirse, cavó un hoyo muy grande y lo llenó con combustible suficiente para que durara varias horas, «y al derredor de aquel hoyo hazía quatro fuegos en cruz». Debió de pensar que la cruz ardiendo en la tierra permitiría a Dios ver desde arriba el punto exacto donde él dormía. Cabeza de Vaca no comió un solo bocado en esos días. Le sangraban los pies. «Y Dios usó conmigo de misericordia», señala agrecido, «que en todo este tiempo no venteó el Norte, porque de otra manera ningún remedio avía de yo bivir».[25]

Tras cinco días de búsquedas cada vez más desesperadas, Cabeza de Vaca logró finalmente reunirse con su grupo. Ya lo habían dado por muerto, creyendo que lo había mordido una serpiente venenosa.

¿Acaso Dios se limitaba a llevar a cabo un experimento cruel, o tenía algún plan más importante reservado para los náufragos? La insólita transformación de los supervivientes en curanderos eliminó cualquier duda. Un plan misterioso se estaba desarrollando, si no ¿de qué otro modo se podían interpretar semejantes acontecimientos? Se habían convertido en intermediarios entre Dios y los nativos. La conclusión inevitable era que poseían una conexión especial con Dios. Pese a todo, no fueron los náufragos los primeros en sugerir que poseían el don de curar. Puede que los extranjeros creyeran en milagros, pero fueron los indios quienes primero los obligaron a curar. Cabeza de Vaca relata la historia, medio en broma: «En aquella isla que he contado [Malhado] nos quisieron hazer físicos sin esaminarnos ni pedirnos los títulos». A diferencia del complicado sistema de exámenes para llegar a ser médico en España, los nativos de Texas solo pedían a los náufragos que curaran a los enfermos soplándoles. Al principio los forasteros se lo tomaron a la ligera. «Nosotros nos reíamos dello, diziendo que era burla y que no sabíamos curar». Pero para los indios no era motivo de risa. Dejaron de alimentar a los extranjeros hasta que hicieron lo que les habían dicho. Un indio explicó pacientemente a los perplejos extranjeros que «las piedras y otras cosas que se crían por los campos tienen virtud, y que él con una piedra caliente trayéndola por el estómago sanava y quitava el dolor, y que nosotros [los supervivientes] que éramos hombres çierto era que teníamos mayor virtud y poder».[26]

Los nativos de Malhado eran el fiel reflejo de un sistema de creencias mucho más amplio que abarcaba a muchos otros grupos del Nuevo Mundo. Hasta donde alcanzamos a ver en el registro arqueológico, los nativos de América siempre han confiado en chamanes o curanderos (y curanderas) para sanarse. Creían que ciertos individuos extraordinarios eran capaces de curar administrando remedios naturales como hierbas o baños, o estableciendo contacto con fuerzas sobrenaturales. Pero no resultaba fácil encontrar a estos chamanes. Algunos de ellos eran identificados desde pequeños por sus talentos o poderes especiales y pasaban años como aprendices de curanderos consagrados. Una vez reconocidos como chamanes por derecho propio, adquirían una influencia desmedida en sus respectivas comunidades. Podían curar, pero también podían maldecir o matar *a cualquiera*. Sus sueños y visiones eran tomados muy en serio y podían conducir a la paz o la guerra con algún grupo vecino o provocar la muerte de un miembro del grupo.

La elevada posición que ocupaban los nativos chamanes impresionó a los observadores extranjeros desde la primera vez que establecieron contacto con ellos hasta los siglos XVIII y XIX. «Los 'curanderos' ejercen una influencia tal que no pueden entenderla las gentes civilizadas que no conocen a fondo a los aborígenes en su estado salvaje», escribió un grandilocuente capitán John G. Bourke tras haber viajado por el sudoeste en las décadas de 1870 y 1880. «El aspecto al que menos atención han prestado los americanos es el examen de los procesos mentales a través de los cuales un indio llega a sus conclusiones, a las profecías, augurios, esperanzas y miedos que lo dominan, y lo conducen a un extremo u otro en todo lo que hace».[27]

En un principio, entre los cuatro supervivientes, Castillo fue el más buscado. Tenía una actitud tranquila y era el menos proclive a entregarse al tipo de demostraciones dramáticas que podían convencer a pacientes y curiosos. Las curaciones de Castillo se realizaban de un modo contenido y solían consistir en rezos piadosos y soplidos suaves. Pero aun así era el candidato más evidente para convertirse en curandero, ya que era el que mejor conocía la medicina española. El padre de Castillo era médico en la ciudad universitaria de Salamanca, y como la mayoría de los médicos de la época debió de tener un consultorio en casa donde recibía a los pacientes y los trataba. Castillo probablemente se crió hurgando entre el instrumental médico de su padre, oyendo a los mayores hablar de remedios y procedimientos quirúrgicos, y observando la variedad de enfermedades que aquejan a los humanos. La iniciación repentina de Castillo en el campo de la medicina en el Nuevo Mundo debió de resultarle inmerecida pero muy ventajosa. Aunque Cabeza de Vaca también realizó algunas curas, inicialmente Castillo tenía una fama de curandero mucho mayor. Mientras los náufragos huían hacia el sur de los nopales, los diversos indios que se iban encontrando continuaban pidiendo acceso a los poderes curativos de Castillo.

En octubre de 1534 los cuatro náufragos se unieron a un grupo conocido como los avavares. Al igual que los otros grupos con los que habían vivido los náufragos, los avavares eran un pequeño grupo nómada. Su campo de acción quedaba al noroeste de la actual bahía de Corpus Christi. Cabeza de Vaca dice que los avavares ya sabían de la reputación de los náufragos y «de las maravillas que nuestro Señor con nosotros obrava». Dado que los avavares y los mariames hablaban lenguas relacionadas entre sí, los supervivientes se hicieron entender en mariame. Los nuevos anfitriones trataron a los cuatro náufragos con respeto. Les expresaron lo encantados que estaban con su llegada, los alojaron con sus curanderos y los alimentaron con las últimas tunas de la estación.[28]

Las curaciones empezaron la misma noche de su llegada, cuando un grupo de indios que sufría dolores de cabeza se presentó en busca de Castillo. El hijo del médico cumplió su cometido. Les hizo la señal de la cruz y pidió a Dios que diera salud a los indios, y «los indios dixeron que todo el mal se les avía quitado. Y fueron a sus casas y truxeron muchas tunas y un pedazo de carne de venado, cosa que no sabíamos qué cosa era». Al enterarse de las habilidades de Castillo, llegaron más pacientes y hubo danzas y una celebración que duró tres días.[29]

La nueva posición de los supervivientes distaba mucho de sus vidas pasadas como esclavos. Los nativos a los que trataba un curandero estaban acostumbrados a darle todo lo que poseían e incluso pedían regalos adicionales a sus parientes. Tras pasar varios días con los indios avavares, los cuatro extranjeros recibieron tantos trozos de venado que no sabían qué hacer con toda la carne. Tanto por su generosidad como porque se aproximaba la estación fría, los viajeros decidieron permanecer entre los avavares. Acabaron pasando ocho meses con este grupo.[30] A medida que aumentó la reputación de los náufragos como curanderos eficaces, lo hizo también su fervor religioso. Mientras permanecieron con los avavares, los náufragos creyeron detectar señales perturbadoras de la presencia del diablo. Lo que más afectó a los cristianos fue enterarse de que, quince o dieciséis años atrás, los avavares habían sido visitados por una extraña criatura. Los españoles la llamaron Mala Cosa. Era «pequeño de cuerpo», y aunque nadie le había visto claramente la cara, tenía barba como los europeos. Mala Cosa llevaba un pedernal afilado.

Cuando aparecía, los nativos se ponían a temblar y se les ponían los pelos de punta «y tomava al que quería dellos, y dávales tres cuchilladas grandes por las hijadas», le dijeron a Cabeza de Vaca, «y metía la mano por aquellas cuchilladas y sacávales las tripas, y que cortava de una tripa poco más o menos de un palmo, y aquello que cortava echávalo en las brasas». Mala Cosa también dislocaba brazos y luego los volvía a poner en su sitio, y levantaba las cabañas por los aires y las dejaba caer en el suelo.

Al principio, los forasteros se mostraron escépticos ante estos relatos. Pero algunos avavares se acercaron a ellos y les mostraron las cicatrices que aún tenían de los cortes que les había hecho Mala Cosa años atrás. En más de un sentido, Mala Cosa era lo opuesto de los cuatro curanderos. «Les dávamos a entender que si ellos creyesen en Dios nuestro Señor y fuessen christianos como nosotros, no ternían miedo de aquél ni él osaría venir a hazelles aquellas cosas».[31]

Fue durante esta época con los avavares cuando los exploradores realizaron su mayor hazaña curativa. Un día, un grupo de susolas llegó al campamento de los avavares pidiendo ver a Castillo, cuya reputación ya se había extendido hasta los indios vecinos. Los susolas estaban en guerra con otros grupos de la zona, y por lo tanto sus guerreros solían sufrir heridas de flechas. La delegación susola suplicó a Castillo que viajara a su campamento para ver a un hombre herido y a otros individuos que estaban enfermos. Les preocupaba en especial un hombre que parecía hallarse a las puertas de la muerte. Castillo ya era un curandero experimentado, pero también era muy selectivo. «Era médico muy temeroso», señala Cabeza de Vaca, «principalmente quando las curas eran muy temerosas y peligrosas. Y creía que sus pecados avían de estorvar que no todas vezes sucçediese bien el curar». No hay nada que indique que las dudas que tenía Castillo acerca de sí mismo no fuesen sinceras, ya que era un cristiano realmente piadoso y temeroso de Dios. Al final, las preocupaciones de Castillo hicieron que se negara a acompañar a los susolas, así que la tarea recayó en Cabeza de Vaca. Los susolas ya habían conocido al antiguo tesorero real en el río de las nueces y aunque hubieran preferido los servicios de Castillo, se tuvieron que conformar.[32] Para cuando Cabeza de Vaca, Dorantes y Estebanico llegaron al campamento susola, el hombre en cuestión parecía estar muerto. Su cuerpo estaba rodeado de muchas personas que lloraban, y su casa estaba desmontada, «que es señal que el dueño está muerto». Tenía los ojos vueltos hacia arriba y en blanco, y no se le detectaba pulso. La situación parecía desesperada, pero Cabeza de Vaca decidió realizar la curación. Levantó la estera que habían colocado sobre el cuerpo del hombre y rezó a Dios con fervor. Él se limitaría a ser el instrumento, Dios haría el resto. Cabeza de Vaca hizo la señal de la cruz y sopló en el cuerpo varias veces como hacían los indios. Aunque la multitud que rodeaba el cuerpo albergara ciertas esperanzas, la decisión de Cabeza de Vaca de proceder con la curación fue muy arriesgada, insensata incluso, en una época en la que su fama apenas empezaba a consolidarse.

Cuando terminaron los rituales, los dos españoles y el africano pasaron el resto del día encargándose de otros susolas con dolencias menos graves. «Y a la noche», dice Cabeza de Vaca, «se bolvieron a sus casas y dixeron que aquel que estava muerto y yo avía curado en presencia dellos se avía levantado bueno y se avía passeado y comido con ellos, y que todos quantos avía curado quedavan sanos y sin calentura y muy alegres».[33]

El trabajo de Cabeza de Vaca con los susolas causó sensación entre los indios de la región. Estos indios estaban admirados y asustados al mismo tiempo, ya que, si el antiguo tesorero real tenía el poder de revivir a los pacientes, era lógico que pudiera convertir a los vivos en muertos con idéntica facilidad. «En toda la tierra no se hablava en otra cosa», informa Cabeza de Vaca. Los nativos estaban convencidos de que los cuatro forasteros eran «hijos del sol», ya que procedían del este, donde el sol sale más allá del gran océano. Confiaban tanto en el poder de los forasteros que llegaron a creer que ningún indio moriría mientras permanecieran con ellos los náufragos.[34]

Explicar estas curaciones extraordinarias no resultaba difícil ni a los curanderos ni a los curados, aunque los dos grupos ofrecían interpretaciones muy distintas. Los europeos habían llegado a convencerse de que sus intervenciones sobrenaturales reflejaban el plan divino de Dios para Norteamérica. No habrían podido curar por sí solos, pero se habían convertido en intermediarios de Dios y de ahí extraían su poder para curar. Por su parte, los nativos siempre habían creído que ciertos individuos eran capaces de manipular los órdenes natural y sobrenatural. Resulta fácil entender cómo los avavares y sus vecinos pudieron haber llegado a la conclusión de que los cuatro forasteros poseían habilidades curativas especiales. Los tres españoles y el africano tenían un aspecto decididamente distinto, afirmaban que venían de una tierra más allá del océano, hablaban lenguas ininteligibles y por lo tanto era probable, solo probable, que poseyeran el poder de curar.[35]

El misterio de las curaciones ha aumentado con el paso del tiempo. ¿Podemos creernos a Cabeza de Vaca cuando dice que sus compañeros y él «ninguno jamás curamos que no nos dixesse que quedava sano»?

¿Fueron las curaciones una mera coincidencia? ¿Se debió su éxito al poder de la sugestión, a la victoria de la mente sobre el cuerpo? ¿Fueron realmente milagros?

El propio Cabeza de Vaca se esforzó por evitar el uso de la palabra *milagro* en su *Relación*, y por un buen motivo. La primera publicación de su libro ocurrió en una época en la cual la Inquisición española ejercía el control total sobre la publicación de libros. La Inquisición examinaba a fondo todos los manuscritos, estudiando el contenido religioso que pudieran tener, y solo emitía licencias a aquellos textos considerados compatibles con el dogma establecido. La sola mención de milagros suscitaría sospechas e incluso una condena, ya que ningún individuo podía afirmar haber realizado un milagro sin el apoyo de la Iglesia y solo tras un periodo de investigación rigurosa. Así que a pesar de que Cabeza de Vaca creyera en sus extraordinarios poderes de curación, siempre se representó a sí mismo y a sus compañeros como humildes servidores y meros espectadores de Dios, que era el que verdaderamente actuaba.[36]

Escritores posteriores restaron importancia a semejantes sutilezas. Francisco López de Gómara, que era casi contemporáneo, fue uno de los primeros en emplear el término *milagro* para describir las actividades de Cabeza de Vaca durante el episodio con los susolas: «Álvar Núñez [Cabeza de Vaca] hizo la señal de la cruz y sopló tres veces, y el hombre volvió a la vida, y fue un milagro». Una generación más tarde, en 1605, el Inca Garcilaso de la Vega fue mucho más osado al afirmar que a través de los *milagros* y *prodigios* los náufragos habían «alcanzado un respeto y una fama tales entre los indios, que los adoraban como dioses». En la década de 1640, el jesuita Andrés Pérez de Ribas había convertido la aventura de los náufragos en una especie de relato bíblico. Ellos «caminaron entre innumerables naciones bárbaras, realizando prodigios y milagros entre ellas, mediante la virtud y la voluntad divina, y con la señal de la cruz». Con el paso del tiempo, el número de milagros que se creía que habían realizado los supervivientes aumentó espectacularmente. En 1723, casi 200 años después de la expedición, el cronista español Gabriel de Cárdenas Cano atribuye a Cabeza de Vaca y sus compañeros haber realizado «milagros infinitos y concedido salud en el nombre de Dios y de manera prodigiosa a los indios que estaban enfermos».[37]

Actualmente vivimos en una época más escéptica. Buscamos explicaciones alternativas para estas curaciones, como el poder de la sugestión, la exageración de los españoles, o incluso el engaño por parte de los indios. Pero no hay más pruebas para apoyar tales explicaciones que para apoyar la fe de los náufragos y de los nativos en la intervención sobrenatural. Lo único que podemos afirmar es que estas curaciones, tanto si fueron reales como imaginarias, permitieron a los náufragos avanzar hacia su liberación.

• • •

Tras pasar ocho meses lunares con los avavares, los cuatro náufragos abandonaron el campamento y se dirigieron hacia Pánuco. Esta vez los supervivientes empezaron su travesía a finales de la primavera o a principios del verano de 1535, con la intención de avanzar durante los meses cálidos.

Desde los primeros nopales, los náufragos ya habían viajado con los avavares hasta un segundo tunal, ubicado a cinco días de distancia en dirección sur. Desde ahí, los curanderos continuaron desplazándose hacia el sur, pero decidieron seguir una ruta interior para evitar dos peligros. En primer lugar, querían apartarse de la costa para evitar más contactos con los indios que vivían en ella. Los náufragos sabían por los indios que algunos de los grupos de la costa eran hostiles con los extranjeros. Entre ellos se encontraban los temidos carmones, que habían masacrado sin piedad a todos los miembros de una de las balsas de la expedición de Narváez y posteriormente habían vendido sus posesiones. Además, al desplazarse en paralelo a la costa pero por una ruta interior, Cabeza de Vaca y sus compañeros esperaban esquivar una lengua de tierra desértica localizada al sur de la bahía de Baffin, en Texas, en dirección al delta del Río Grande y que se conoce hoy en día como la Great Sand Belt, literalmente llanura arenosa costera.[38]

La ruta por el interior hacia el sur llevó a los náufragos a través del monte del sur de Texas, un tapiz frondoso de matorrales y praderas, adornado por mezquites, tunas y chaparral. Avanzaban de manera lenta e indirecta. «La tierra es tan áspera y tan çerrada», escribe Cabeza de Vaca, «que muchas vezes hazíamos leña en montes, que quando la acabávamos de sacar nos corría por muchas partes sangre de las espinas y matas con que topávamos que nos rompían por donde alcançavan». Tras haber perdido de vista la costa, también se vieron obligados a fiarse de la dirección del sol.[39]

Los caminantes abandonaron a los avavares unas dos semanas *antes* de que maduraran las tunas. Por esta razón les iba a ser enormemente difícil conseguir comida en el camino, algo que solo hubieran logrado conociendo muy a fondo la flora y fauna de la región. Todavía más difíciles aún les iba a resultar localizar agua. En el monte apenas había arroyos, solo podían recoger agua en fuentes naturales, conocidas como *tinajas,* o cavando en los lechos de los arroyos. En ambos casos precisaban un profundo conocimiento del terreno del sur de Texas. Casi podemos afirmar que los cuatro extranjeros no habrían llegado muy lejos si hubiesen ido por su cuenta.[40]

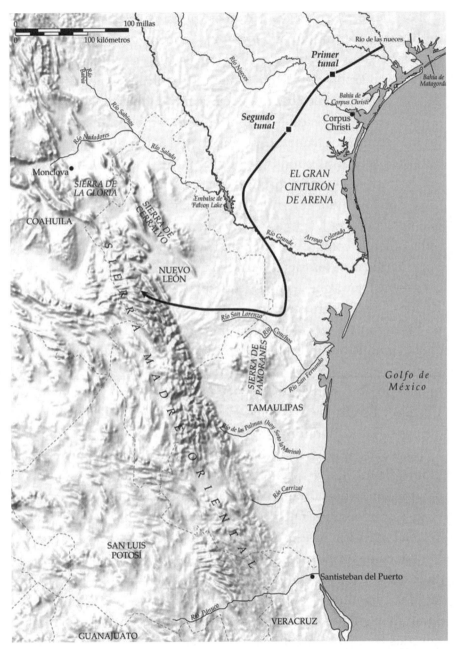

Viaje de los primeros nopales a Tamaulipas

Por suerte, encontraron ayuda enseguida. Apenas un día después de haberse aventurado en el *monte* se encontraron con un grupo conocido como los maliacones. Los maliacones subsistían gracias al fruto de un árbol que era muy amargo (posiblemente el fruto de los árboles de madera de ébano conocidos hoy en día como *maguacates* o quizá se tratara de granos de mezquite). Tras pasar tres días con los maliacones, los náufragos se trasladaron con otro grupo, el de los llamados arbadaos, con los que aguantaron varios días más hasta que las tunas estuvieron maduras: «en todo el día no comíamos más de dos puños de aquella fruta, la qual estava verde; tenía tanta leche que nos quemava las bocas. Y con tener falta de agua, dava mucha sed a quien la comía». Además del fruto amargo, los indios comían hojas hervidas de los cactus de la tuna o higo chumbo (los nopales o chumberas) que siguen consumiéndose en México y en el sudoeste de Estados Unidos. Pero esos alimentos básicos de la cocina del sudoeste no bastaron para satisfacer el hambre de los náufragos. Su tormento era tan grande que intercambiaron varias redes y pieles que llevaban por dos perros, que los hambrientos supervivientes devoraron de inmediato. Recuperadas así las fuerzas, Cabeza de Vaca, Dorantes, Castillo y Estebanico continuaron su viaje y lograron aguantar hasta que las tunas maduraron.[41]

Los cuatro viajeros debieron haber tardado un mes en atravesar el monte. Se movían despacio de un grupo indio al siguiente, incluso pararon dos semanas en un asentamiento bastante grande de 40 o 50 casas. Sus observaciones constituyen fugaces atisbos antropológicos de una región que parecía estar muy poblada. Por ejemplo, Cabeza de Vaca documenta ejemplos de afeminamiento entre los indios del sur de Texas: «y éstos son unos hombres amarionados impotentes. Y andan tapados como mugeres y hazen offiçio de mugeres, y no tiran arco y llevan muy gran carga. Y entre éstos vimos muchos dellos assí amarionados como digo, y són más membrudos que los otros hombres y más altos; sufren muy grandes cargas».[42]

Cabeza de Vaca también dejó constancia de cómo los indios se hacían la guerra unos a otros y constantemente se tendían emboscadas: «Ésta es la más presta gente para una armada de quantas yo he visto en el mundo». Cuando corrían peligro de que los atacaran, instalaban sus casas en una parte densa del bosque y fingían dormir allí, e incluso encendían fuegos durante la noche para atraer a sus enemigos. En realidad, estaban escondidos en zanjas cercanas, donde todos los guerreros se cubrían un poco con los matorrales. Eran tan astutos que se comportaban «como ternían si fuessen criados en Italia». (Cabeza de Vaca tenía experiencia de primera mano con los italianos. Había participado en la batalla de Rávena del 11 de abril de 1512, y también había visto acción en Bolonia).[43]

Por fin, los cuatro trotamundos se encontraron con un río que les pareció que era «más ancho que el Guadalquivir en Sevilla» y que con toda probabilidad fue el río Grande. Seguramente lo atravesaron cerca de la cuenca del embalse Falcon, a unos 190 kilómetros de la desembocadura del río. Unos pocos días después, Cabeza de Vaca y sus compañeros de viaje empezaron a ver las montañas a lo lejos; debió tratarse de la sierra de Pamoranes al norte de Tamaulipas.[44]

Desde que habían dejado a los avavares, los náufragos habían sido bien recibidos. Los nativos de aquel lugar se portaron igualmente bien. Se alegraron ante la llegada de los forasteros, los alimentaron y les presentaron a sus enfermos para que los curasen. Trataban a los tres españoles y al africano con un respeto casi reverente. En una ocasión, cuando los cuatros supervivientes se acercaban al pueblo, los indios salieron a toda prisa a recibirlos «con tanta grita que era espanto y dando en los muslos grandes palmadas», escribió Cabeza de Vaca más adelante, y «nos apretaron tanto que por poco nos huvieran de matar. Y sin dexarnos poner los pies en el suelo nos llevaron a sus casas». De hecho, el avance de los supervivientes se veía entorpecido por la conmoción que provocaban en todas partes: «Por todo este camino teníamos muy gran trabajo por la mucha gente que nos seguía», dice Cabeza de Vaca, «y no podíamos huir de ella aunque lo procurávamos porque era muy grande la priessa que tenían por llegar a tocarnos. Y era tanta la importunidad de ellos sobre esto que passavan tres horas que no podíamos acabar con ellos que nos dexassen».[45]

Las mujeres también corrían a tocar a los curanderos. El poder que proyectaban debió de resultar atractivo a distintos niveles, incluido el aspecto sexual. Sin duda, los náufragos tuvieron oportunidades de satisfacer sus deseos, que tal vez habían tenido que reprimir durante mucho tiempo. Justo antes de cruzar el río, por ejemplo, los supervivientes vieron que los seguían un grupo de mujeres. Estas mujeres acabaron conduciendo a los cuatro hombres hasta el río, pero después de pasar varios días y noches juntos. Por supuesto, ninguno de estos relatos contiene una sola palabra sobre encuentros románticos o sexuales. Es comprensible que los supervivientes no quisieran tener problemas con la iglesia o con sus familias en España.[46]

Los caminantes continuaron desplazándose hacia el sur en dirección a las montañas durante varios días. La sierra de Pamoranes es una cordillera interior que corre paralela al golfo de México, a una distancia de unos 65 kilómetros de la costa. Los cuatro supervivientes tenían que decidir si flanqueaban la sierra por el lado oriental, mirando al mar, o por el lado continental hacia el oeste. Cuando empezaron a ascender, se encontraron con un río que iba de oeste a este. Debió ser el sistema formado por los actuales ríos San Fernando y Conchos. Los supervivientes empezaron a caminar río arriba hacia el oeste, apartándose de la costa.[47]

Ya estaban bastante cerca de su objetivo final. Auque tal vez los viajeros no se hubiesen percatado, el río de las Palmas, el río que habían estado buscado desde que desembarcaron en la bahía de Tampa, quedaba a solo 120 kilómetos al sur o tal vez 145 como máximo. Caminando sin parar, hubieran tardado unas dos semanas en llegar hasta allí. Después del río de las Palmas, a unos 190 kilómetros al sur, se encontraba Santisteban del Puerto, el puesto de avanzada español más septentrional que había en la costa del golfo de México. Tras haber rodeado la costa del golfo de México durante unos 1900 kilómetros, la meta parecía estar al alcance.

Pero entonces los supervivientes hicieron algo extraordinario: de manera inexplicable cambiaron de curso y se dirigieron hacia el oeste y el norte, alejándose así de la costa y de la esperanza de salvarse. No existe ningún registro del motivo que los condujo a tomar una de las decisiones más misteriosas y sensacionales de todo el viaje: abandonar la búsqueda de Pánuco y aventurarse al corazón del continente desconocido.

Puede ser que hubieran cedido al impulso de explorar, que desearan ver aquella tierra hermosa y extraña en la que se encontraban. Pero también tuvo que producirse una transformación psicológica para que los hombres dieran un giro tan drástico como aquel. Debieron haberse convencido de que sobrevivirían a una travesía por el continente como la que pensaban hacer. Durante meses, los indios habían tratado a los cuatro hombres como semidioses y sin duda a cierto nivel ellos habían empezado a creerlo. Cabeza de Vaca, Castillo, Dorantes y Estebanico debieron convencerse de que estaban destinados a sobrevivir, que nada podía hacerles daño, que el propio Dios cuidaba de ellos.[48]

CAPÍTULO 8

POR EL CAMINO DEL MAÍZ

E n el verano de 1535, cuando los cuatro náufragos pasaron al sur del río Grande, se dieron cuenta de que habían entrado en una nueva zona de intercambio. Los cuatro supervivientes habían dado con una ruta comercial este-oeste que conectaba Tamaulipas con centros culturales en el interior de lo que ahora es el sudoeste de Estados Unidos. Durante al menos 1.000 años, comerciantes indígenas habían hecho el viaje desde la región Huasteca en la costa del golfo de México, a través del norte de Tamaulipas, hasta los desiertos interiores de Norteamérica. Llevaban productos de lujo como loros guacamayos vivos.[1]

Los cuatro supervivientes nunca dicen explícitamente en sus relatos que viajaron por una vía de comunicación indígena, pero sus observaciones dejan pocas dudas al respecto. Inmediatamente después de cambiar de rumbo hacia el oeste y apartarse de Pánuco, los caminantes encontraron a dos mujeres indias cargadas. «Como nos vieron», recuerda Cabeza de Vaca, «pararon y descargáronse y traxéronnos de lo que llevavan, que era harina de maíz, y nos dixeron que adelante en aquel río hallaríamos casas y muchas tunas y de aquella harina». Ver el maíz debió animarlos mucho. Los cuatro hombres no habían encontrado el alimento básico del Nuevo Mundo durante todo el tiempo que vivieron en cautividad en Texas, ni habían hallado ningún rastro de él al sur del río Grande antes de este encuentro. La harina de maíz seguramente procedía de muy lejos, pero aun así era posible cargarla hasta el norte de Tamaulipas. El maíz presagiaba la existencia de un pueblo sedentario y agrícola, el tipo de sociedad que había sostenido

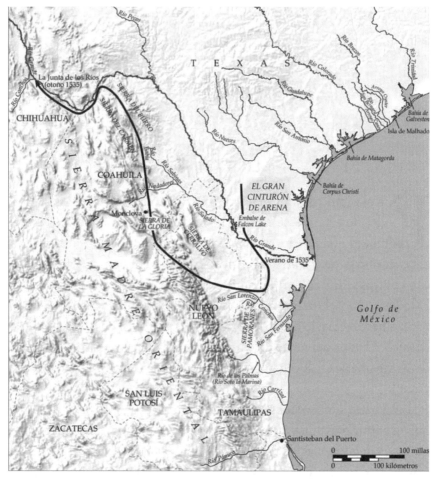

Ruta a través de la sierra de Pamoranes, la sierra de la Gloria, y La Junta de los Ríos

la presencia española en el Caribe y México. Los náufragos no estaban seguros de lo que encontrarían más adelante, pero al menos parecían dirigirse hacia centros culturales avanzados.[2]

Mientras se desplazaban por las estribaciones orientales de la sierra Madre hacia el noroeste, los tres españoles y el africano hallaron otros artículos que no habían visto antes. Un día se encontraron a un grupo «de otra nación y lengua, que decían que eran de más allá la tierra adentro». Era un grupo comercial bastante grande, cuyo campamento estaba formado por 40 cabañas con capacidad para acoger hasta 100 personas o más. Estos comerciantes dieron a los náufragos un cascabel de cobre grande y grueso con un rostro grabado en él y unas mantas de algodón. Los comerciantes dijeron que aquel surtido «venía de hacia el Norte, atravesando la tierra hacia la mar del Sur [el Océano Pacífico]». Los curanderos debieron haber quedado sorprendidos al ver estos objetos. La expedición de Narváez no había encontrado cobre *en ninguna parte* de Florida, ni en la costa norte del golfo de México, ni en Texas, ni en Tamaulipas. Era fácil imaginar que habría asentamientos indios ricos. Como comentan los supervivientes: «de lo qual se colige que de donde aquello se traía, puesto que no fuesse oro, avia asiento é fundian».[3]

Los cuatro trotamundos ya no eran meros náufragos. Habían vuelto a ser exploradores, que se dirigían hacia el oeste para encontrar a los pueblos sedentarios que sabían fundir metales. Pero su expedición resultaba muy peculiar: cuatro forasteros desnudos y desarmados guiados por cientos o incluso miles de indios. Los alimentaban y protegían y pasaban de un grupo indígena al siguiente, como si fueran preciadas posesiones desplazándose por una antigua ruta comercial a través del continente.

• • •

El avance de los exploradores por el interior fue rápido. Las dos fuentes solo se refieren de manera esporádica al paisaje del camino, con lo que las pistas que han aportado solo han servido para mantener a generaciones de especialistas enzarzados en discusiones en torno a la ruta exacta del grupo. Por ejemplo, Cabeza de Vaca nos informa que sus compañeros y él «atravessamos una sierra de siete leguas y las piedras della eran de escorias de hierro» antes de llegar a un poblado indio situado en la orilla de un río muy bonito. En la zona circundante había pinos pequeños con piñas «como huevos pequeños» y piñones mejores que los de Castilla «porque tienen las cáxcaras muy delgadas». Sorprendentemente, en este caso las escasas pistas apuntan hacia una ubicación concreta. En el estado actual de Coahuila hay una sierra de unos 34 kilómetros de largo en la que hay rocas de hierro. Se conoce como la sierra de la Gloria. Efectivamente, a un día de camino de esta sierra hay un río precioso flanqueado por bosques de cipreses y pacanas llamado Nadadores.

Y lo que resulta más convincente, los botánicos identificaron hace pocos años una especie de piñón con cáscara extraordinariamente fina. Este pino pequeño, el *Pinus remota*, recibe en Texas el apropiado nombre de *papershell pinyon* (piñón de cáscara de papel) y es común sobre todo en elevaciones no muy pronunciadas del centro y norte de Coahuila. Es bastante probable que Cabeza de Vaca pasara por la sierra de la Gloria. No obstante, en muchos otros casos, las pistas repartidas en las fuentes no conducen a conclusiones definitivas.[4]

Los cuatro curanderos avanzaron rápidamente. Al oeste de la sierra de la Gloria empezaron a vislumbrar la imponente sierra Madre Oriental. Debió parecerles un enorme muro que corría del sudeste al noroeste y que dividía al continente en dos porciones. Los españoles y el africano querían ir en dirección oeste, hacia la puesta de sol y hacia los asentamientos donde se fundía cobre que quedaban en aquella dirección. No obstante, la cadena montañosa los obligaba a girar hacia el norte, otra vez hacia el río Grande. Atravesaron tantas comunidades indias y escucharon tantas lenguas distintas que la memoria no alcanzaba a recordarlas todas.[5]

Los náufragos continuaron labrándose una buena reputación como curanderos en esta parte del viaje. Cabeza de Vaca tenía cada vez más confianza en sus habilidades. Sus intervenciones se volvieron más audaces; ya no se daba por satisfecho solo con rezos y soplos. Sus procedimientos se habían vuelto realmente médicos, algo que nos puede explicar su éxito. No muy lejos del río Nadadores trató a un hombre al que le había alcanzado una flecha bajo el hombro. «Yo le toqué y sentía la punta de la flecha y vi que la tenía atravesada por la ternilla», escribe Cabeza de Vaca con la precisión de un cirujano, «Y con un cuchillo que tenía le abrí el pecho hasta aquel lugar. Y vi que tenía la punta atravesada y estava muy mala de sacar. Torné a cortar más, y metí la punta del cuchillo y con gran trabajo en fin la saqué. Era muy larga, y con un huesso de venado, usando de mi offiçio de medicina, le di dos puntos, (y dados) se me desangrava, y con raspa de un cuero le estanqué la sangre».

Tras la cirugía, el paciente afirmó que ya no sentía dolor. Y la punta de la flecha circuló por toda la región, y todo el mundo quedó asombrado por la cura milagrosa con que Cabeza de Vaca les había obsequiado. Los viajeros llegaron a ejercer una autoridad enorme sobre los pueblos del centro de Coahuila.[6]

Nunca viajaban solos. Desde que habían llegado al norte de Tamaulipas, los náufragos y su cohorte de anfitriones indígenas habían ideado un sistema que en parte era como una procesión, en parte como una visita médica a domicilio y en parte una rapiña. Todo esto debió ser un espectáculo. Cuando los forasteros llegaban a cada comunidad india, se ponía en marcha una serie elaborada de rituales. Los nativos ofrecían albergue, comida y regalos a los cuatro hombres a cambio de acceder a sus poderes. A continuación había festejos, que en ocasiones duraban días. Luego, como no querían dejar marchar a los curanderos, los anfitriones indios insistían en viajar junto con ellos hasta el próximo asentamiento.

Los cuatro supervivientes habían pensado a dónde querían ir: primero al sur, hacia Pánuco, y luego hacia el oeste, hacia los pueblos que trabajaban el metal. Pero no podían, sin embargo, simplemente imponer su ruta. Sus padrinos indios tenían sus propias ideas y continuamente intentaban conducir a los náufragos hacia sus amigos y apartarlos de sus enemigos. La ruta que acababan tomando Cabeza de Vaca y sus compañeros solía ser el resultado de complicadas negociaciones y en ocasiones de engaños. Por ejemplo, un grupo nativo de la sierra de Pamoranes intentó disuadir a los cuatro hombres de ir tierra adentro al afirmar falsamente que no había comida ni gente en la dirección en la que los curanderos querían viajar. En aquel caso los trotamundos no prestaron mucha atención y continuaron por el mismo rumbo. Pero en general no eran inmunes a la manipulación sutil, ya que dependían por entero de sus seguidores indígenas para obtener información y conocimiento del terreno y de la geografía de la región.[7]

Cada vez que los exploradores se aproximaban al siguiente asentamiento indígena de su viaje, se producía un curioso intercambio. Los que habían acompañado a los curanderos saqueaban a los nuevos anfitriones, entraban en sus cabañas y les robaban las posesiones o comida que pudieran llevarse de vuelta a su propio campamento. A cambio, dejaban a los curanderos. Había cierta reciprocidad en esta transacción, pero los detalles resultaban perturbadores a los exploradores. Al principio les sorprendió esta costumbre cuando la observaron por primera vez en el norte de Tamaulipas. Quedaron consternados por lo mal que trataban a los nuevos anfitriones y temían que el saqueo generalizado causara altercados graves. Pero sus miedos resultaron infundados cuando los indios a los que habían robado los tranquilizaron: «Conosçiendo nuestra tristeza», escribe Cabeza de Vaca, «nos consolaron diziendo que de aquello no recibiésemos pena, que ellos estavan tan contentos de avernos visto que davan por bien empleadas sus haziendas, y que adelante serían pagados de otros que estavan muy ricos». Y lo cierto es que unos cuantos días más tarde las antiguas víctimas robaban a los siguientes aldeanos, «Y siempre saqueavan los unos a los otros, y assí los que perdían como los que ganavan quedavan muy contentos».[8] De un grupo a otro se transmitían instrucciones precisas sobre cómo tratar a los curanderos. A los nuevos anfitriones se les pedía que llevaran a los forasteros más adelante y que los trataran siempre «con mucho acatamiento y tuviessen cuidado de no enojarnos en ninguna cosa», escribe Cabeza de Vaca, «y que nos diessen todo quanto tenían, y procurasen de llevarnos donde avía mucha gente, y que donde llegásemos robassen ellos y saqueassen lo que los otros tenían, porque assí era costumbre». Pronto, la *nueva costumbre* se consolidó tanto y era tan conocida que los poblados de nativos que se encontraban por el camino empezaron a tomar precauciones, escondiendo sus posesiones más valiosas antes de que llegara la procesión. La veneración y la intimidación estaban fuertemente ligadas. Un grupo dispuesto a saquear no tendría muchas dificultades en conseguir que los aldeanos entregaran sus posesiones y veneraran a los cuatro forasteros.[9]

La vida de un lado para otro era emocionante pero agotadora para los supervivientes. Encabezaban multitudes en movimiento que podían a llegar a alcanzar las 3.000 o 4.000 personas. Eran auténticos ejércitos, capaces de alimentarse en plena marcha. En una ocasión, cuando el grupo atravesaba una zona seca, las mujeres tuvieron que cargar agua, pero la autoridad de los cuatro hombres era tan grande que nadie se atrevió a beber sin su permiso. Otros seguidores recogían tunas, arañas y gusanos mientras avanzaban. Muchos de los nativos llevaban palos de madera y, cuando una liebre salía de su madriguera, la rodeaban de inmediato y se arrojaban sobre ella, agitando los palos en una lluvia de golpes. Y resultaba increíble observar estas cazas porque la liebre saltaba de un sitio a otro y a veces, sin saber qué más hacer, acababa en las manos de uno de los cazadores. Los cazadores de ciervos se iban a las sierras durante todo el día y volvían de noche llevando cinco o seis ejemplares para cada uno de los cuatro curanderos y también codornices y otros animales. Y «todo quanto finalmente aquella gente matava nos lo ponían delante sin quellos osassen tomar ninguna cosa aunque muriessen de hambre». Cada día los cuatro curanderos pasaban horas bendiciendo y soplando cada bocado y sorbo. Y cuando las bendiciones terminaban, los curanderos ordenaban a los indios que asaran las liebres y los ciervos y las codornices y los otros animales en hornos construidos para ello. Cabeza de Vaca, Dorantes, Castillo y Estebanico cogían la comida que querían y dejaban el resto para sus seguidores.[10]

Aunque los forasteros parecían liderar la procesión, la verdadera autoridad residía en manos de algunos líderes indios que preferían mantenerse en segundo plano. Los curanderos solos no hubieran sido capaces de coordinar el impresionante sistema de intercambios y pillaje con el que viajaban. A fin de cuentas, gran parte del trabajo de organización debía realizarse en lenguas que ellos apenas entendían; tampoco tenían mucho que decir acerca de la ruta exacta de la procesión, pues esto exigía una comprensión de la geografía física y humana de Norteamérica que los cuatro hombres no poseían. Los líderes indígenas eran los únicos capaces de organizar y dirigir los movimientos del grupo. Cabeza de Vaca revela solo de pasada que un indígena —el «principal de la gente que con nosotros venía»— era quien distribuía la comida una vez que los curanderos habían comido su parte. Casi se puede asegurar que esta figura misteriosa supervisaba otros aspectos de la operación, incluida la división de bienes tras cada saqueo masivo. Cabeza de Vaca también menciona que este señor u otros cultivaban la reputación de los curanderos, al afirmar astutamente que los cuatro hombres eran «hijos del sol» y al hacer correr la voz de que podían curar o matar, y «otras mentiras aun mayores que éstas, como ellos las saben mejor hacer cuando sienten que les conviene». Por desgracia, las fuentes no nos dan más información sobre este hombre principal o los demás. Pero está claro que los cuatro hombres participaban en un sistema de pillaje que no controlaban, un sistema que no obstante les permitía atravesar el continente de manera segura.[11]

Desde el río Nadadores en el centro de Coahuila, los caminantes fueron en dirección noroeste y atravesaron 145 kilómetros de praderas y más de 240 kilómetros de desierto y terreno escarpado, donde sufrieron grandes penurias. El grupo debió desplazarse en paralelo a la sierra Madre Oriental, esquivando las sierras estrechas del noroeste de Coahuila y ascendiendo por mesetas a altitudes cada vez más elevadas. El paisaje se volvió cada vez más estéril al acercarse al este de Chihuahua. La tierra estaba deshabitada y había tan pocos animales que los cazadores y recolectores no conseguían comida suficiente para todos. Los viajeros pasaron mucha hambre, y algunos enfermaron. Por fin, atravesaron «un río muy grande que el agua nos dava hasta los pechos», posiblemente refiriéndose al río Grande. Tras cruzarlo, pasaron por una llanura donde la procesión itinerante se encontró con un nuevo grupo de indios. Estos nuevos anfitriones habían venido de muy lejos y llevaban muchas cosas. Se produjo el habitual intercambio con saqueo. Pero en esta ocasión el botín era tan enorme que los indios que se marcharon solo pudieron llevarse la mitad y dejaron la otra mitad allí. Los cuatro trotamundos ordenaron a sus nuevos anfitriones que se llevaran los objetos que quedaban, pero estos se negaron, alegando que una vez que daban un regalo no tenían por costumbre retirarlo. Y así, Cabeza de Vaca comenta: «no lo teniendo en nada lo dexaron todo perder».[12]

Los exploradores expresaron a sus nuevos anfitriones su intención de ir al oeste. Pero los indios pusieron reparos. Dijeron que en aquella dirección la gente era muy distinta y hostil a ellos. Su negativa enfureció a los náufragos. Una noche, Cabeza de Vaca se separó del grupo con la intención de pasar la noche solo para mostrar su enfado. Pero los indios fueron a buscarlo y permanecieron toda la noche despiertos tratando de complacer a los curanderos y explicándoles lo aterrorizados que estaban. Los cuatro hombres fingieron estar enfadados mientras discutían qué ruta tomar. Y durante ese rato, el tesorero real comenta que sucedió algo extraño: algunos de los indios enfermaron de repente, y al día siguiente ocho de ellos murieron. El miedo entre los nativos se volvió desmesurado. Los náufragos también se sorprendieron mucho de estas muertes. Tal vez se sintieron responsables de haber provocado este suceso trágico y también temían que, si los indios continuaban muriendo, los demás los abandonarían. Los cuatro hombres rezaron a Dios con fervor y le suplicaron que devolviera la salud a los indios. Cabeza de Vaca y los demás creían que eran capaces de invocar el poder de Dios, pero ahora también empezaban a percatarse de las alarmantes consecuencias de este don extraordinario.[13]

Los indios pasaron quince días en el más absoluto silencio. No se oyeron risas ni gritos, ni siquiera de los niños o bebés de brazos. Algunos indios habían perdido a sus esposos, hijos u otros familiares que habían sucumbido a la misteriosa enfermedad, pero también estos indios permanecieron en silencio y no mostraron sus emociones, como si no hubiera sucedido nada. Cuando se encontraban delante de los cuatro hombres poderosos, no se atrevían a hablar o a levantar la mirada del suelo. Una niñita, que se atrevió a llorar delante de Cabeza de Vaca, fue apartada de inmediato, y con los dientes afilados de una rata le hicieron cortes en el cuerpo de los hombros a las rodillas. «E yo, viendo esta crueldad y enojado dello, les pregunté por qué lo hazían. Y respondieron que para castigarla porque avía llorado delante de mí».[14]

Los nativos comprendieron que no tenían otra opción salvo llevar a los viajeros donde quisieran ir, incluso a territorio enemigo. Como los indios no podían aventurarse hacia el oeste por miedo a que los mataran, enviaron a dos mujeres como guías. Las mujeres podían moverse con libertad, incluso en periodos de hostilidades sangrientas. Además, una de las dos guías era una cautiva que procedía del lugar adonde querían ir los cuatro hombres; conocía el camino y el modo de comunicarse con los suyos. Castillo, Estebanico y las dos guías indígenas se adelantaron. Los dos hidalgos, Cabeza de Vaca y Dorantes, los siguieron con un séquito modesto de 20 o 30 indios. La cautiva condujo al grupo a un poblado donde vivía su padre. Los viajeros vieron un asentamiento que parecía bastante grande y cuyas casas parecían ser permanentes. Era el primer asentamiento real que se habían encontrado los caminantes desde que salieron de Florida.[15]

• • •

Los náufragos habían llegado a un oasis agrícola en mitad de un mar de nómadas. Resultó que el poblado de la cautiva formaba parte de un grupo de asentamientos ubicados en la confluencia del río Grande y el río Conchos, una zona que hoy en día se conoce por el apropiado nombre de La Junta de los Ríos, entre Presidio (Texas) y Ojinaga (Chihuahua).

Casi cincuenta años después de la visita de Cabeza de Vaca, otra expedición española encabezada por un comerciante de la ciudad de México llamado Antonio de Espejo atravesó la zona de La Junta y contó cinco pueblos y más de 10.000 habitantes que vivían en casas de tejado plano. Espejo averiguó otro dato interesante. Los residentes le explicaron que «tres cristianos y un negro habían pasado por allí». Espejo concluyó de inmediato que esos visitantes solo podrían haber sido «Alonso [sic] Núñez Cabeza de Vaca, Dorantes, Castillo Maldonado y un negro, todos los cuales habían huido de la flota con la que Pánfilo Narváez llegó a Florida».[16]

Los indios en La Junta de los Ríos eran agricultores. Las islas y bahías húmedas formadas por los ríos eran propicias para cultivar maíz, frijol y calabaza. Cabeza de Vaca y sus compañeros enseguida descubrieron que aquellos indios tenían maíz, y «ésta fue la cosa del mundo que más nos alegró y por ellos dimos infinitas graçias a nuestro Señor».[17]

Para cuando llegaron los náufragos, estos indios llevaban ocupando la confluencia de los ríos desde hacía unos tres siglos. Continuaron aferrándose a esta zona hasta su definitivo amalgamamiento con la sociedad española en el siglo XVIII. Gran parte de su historia centenaria se ha perdido, pero no resulta difícil imaginar las tribulaciones de una isla agrícola y punto estratégico de intercambio, donde convergían cazadores recolectores de las grandes llanuras del sur, comerciantes del sudoeste del actual Estados Unidos y viajeros de la región del golfo de México. Estas personas —que los españoles conocían por nombres diversos como jumanos, patarabueyes o *rayados*— tuvieron que adaptarse y cambiar para sobrevivir, alineándose en ocasiones con los centros del sudoeste norteamericano y reforzando otras veces sus vínculos con los nómadas de las llanuras. Fueran cuales fueran los elementos culturales dominantes, siempre fueron un vínculo entre los pueblos asentados y los nómadas.[18]

Las posesiones materiales de los indios de La Junta revelaban hasta qué punto residían entre ambos mundos. Por un lado, Cabeza de Vaca y sus compañeros quedaron impresionados por su sedentarismo evidente que incluía la construcción de casas resistentes y el cultivo de campos de maíz. A diferencia de las tiendas portátiles de piel que los propios náufragos llevaban años usando, el pueblo de La Junta de los Ríos vivía en espaciosas estructuras cuadradas sujetas con columnas tan gruesas como el muslo de un hombre y con paredes cubiertas de barro. Por otro lado, este mismo pueblo parecía carecer de elementos esenciales como ollas. Para hervir el agua, llenaban calabazas secas de agua y les arrojaban piedras calientes «y allí echaban la harina de los frijoles, y echaban más piedras encima hasta que estaba buena la mazamorra, y así la comían». Eran increíblemente móviles, y de vez en cuando se embarcaban en largas expediciones para cazar búfalos y comerciar con lo que de ellos sacaban. «Y llamámoslos de las vacas», explica Cabeza de Vaca, «porque la mayor parte que dellas mueren es çerca de allí. Y por aquel río arriba más de cincuenta leguas van matando muchas dellas».[19]

Cabeza de Vaca, Dorantes, Castillo y Estebanico permanecieron en estos asentamientos algunas semanas, seguramente reflexionando sobre sus logros y preguntándose cómo terminaría su viaje. Su increíble apuesta al renunciar a Pánuco y aventurarse tierra adentro parecía haber valido la pena. Dejándose llevar y permitiendo ser empujados por multitudes de indios, habían recorrido medio continente. Habían visto muchos pueblos y habían recorrido más territorio del que había explorado jamás ningún otro forastero, acercándose a unos indios que poseían conocimientos metalúrgicos.

No obstante, los cuatro hombres debieron sentir su insignificancia ante el enorme, extraño e inquietante territorio que se encontraba ante ellos. Preguntaron al pueblo «de las vacas» acerca de la tierra que quedaba al oeste y les dijeron que allí había mucho maíz. De hecho, hacía dos años seguidos que no llovía en La Junta de los Ríos. El pueblo «de las vacas» había perdido sus cosechas y se había visto obligado a importar maíz de la región que quedaba al oeste. Los trotamundos debieron de quedar encantados al enterarse de que más adelante vivían pueblos que poseían gran cantidad de maíz, pero también descubrieron que aquella tierra rica estaba muy lejos y sería difícil llegar hasta ella. Tendrían que empezar siguiendo el río (seguramente el río Grande) corriente arriba durante diecisiete días, durante los cuales no encontrarían nada para comer, excepto unos frutos que crecían en los árboles y que los indios llamaban *masarrones* y que tenían que aplastarse con piedras. Y aun así les dijeron «que eran muy mala cosa, y aún no para bestias».[20]

Tras sopesar sus opciones durante dos días más, los cuatro decidieron seguir el camino del maíz: «Y no bastó estorvarnos esto el temor que nos ponían de la mucha hambre que avíamos de passar, como a la verdad la passamos por todas las diez y siete jornadas que

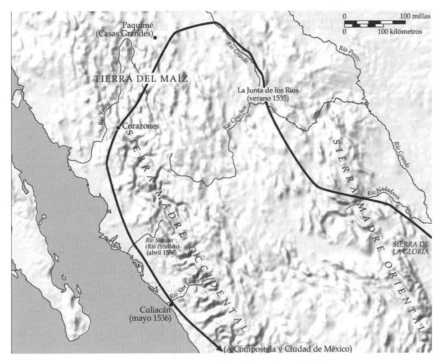

Ruta desde La Junta de los Ríos al río Sinaloa

nos avían dicho». Los caminantes fueron río arriba. No probaron los desagradables *masarrones*, sino que subsistieron a base de raciones diarias de grasa de ciervo. Necesitaban mucho las calorías, y no había nada más para comer. Mientras se dirigían río arriba, los exploradores hallaron campamentos indios vacíos; la mayoría de sus ocupantes habituales se habían ido al norte a cazar bisontes. Pero los pocos indios que se habían quedado fueron amables con los viajeros, permitiéndoles dormir en sus cabañas vacías y dándoles pieles de bisonte y otras cosas.[21]

Al decimoséptimo día, Cabeza de Vaca y sus compañeros dejaron de seguir el río y se desviaron hacia el oeste. Viajaban acompañados por unos nativos que los guiaban. Los curanderos caminaron 17 o 20 días más a través de una llanura elevada. El vasto paisaje solo se veía interrumpido por chaparrales, yucas y mezquites. A lo lejos, la majestuosa sierra Madre Occidental se alzaba interminable de sur a norte, bloqueándoles totalmente el paso. Llegaron a las estribaciones de la enorme cordillera, y sus anfitriones indios los condujeron por pasos que llevaban a mesetas aún más elevadas y desérticas. De alguna manera —las fuentes proporcionan escasísimas pistas al respecto—, el grupo logró superar la vertiente continental llegando al fin a las laderas del Pacífico de la imponente sierra. Toda la zona debió estar rodeada por grandes montañas con pinos en la cima. Y el frío debió haber sido insoportable de noche a medida que el temido invierno volvía a acercarse.[22]

Los náufragos debieron de pasar muy cerca de la antigua ciudad de Paquimé (Casas Grandes), un antiguo centro cultural de primera magnitud. Entre 1250 y 1450, Paquimé dominó un amplísimo reino controlando puestos de avanzada que se extendían hasta nada menos que La Junta de los Ríos al este y la costa del Pacífico al oeste. Los habitantes de Paquimé eran grandes comerciantes. Habían sido los principales importadores de guacamayos vivos, cascabeles de cobre y conchas, y los mayores exportadores de turquesa al México central. La ciudad en sí —que describió por primera vez un grupo de exploración europeo en la década de 1550— parecía compacta, pero extremadamente densa. Poseía estructuras que se alzaban seis o siete pisos. Según un relato de esta expedición, Paquimé bien podría haber sido construida por los antiguos romanos. Tenía «casas torreadas y cercadas a manera de fuertes» y «grandes y hermosos patios, losados de hermosas y grandes piedras a manera de jaspe». Pero aun así, Paquimé se fue despoblando y acabó destruida y calcinada hasta los cimientos entre 1450 y 1500, solo dos o tres generaciones antes del paso del grupo de Cabeza de Vaca. Para entonces la gran ciudad y sus alrededores estaban habitados por recién llegados, nómadas que más que vivir en las casas en ruinas acampaban en ellas. Los antiguos residentes de Paquimé se habían desperdigado hacia todas direcciones, trasladándose a un conjunto de poblados sencillos que, muy probablemente, fueron algunos de los asentamientos que los náufragos encontraron «de tres a tres días y de dos a dos días», y donde descansaron mientras se dirigían a la costa del Pacífico.[23]

Tras dos o tres meses de arduas marchas, los tres españoles y el africano llegaron por fin a la «tierra del maíz» entre finales de 1535 y principios de 1536. Se adentraron en una región donde había muchos poblados con casas permanentes y grandes depósitos de maíz. Los cuatro curanderos recibieron harina de maíz, frijoles y zumo: «Y todo cargamos a los que allí nos avían traído», dice Cabeza de Vaca, «Y con esto se bolvieron los más contentos del mundo». Los náufragos caminaron 480 kilómetros o más sin salir en ningún momento de la tierra del maíz.[24]

Los cuatro trotamundos debieron de recorrer los fértiles valles del norte de Sonora, ya en las laderas del Pacífico de la sierra Madre Occidental. Los indios de allí vivían en casas permanentes y llevaban zapatos, y las mujeres llevaban camisas de algodón hasta las rodillas y largas faldas de piel de ciervo que rozaban el suelo. A los cuatro hombres les parecieron «las mugeres más honestamente tratadas que a ninguna parte de Indias que huviéssemos visto». Continuaron curando y a cambio recibieron muchos regalos, incluidas mantas de algodón «mejores que las de la Nueva España», cuentas y corales del océano Pacífico, turquesas finas del norte, y lo que describieron como «esmeraldas fechas puntas de flecha». Pero el regalo más extravagante que recibieron fueron más de 600 corazones de ciervo, abiertos por la mitad y secos. Por ese motivo, los aventureros llamaron al poblado *Corazones*.[25]

Por toda la *tierra del maíz*, la gente había acudido en masa a ver a los forasteros, a pedirles que los tocaran y que les hicieran la señal de la cruz. Enfermos y sanos por igual se acercaban a los curanderos, e incluso las mujeres que acababan de dar a luz llevaban a sus bebés para que los bendijeran. Los cuatros curanderos eran seguidos por unos 1.500 indios y a veces llegaban a ser hasta 3.000 o más. Los cuatro intentaban mantener su autoridad hablando lo menos posible, y comunicándose sobre todo a través del africano Estebanico, un procedimiento que debió de impresionar a los indios. Mientras los tres españoles permanecían distantes y adustos, Estebanico era gregario y de trato fácil. Él era quien se informaba sobre los caminos y poblados que los aguardaban. Su habilidad para las lenguas y la comunicación por señas se puso a prueba. Aunque sabían hablar seis lenguas indígenas entre los cuatro, servían de muy poco en una tierra donde se escuchaban tantas. «Y entre todas estas gentes se tenía por muy çierto que veníamos del çielo», escribe Cabeza de Vaca, «porque todas las cosas que ellos no alcanzan, ni tienen notiçia de donde vienen, dizen que vienen del cielo». Los indios salían al hacerse de día, alzaban las manos al cielo y luego las pasaban por los cuerpos de los forasteros.[26]

El dominio de los cuatro trotamundos sobre los nativos era tal que no pudieron evitar pensar cómo emplearlo para hacer avanzar los propósitos imperiales de España. En vez de utilizar la violencia para obligar a los indios a convertirse al cristianismo, los curanderos soñaban con llevar a cabo este grandioso proyecto en paz y de manera humanitaria. Como Narváez había muerto, puede ser que Cabeza de Vaca y los demás se plantearan la posibilidad de ir a España a pedir su *adelantamiento*. Por el momento hacían lo que podían, como dice Cabeza de Vaca, «y dixímosles por las señas, porque nos entendían, que en el cielo avía un hombre que llamávamos Dios, el qual avía criado el cielo y la tierra, y que éste adorávamos nosotros y teníamos por Señor, y que hazíamos lo que nos mandava, y que de su mano venían todas las cosas buenas, y que si ansí ellos lo hiciesen les iría muy bien dello».[27]

Puede que los curanderos fueran humanitarios, pero también eran cristianos del siglo XVI. Creían que las multitudes de indios que mostraban tanta veneración y devoción hacia ellos estarían mucho mejor si fueron católicos y los gobernaran los españoles. Los náufragos pensaban por lo tanto en crear un reino cristiano en aquellas tierras agrestes. Por desgracia, sus sueños chocaron al cabo de muy poco con un tipo de reino muy distinto, un reino de brutalidad y codicia.

Durante la Navidad de 1535, Castillo vio una hebilla española y un clavo de herradura atados alrededor del cuello de un indio a modo de joyas. Fue un pequeño detalle que pudo haber pasado por alto, pero cuando vio el collar su emoción debió haber sido intensa. Cogió la hebilla y el clavo y preguntó al hombre de dónde procedían. El indio respondió que pertenecían a «unos hombres que traían barvas como nosotros, que avían venido del çielo y llegado a aquel río, y que traían cavallos y lanças y espadas, y que avían alançeado dos dellos». Intentando no parecer muy ansiosos, los curanderos hicieron más indagaciones acerca de las actividades de estos europeos. Los indios les dijeron que habían visto a los extranjeros junto a la costa.[28]

Los españoles no sabían muy bien qué pensar tras enterarse de que había conquistadores no muy lejos de donde se encontraban. Por un lado, estaban muy agradecidos a Dios porque parecían encontrarse a las puertas mismas de la liberación. Casi una década de penurias, privaciones e incertidumbre parecía llegar a su fin. Por el otro, les molestaba y entristecía mucho que otros cristianos ya hubieran alcanzado aquellas tierras remotas e hicieran tanto daño a los nativos. Aquellos conquistadores habían destruido poblaciones por toda la zona y capturado a hombres, mujeres y niños. Los curanderos prometieron a sus anfitriones indios que buscarían a aquellos hombres e intentarían que dejaran de matar y esclavizar a los nativos. Los indios del maíz se alegraron enormemente al oír aquella promesa.[29]

CAPÍTULO 9

CONTACTO

L os barbudos conquistadores que salieron de la ciudad de México y subieron por la costa del Pacífico poseían una terrible reputación. Su fama era mala incluso en el contexto de las conquistas españolas más funestas en el Nuevo Mundo. Nuño de Guzmán y sus hombres hicieron uso de tal violencia que hay escasos equivalentes en los oscuros anales de la conquista.

Para 1536 la reputación de Guzmán ya era bastante conocida. Desde hacía casi una década era amo y señor de Pánuco, y había amasado una fortuna esclavizando a nativos y vendiéndolos en el Caribe. Sus actividades esclavistas se habían visto amenazadas momentáneamente por la intención de Pánfilo de Narváez de ocupar la inmensa zona al norte de Pánuco. Claro que la llegada de Narváez nunca se materializó, por lo que el territorio entero quedó a disposición del emprendedor Guzmán.[1]

Tras asegurarse el control de Pánuco, Nuño de Guzmán se trasladó a la ciudad de México. La Corona quería que este noble audaz se convirtiera en un contrapeso eficaz al obstinado Hernán Cortés. En 1528 Guzmán fue nombrado presidente de la primera *audiencia* de México, con lo que se convirtió en el segundo oficial de mayor rango del territorio. Quienes lo apoyaban no quedaron decepcionados, ya que Guzmán aprovechó todas las oportunidades que tuvo para mermar el dominio de Cortés y enzarzarse en una lucha burocrática con los aliados del marqués. Pero su actuación fue tumultuosa, pues lo acusaron de mala administración, esclavitud generalizada y extorsión. El escándalo llegó a un grado tal que el obispo electo de México lo excomulgó.[2]

Justo antes de la Navidad de 1529, asediado por las acusaciones de maniobras despiadadas e ilegales, Nuño de Guzmán se marchó de la ciudad de México a la cabeza de 400 españoles y nada menos que 12.000 porteadores y tropas auxiliares indias. Se dirigieron a tierras inexploradas al norte y al oeste, donde esperaban encontrar reinos aún mayores que los del centro de México. Igual que antes lo había hecho su acérrimo enemigo Cortés, Guzmán pretendía redimirse mediante un golpe de mano.[3]

La expedición de Guzmán dejó un rastro de desolación dondequiera que fue. De camino a la costa del Pacífico pasó por el gran reino de Michoacán. En ese lugar, Nuño de Guzmán y sus hombres torturaron y ejecutaron a Cazonci, el soberano nativo, por no entregarles suficiente tributo. Este poderoso señor —considerado «tan grande como Moctezuma y aún más rico en oro y plata»— fue arrastrado por un caballo, estrangulado con un garrote y quemado en la hoguera. Fue una atrocidad que los súbditos de Cazonci apenas pudieron comprender. Antes de salir de Michoacán, Guzmán exigió 8.000 indios más para su expedición. Encadenaron a muchos de ellos y los pusieron en colleras.[4]

En la primavera de 1530, el grupo de Guzmán había alcanzado la provincia indígena de Aztatlán, una estrecha franja de territorio cálido en la costa del Pacífico entre los ríos Santiago y Culiacán en el noroeste de México. El inicio de la estación de lluvias interrumpió finalmente su avance. Las lluvias se volvieron tan torrenciales que los indios se vieron obligados a abandonar sus tiendas y subirse a los árboles. Desde sus posiciones elevadas, no veían la tierra, sino solo un océano de barro; los sapos saltaban por aquí y por allá. La mayoría de los expedicionarios enfermaron, y de los 8.000 indios no había ni 200 que se sostuvieran en pie. Los nativos que estaban lo bastante fuertes intentaron huir de este infierno acuoso, pero muchos fueron atrapados y torturados. Guzmán ordenó la construcción de un corral grande. En su interior, retuvo a los indios con colleras de acero; a las mujeres las ataban en grupos de diez y los niños pequeños en grupos de cinco.[5]

En el centro de esta actividad brutal se encontraba el contradictorio Guzmán. A su manera, era un hombre muy religioso que profesaba una devoción especial por el espíritu santo. Tenía una veta puritana que se manifestaba en su intolerancia hacia los españoles que tenían concubinas indias o pronunciaban blasfemias en su presencia, prácticas que debieron haber sido casi imposibles de erradicar en el turbulento mundo de los conquistadores. Su megalomanía alcanzaba proporciones tan inmensas que se empeñaba en que los indios barrieran las calles y carreteras antes de que él pasara. En ocasiones parecía realmente psicótico. Era uno de los más fervientes creyentes en la existencia de amazonas que según él habitaban más al norte en la costa del Pacífico, en una tierra en la que las mujeres solo toleraban la presencia de los hombres en determinadas épocas del año.

Dejando de lado su personalidad rígida y tal vez patológica, Nuño de Guzmán era un estratega audaz empeñado en unir sus dominios del golfo de México y la costa del Pacífico, un astuto hombre de negocios que sabía cómo conservar la lealtad de sus hombres otorgándoles autoridad y esclavos. Y lo que es más importante, el fuerte apoyo de la Corona permitía a Guzmán continuar soñando con amazonas y dilatados reinos por conquistar.[6]

A principios de la década de 1530, las conquistas desperdigadas de Guzmán se consolidaron en una nueva provincia llamada Nueva Galicia. La propia emperatriz envió a Guzmán una carta felicitándolo y nombrándolo gobernador. Con el paso del tiempo, los improvisados campamentos militares de Guzmán se convirtieron en ciudades y puertos gobernados por sus subordinados. Nueva Galicia comprendía una extensa región costera desde el actual estado de Jalisco hasta Sonora.

En el extremo más alejado de esta provincia los destacamentos de caballería continuaban explorando hacia el norte. El capitán Diego de Alcaraz dirigía una de estas unidades. Centraba sus esfuerzos en hallar y esclavizar indios. Estos españoles a caballo se enfrentaban a un continente entero repleto de indios que no podían moverse más rápido de lo que sus propias piernas pudieran llevarlos. Hasta media docena de jinetes europeos podían convertirse en una máquina de esclavizar extremadamente eficaz. Y eso es lo que hacían. En pequeños desta-

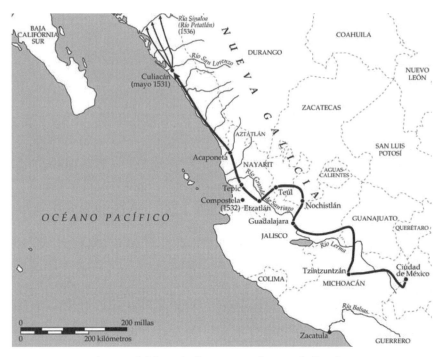

Avance de Nuño de Guzmán por la costa de Pacífico

camentos, se desplegaban y se dedicaban a quemar poblados, arruinar cosechas y llevarse a hombres, mujeres y niños.

Al principio, tal vez motivados por la curiosidad natural, los indios se acercaban a los esclavistas. Pero enseguida aprendieron y, a mediados de la década de 1530, habían abandonado sus maizales y casas en los lugares más accesibles de la costa para refugiarse en las miles de grietas de la sierra Madre Occidental. Los esclavistas se vieron obligados a realizar búsquedas cada vez más difíciles e infructuosas. Este es el mundo con el que se encontraron Cabeza de Vaca, Dorantes, Castillo y Estebanico cuando bajaron de las sierras y se dirigieron hacia la costa.[7]

• • •

Desde el poblado de *Corazones*, los náufragos viajaron con un séquito hasta otra población, donde las fuertes lluvias los obligaron a detenerse durante dos semanas. Tras recorrer 380 kilómetros más, llegaron al río Sinaloa. En las proximidades de aquel río, los cuatro hombres encontraron un lugar donde los europeos acababan de pasar la noche. Las señales eran inconfundibles: el campamento tenía estacas donde habían atado a los caballos. Algunos guías indios habían llegado a ver cómo los esclavistas españoles transportaban a muchos indios con cadenas. «Y desto se alteraron los que con nosotros venían», dice Cabeza de Vaca. Aquella misma noche el tesorero real juró dar alcance a los jinetes. Pidió a uno de sus compañeros más jóvenes y fuertes que se adelantara con unos cuantos indios para llegar hasta donde estaban los españoles, pero el compañero en cuestión, que debió haber sido Dorantes, se excusó diciendo que resultaría demasiado difícil y agotador. Así que a la mañana siguiente Cabeza de Vaca decidió hacerlo él mismo. Se llevó a Estebanico y a once indios y empezó a seguir la pista de los cristianos. Los hombres caminaron hasta el límite de sus fuerzas, recorriendo casi 50 kilómetros en un solo día, y pasaron por nada menos que tres campamentos cristianos abandonados. Debía ser abril de 1536, casi nueve años después de que los supervivientes se marcharan de Europa.[8]

A la mañana siguiente, el grupo de Cabeza de Vaca se acercó a una partida de cuatro jinetes cristianos. A lo lejos, los trece hombres que caminaban descalzos e iban vestidos con pieles debieron parecer a los jinetes bastante corrientes, salvo por el arrojo con que se dirigían directamente hacia ellos. Al acercarse, los cristianos pudieron percatarse de algunos detalles desconcertantes: en primer lugar, el color de piel de Estebanico y luego la apariencia del propio Cabeza de Vaca. El pelo le llegaba hasta la cintura y la barba le alcanzaba hasta el pecho. Cuando los dos grupos llegaron a estar cara a cara y el hombre blanco habló en perfecto español andaluz, los esclavistas debieron haber quedado anonadados. «Estuviéronme mirando mucho espacio de tiempo», escribe Cabeza de Vaca, «tan atónitos que ni me hablavan ni açertavan a preguntarme nada».[9]

La conversación inicial fue poco fluida, pero los hombres accedieron a caminar juntos otros 2,5 kilómetros para encontrarse con el capitán Diego de Alcaraz, que estaba acampado con el resto de sus hombres, unos veinte jinetes, junto al río Sinaloa. Alcaraz estaba bastante enfadado porque su unidad no había conseguido hacer cautivos; hacía dos semanas que los esclavistas no veían indio alguno. La llegada de Cabeza de Vaca y Estebanico, aunque resultaba desconcertante y difícil de explicar, al menos había traído algunos nativos. Lo que dijo Cabeza de Vaca a continuación seguramente disparó la imaginación de Alcaraz. El tesorero real explicó que a unos 50 kilómetros de distancia se habían quedado dos españoles más y que estaban esperando «con *muchas gentes* que nos avían traído». Alcaraz y sus hombres debieron de esforzarse por ocultar su expectación ante la posibilidad de obtener tantos cautivos. El grupo formuló el siguiente plan. Estebanico volvería para guiar a los náufragos que habían quedado atrás hasta el campamento del capitán Alcaraz. Le ordenaron que partiera de inmediato con un grupo de tres jinetes españoles y unos cincuenta porteadores indios.[10]

Estebanico debió de notar que su estatus social caía rápidamente. Tras pasar múltiples penurias y aventuras por Norteamérica, el africano se había convertido en un compañero más de los tres europeos. En los últimos tiempos había ejercido de explorador principal y de intermediario entre los indios de la *tierra del maíz* y los tres españoles. Sin lugar a dudas, Estebanico había resultado imprescindible para la supervivencia del grupo, pero al llegar a tierra de cristianos cualquier igualdad que hubiera podido conseguir se desvaneció rápidamente. Los jinetes españoles no debieron cuestionarse en ningún momento que se trataba de un esclavo. Incluso sus compañeros náufragos habían empezado a reafirmar su autoridad sobre él. El propio Cabeza de Vaca menosprecia la opinión del marroquí, cuando, tras empezar a intuir que había cristianos, escribe con frialdad que se llevó «al hombre negro» con él para buscarlos. Estebanico nuevamente recibía órdenes de los hombres blancos y él las obedecía. Debió ser una transición difícil para alguien que había sido tan venerado.[11]

Cinco días más tarde, Estebanico volvió guiando a Dorantes, Castillo y a más de 600 indios que se habían escondido de los esclavistas pero que ahora insistían en permanecer con los náufragos. El capitán Alcaraz ya no estaba enfadado por la escasez de nativos, sino que le preocupaba la falta de comida. Rogó a Cabeza de Vaca que llamara a los indios que se habían estado escondiendo en las montañas para que trajeran algo de maíz, pero «esto no era menester», dice Cabeza de Vaca, «porque ellos siempre tenían cuidado de traernos todo lo que podían. Y embiamos luego nuestros mensageros a que los llamassen, y vinieron seisçientas personas [más] que nos traxeron todo el maíz que alcançavan». Aunque los indios no habían podido sembrar, habían colocado el maíz excedente en ollas de arcilla que habían sellado y enterrado. Los nativos llevaron estas ollas a los náufragos, que comieron lo que quisieron y dieron el resto a los esclavistas. Los indios debieron quedar perplejos ante tal proceder, pero seguían confiando en los cuatro curanderos.[12]

Una vez que tuvieron los estómagos llenos, los supervivientes y los jinetes se disputaron a los nativos. Entre los 600 indios que había traído Estebanico y los otros 600 que habían traído el maíz, debía haber más de 1.000 nativos por el campamento español. Los náufragos habían prometido hacer que los esclavistas detuvieran sus expolios, y aquella era su oportunidad. Cabeza de Vaca expuso su visión, que traería beneficios a todos.

Como no era proclive a la verborrea o la exageración, explicó de manera cortante a los jinetes que aquella zona costera «sin duda es la mejor de quantas en estas Indias ay y más fértil y abundosa de mantenimientos». Afirmó que era tan rica que los indios sembraban tres veces al año y recogían «muchas frutas» y había «muy hermosos ríos y otras muchas aguas», y muchos indicios de minas de oro y plata. Respecto a la gente, Cabeza de Vaca dijo que eran «muy dispuestos» y gente «muy bien acondiçionada». En resumen, no faltaba nada para que cristianos e indios prosperaran por igual en un entorno tan privilegiado como aquel.[13]

Valiéndose de toda la autoridad que logró reunir como tesorero real de la expedición de Florida, Cabeza de Vaca debió indicar a los esclavistas que se habían equivocado al entrar en aquel territorio para hacer la guerra indiscriminada a los nativos. El resultado estaba muy claro: la tierra había sido abandonada, la vegetación se había adueñado de los campos y los indios se habían refugiado en las montañas, con lo que la vida para los propios españoles se había vuelto muy difícil. Pero Cabeza de Vaca tenía una solución. Los náufragos habían demostrado sobradamente la gran influencia que ejercían sobre los indios, y se ofrecían a convencerlos de que volvieran a ocupar la tierra y restauraran el edén perdido. Cabeza de Vaca ya había mencionado el tema a los indios, y ellos habían dicho que volverían a sus antiguas casas y campos si los cristianos prometían dejarlos vivir en paz.

Los jinetes españoles no quedaron nada convencidos del planteamiento de Cabeza de Vaca. Ellos veían un cargamento humano que valdría una fortuna si se lo quedaban. No habían vivido entre los indios como los náufragos y ni mucho menos comprendían el proyecto utópico propuesto por aquel español reconvertido en nativo, que creía en sus misteriosos poderes de curación. Las posiciones se endurecieron. «Y passamos muchas cosas y grandes pendençias con ellos», dice Cabeza de Vaca, «porque nos querían hazer los indios que traíamos esclavos».[14]

En un último esfuerzo por salvarlos, Cabeza de Vaca ordenó a los indios que se dispersaran. Pero se negaron a irse. Los nativos pensaban entregar a los forasteros a otro grupo, como solían hacerlo, y creían que morirían si no lo conseguían. Mientras los náufragos permanecieran con ellos «no temían a los cristianos ni a sus lanças». Los jinetes españoles se enfadaron mucho, y a través de unos intérpretes hicieron saber a los indios que los cuatro supervivientes eran cristianos como ellos mismos. Los indios se negaron a creerlo. Su elocuente razonamiento resuena hasta nuestros días, recordándonos que no todas las expediciones españolas fueron iguales. Cabeza de Vaca recuerda que dijeron que «veníamos de donde salía el sol y ellos de donde se pone, y que nosotros sanávamos los enfermos y ellos matavan los que estavan sanos, y que nosotros veníamos desnudos y descalços y ellos vestidos y en cavallos y con lanças, y que nosotros no teníamos codiçia de ninguna cosa antes todo quanto nos davan tornávamos luego a dar y con nada nos quedávamos y los otros no tenían otro fin sino robar todo quanto hallavan y nunca davan nada a nadie».[15]

Al final, los náufragos se marcharon con algunos de los indios a toda prisa, dejando olvidados muchos arcos y bolsas de piel y las cinco flechas de esmeralda que debieron de caer en manos del capitán Alcaraz y de sus hombres. Bajo vigilancia española, los expedicionarios de Florida se dirigieron hacia Culiacán, la población española más septentrional, que todavía quedaba a 145 kilómetros de distancia. Cabeza de Vaca se percató de lo irónico de la situación, «que nosotros andávamos a les buscar libertad y quando pensávamos que la teníamos sucedió tan al contrario». Cruelmente, la guardia española llevó a los náufragos por zonas de vegetación crecida y despobladas «por apartarnos de conversación de los indios», dice Cabeza de Vaca. Los matorrales eran densos y casi infranqueables, y no había caminos. Durante dos días no encontraron agua «y todos pensamos despereçer de sed y della se nos ahogaron siete hombres, y muchos amigos [indios]».[16]

En Culiacán los cuatro trotamundos se presentaron ante el *alcalde mayor* y capitán de la provincia, Melchor Díaz, quien debió de quedarse atónito al enterarse de que sus invitados eran los últimos supervivientes de la desventurada expedición de Pánfilo de Narváez a Florida. «Y lloró mucho con nosotros, dando loores a Dios nuestro señor por aver usado de tanta misericordia con nosotros», escribe Cabeza de Vaca, «Y nos habló y trató muy bien. Y de parte del governador Nuño de Guzmán y suya nos ofreció todo lo que tenía y podía». El *alcalde mayor* les transmitió su pesar por el mal trato que habían sufrido los cuatro supervivientes a manos del capitán Alcaraz y sus hombres y deseó haber estado allí para evitarlo.[17]

Los curanderos pasaron algunas semanas en Culiacán, conociendo a los indios de la zona e intentando convencerlos de que volvieran a las llanuras costeras para plantar maíz. Sus esfuerzos estaban encaminados a establecer ese reino de cooperación que habían propuesto los náufragos, pero tal reino dependía de que los españoles dejaran de combatir a los indios, una promesa que ni Cabeza de Vaca ni los demás podían hacer que se cumpliera. Por desgracia, enseguida descubrieron que los jinetes que se encontraban junto al río Sinaloa habían reanudado sus asaltos, y que los indios que acababan de establecerse se habían convertido en sus primeras víctimas.

El 16 de mayo de 1536, los náufragos iniciaron su marcha hacia Compostela, la capital de Nueva Galicia, donde Nuño de Guzmán los aguardaba. Los curanderos iban acompañados solamente por unas pocas docenas de indios. Una guardia de 20 jinetes iba a la cabeza de este grupo que formaban unas 80 personas. Todos ellos iban seguidos no por multitudes de indios que los adoraban, sino por unos 500 esclavos indios que probablemente iban encadenados. Por el camino tuvieron ocasión de observar los estragos de la *entrada* española por la costa del Pacífico. En un tramo que se extendía más de 480 kilómetros («çien leguas»), Cabeza de Vaca notó que «todas son despobladas y de enemigos. Y ovieron de ir con nosotros gente».[18]

Vestidos todavía con unas pocas pieles, los cuatro supervivientes llegaron a Compostela donde los recibió un circunspecto Nuño de Guzmán. No acababan de adaptarse a la vida europea. Tras pasar varios años viviendo de manera sencilla y a la intemperie, las costumbres españolas como ponerse todos los complementos de ropa (medias, pañuelos, rosarios y quizás una capa para los hombros) debieron resultarles engorrosas. El gobernador les dio ropas de su propio vestuario, un gesto que en parte debió de ser motivado por sus sensibilidades puritanas. «Yo por muchos días no pude traer [la ropa]», escribe Cabeza de Vaca, «ni podíamos dormir sino en el suelo».[19]

Los supervivientes quedaron consternados con la esclavización extensiva y el sufrimiento humano y plantearon el tema al quisquilloso Guzmán, pero el gobernador se molestó y enseguida envió a los náufragos a la ciudad de México.[20]

Cabeza de Vaca y sus compañeros permanecieron dos semanas en Compostela antes de partir a México con un pequeño séquito de indios fieles. Cuando llegaron el domingo 23 de julio de 1536, los ciudadanos de la capital estaban muy animados. Era la víspera del día de san Juan, y la gente se estaba preparando para una serie de corridas de toros y *juegos de caña* (justas). La llegada de los cuatro héroes contribuyó en gran medida al ambiente festivo. El virrey don Antonio de Mendoza y el marqués del Valle Hernán Cortés recibieron calurosamente a los cuatro trotamundos, dándoles comida y ropa.

Los supervivientes no pudieron evitar convertirse en peones de una lucha de poder. El virrey y el marqués eran rivales, y la llegada inesperada de los supervivientes los hizo partícipes de una precipitada carrera por explorar las vastas tierras al norte de México. El valor de lo que habían visto y sabían los trotamundos era incalculable. Mendoza hizo todo lo que pudo para ponerlos de su lado. Les abrió su casa y los tuvo como invitados de honor. También accedió a cuidar de los pocos indios del norte que Cabeza de Vaca y sus compañeros habían traído. A cambio, el virrey Mendoza consiguió interrogar a los cuatro hombres en la comodidad de su hogar e incluso les pidió que le dibujaran un mapa de todas las tierras que habían visitado.[21]

A medida que se desarrollaban las celebraciones, la ciudad de México sucumbió a una fiebre por explorar aquellas regiones maravillosas de las que hablaban los náufragos. Sin darse cuenta, los cuatro supervivientes habían dado comienzo a otra oleada de conquistas.

EPÍLOGO

C abeza de Vaca, Castillo, Dorantes y Estebanico habían viajado al Nuevo Mundo como colonos. Cuando salieron de
España, se imaginaban llevando vidas sencillas en pequeñas
comunidades en Florida, subsistiendo con la comida, los materiales
de construcción y las amistades que su entorno más inmediato les
proporcionara. Lo que ninguno pudo imaginarse es que pasarían cerca de un año en México sujetos al escrutinio y atención constantes.
Los cuatro supervivientes se habían convertido en una sensación. Los
agasajaban y exhibían por toda la ciudad. Incluso habían aparecido en
una de las principales iglesias completamente desnudos salvo por las
pieles de ciervo que les cubrían las partes pudendas, una imagen que
los residentes de la ciudad de México continuarían recordando una
generación después. Con toda la pompa y el alboroto que los rodeaba,
en un primer momento no debió resultar fácil a los viajeros reflexionar
sobre su odisea y sus esperanzas para el futuro.[1]

De los cuatro, Cabeza de Vaca era el único que había hallado su
vocación. Pensaba volver a España para entregar un informe al emperador; era su obligación como tesorero real. Pero, como Narváez estaba
muerto, Cabeza de Vaca también aprovecharía la ocasión para pedir el
adelantamiento vacante. El plan del tesorero real no era descabellado:
era un súbdito leal merecedor de tal honor, y su historia dejaría muy
claro a los miembros de la corte que se había ganado su recompensa
con sudor y sangre. Pero lo más importante es que Cabeza de Vaca
creía que su dominio pacífico sobre los indios de Norteamérica inci-
taría a los miembros de la corte española a creer que era posible llevar

a cabo empresas de colonización de forma más humanitaria. En vez de esclavizar a los indios y quemar pueblos como estaba haciendo Nuño de Guzmán, el tesorero real resaltaría las ventajas de asociarse con ellos.

En el transcurso de sus viajes, Cabeza de Vaca había descubierto que la riqueza de América no consistía solo en oro y plata, sino también en tierras y buenas personas. Juntos, europeos y nativos americanos podrían conseguir que el Nuevo Mundo aportara riquezas tanto materiales como espirituales. Una propuesta como la suya hubiese parecido idealista e ingenua en extremo, pero al provenir de uno de los *hijos del sol* tal vez la Corona la consideraría con cuidado. El tesorero real entendía los miedos y esperanzas de los nativos mejor que cualquier otro español, y tal vez ya les había hablado a los indios de la grandiosa alianza que proyectaba.[2]

Cabeza de Vaca permaneció en la ciudad de México dos meses para recuperar fuerzas y ponerse al día con los asuntos del imperio. La noticia más fascinante procedía de Perú. En 1532 Francisco Pizarro había entrado en contacto con los incas y al cabo de poco tiempo había capturado a su líder y exigido para liberarlo una habitación llena de plata. No obstante, en los últimos tiempos la situación se había deteriorado. Durante el verano de 1536, Pizarro se dedicó a pedir refuerzos de Guatemala y Nueva España. Hombres emprendedores de la ciudad de México discutían entusiasmados si quedaba plata en Perú, una estimulante discusión sobre saqueos y guerra que, no obstante, debió de resultar perturbadora a quien defendiera una colonización pacífica de América.

En el otoño de 1536, Cabeza de Vaca fue a Veracruz buscando pasaje para Europa. Los elementos naturales continuaron en su contra. Descubrió en el puerto mexicano que el barco al que pensaba subir se había volcado en una tormenta. Pudo haber esperado otro barco, pero para entonces ya habría llegado el invierno, una época peligrosa para navegar por el Atlántico. Obligado a pasar el invierno en México, Cabeza de Vaca hizo un segundo intento por irse en febrero. Esta vez sí lo consiguió, pero corrió un gran peligro. Cerca de las islas Bermudas, a 960 kilómetros de la costa de América, una fuerte tormenta casi provocó que se hundiera el barco. Para empeorar aún más las cosas, unos días después unos corsarios franceses alcanzaron al barco solitario mientras sorteaba las Azores. El barco llevaba oro y plata equivalente a 300.000 pesos, una presa de gran valor. Durante una tarde angustiosa y toda una noche de presentimientos terribles, los corsarios franceses persiguieron al barco, cortándole el paso, pero posponiendo el asalto final hasta la mañana. Solo la aparición milagrosa de una flota portuguesa evitó el golpe final. Cabeza de Vaca dio gracias a Dios por haber escapado «de los trabajos de la tierra y peligros de la mar».[3]

En agosto de 1537, tras una ausencia de diez años, el tesorero real volvió a pisar tierra europea. El barco llegó a Lisboa, desde donde Cabeza de Vaca viajó a Castilla para solucionar asuntos de los que no se había hecho cargo durante mucho tiempo. Para diciembre se encontraba en la corte de Valladolid entregando su informe al rey.

Cabeza de Vaca se llevó una decepción terrible. En Valladolid, descubrió que la Corona ya había encargado a otra persona la conquista de Florida. En un instante, los planes que albergaba desde sus viajes por Norteamérica y durante los meses que había pasado en México se fueron a pique. El rey había impedido que el tesorero real realizara el destino que Dios le había reservado.

Al parecer a Cabeza de Vaca le costó trabajo olvidarse de la idea de la colonización pacífica de las tierras de Norteamérica. Buscó al hombre que había recibido la licencia real para colonizar Florida, Hernando de Soto, para discutir la posibilidad de una alianza, pero no consiguieron llegar a un acuerdo. Según parece, tuvieron diferencias respecto al dinero, pero Cabeza de Vaca también admitió que «no deseaba ir bajo el estandarte de otro». Debió resultar muy difícil para el náufrago aceptar su disminución de estatus de poderoso curandero a mero segundo de a bordo de otro avaricioso conquistador.[4]

Cabeza de Vaca tuvo que presionar pacientemente tres años más para asegurarse un *adelantamiento* propio. Se iría al río de la Plata, en el otro extremo del hemisferio, en lo que actualmente son territorios de Argentina, Uruguay y Paraguay. El flamante gobernador debió de experimentar una sensación de *déjà vu* mientras navegaba hacia la costa de Sudamérica en 1540 para empezar a imponer su dominio. Por fin pondría en práctica su plan para el Nuevo Mundo.[5]

Decididamente sus métodos de conquista no eran convencionales. En vez de montar a caballo, Cabeza de Vaca iba descalzo delante de sus hombres, en busca de los indios de la región, los guaraníes, e intentaba atraerlos con delicadeza. Entregó regalos a los guaraníes y ordenó a sus hombres que pagaran escrupulosamente por todos los bienes que recibieran de ellos. Para evitar cualquier abuso, Cabeza de Vaca siempre acampaba lejos de los poblados nativos y solo permitía a sus hombres negociar con los indios a través de un agente autorizado.[6]

Los hombres de Cabeza de Vaca no comprendían estos métodos. Los residentes europeos del río de la Plata tenían sus propias ideas sobre cómo tratar a los indios y beneficiarse a su costa. Como ya habían vivido en aquellas regiones antes de la llegada de Cabeza de Vaca, a la mayoría no cayó bien este curioso líder que se comportaba más como un misionero que como un conquistador. Pensaron en rebelarse. Y lo que debió ser más desalentador para Cabeza de Vaca, también perdió el apoyo de los indios guaraníes. Estos rechazaron su programa cristiano que incluía restricciones tales como la erradicación del canibalismo y la imposición del matrimonio monógamo.[7]

Hacia la primavera de 1544 los hombres de Cabeza de Vaca habían llegado al límite. Detuvieron al gobernador y lo mandaron de vuelta a España, acusándolo de varios crímenes como confiscar la propiedad de residentes europeos fallecidos, no llevar provisiones suficientes a Paraguay, prohibir a los europeos comerciar libremente con los indios y reducirlos de este modo a la pobreza, o entregar a veinticinco indios amigos a los guaraníes para que los mataran y se los comieran.[8]

El retorno obligado de Cabeza de Vaca a España fue un periodo de reflexión. Su proyecto de colonización en Sudamérica había sido un sueño utópico. Una cosa era ejercer el poder de chamán indígena y otra muy distinta comportarse como líder de un grupo de conquistadores. Sus extraordinarias experiencias en Norteamérica le habían hecho creer erróneamente que sabía lo que podría conseguir en el río de la Plata.

Cabeza de Vaca había sobrevalorado su influencia, cuando menos. No había sido capaz de controlar a sus hombres y convencer a los indios de que estarían mejor bajo la tutela de España. Por muy amable y bien intencionado que pudiera haber parecido su programa, a fin de cuentas, una conquista seguía siendo una conquista.[9]

El posterior trance legal de Cabeza de Vaca duró ocho largos años tras su encarcelamiento en Sudamérica. Tuvo que enfrentarse a cuatro juicios distintos y a más de treinta cargos penales. En 1551 el Consejo de Indias declaró a Cabeza de Vaca culpable. Le prohibieron volver a las Indias a perpetuidad y lo despojaron de todos sus títulos. Además, fue condenado a cinco años en una colonia penal en Orán (en la actual Argelia). Fue una caída dramática para alguien que durante un tiempo había ejercido el poder de curar a los indios y había sido tratado como un semidiós. Cabeza de Vaca intentó defenderse, apelando la sentencia y llamando a testigos para que hablaran a su favor. En 1552 los aspectos más onerosos de su sentencia fueron anulados o reducidos, y en 1555 casi había sido exonerado por completo.

Cabeza de Vaca decidió pasar los últimos días de su vida en su pueblo de Jerez de la Frontera, como su abuelo, el conquistador de Gran Canaria. A edad avanzada, el trotamundos de Norteamérica y antiguo gobernador del río de la Plata se convirtió en una figura desbordante y protectora de su familia. En 1559 el náufrago firmó un bono para el pago de un rescate a nombre de Hernán Ruiz Cabeza de Vaca, un familiar que el rey de Argel mantenía cautivo.

Al final de cuentas, Cabeza de Vaca debió de pensar que, a diferencia de su abuelo, él nunca pudo triunfar en la conquista. Siempre fue una figura más bien trágica: un niño huérfano, un hombre hecho a sí mismo, un católico ferviente y un superviviente consumado que había vencido a las circunstancias más adversas que se puedan imaginar aferrándose al mismo tiempo a sus ideales.[10]

• • •

214 • Por tierras extrañas

Andrés Dorantes y Alonso del Castillo, los otros dos náufragos europeos, tuvieron menos problemas para volver a adaptarse a la vida colonial. Siguieron una trayectoria muy distinta de la del antiguo tesorero real. Decidieron quedarse en Nueva España y continuar sus tratos con los nativos americanos, ya no como curanderos, sino como oficiales coloniales y acaudalados residentes.

Su transformación de chamanes harapientos a hombres de buena posición económica fue obra de don Antonio de Mendoza. Como explicó el hijo de Dorantes décadas más tarde, el virrey Mendoza se llevó a los capitanes Dorantes y Castillo a su casa, los cubrió de honores y los casó con viudas. El virrey Mendoza resultó ser un astuto casamentero. Al cabo de pocos meses de su llegada a la ciudad de México, casó a Castillo con doña Isabel de Sanabria, la rica viuda de un conquistador fallecido. Castillo adquirió así una participación instantánea en la riqueza de Nueva España, y doña Isabel un marido trofeo, en parte curandero, de una ilustre familia española. Cuatro años más tarde, Castillo y su esposa eran copropietarios de una *encomienda* que abarcaba la mitad de la población de Tehuacán, ubicada en el corazón de un gran valle de colinas ondulantes a unos 160 kilómetros al sudeste de México. Los indios que vivían allí fueron *encomendados* a la pareja española. Esto es, continuaron viviendo en su comunidad, pero también se obligaron a dar tributo al capitán Castillo y doña Isabel, quienes luego podían vender estos productos agrícolas y obtener beneficios de ellos. A cambio, Castillo y su esposa tenían que asegurarse de que los indios que les habían sido encomendados recibieran una enseñanza religiosa adecuada.[11]

Al capitán Dorantes le costó más tiempo colocarse. A principios de 1537 intentó sin éxito volver a España. Durante gran parte de aquel año, también se planteó volver al norte para liderar una rápida expedición exploratoria que financiaría el virrey Mendoza. Pero Dorantes acabó siguiendo los pasos de Castillo y se casó con una viuda rica, doña María de la Torre. Dorantes poseía junto con su esposa una *encomienda* en Atzalán-Mexcalcingo, al este de la ciudad de México. Según un cálculo de 1560, la concesión estaba formada por 1.608 indios y producía tributo de algodón, miel, frijol, ají (chiles), pollo, pescado y maíz.[12]

Es posible que el profundo conocimiento que poseían los náufragos de los indios del norte influyera en cómo trataron a los que se les encomendó en el centro de México. Las fuentes no nos lo dicen a ciencia cierta. Lo más probable es que Castillo y Dorantes actuaran como típicos *encomenderos*, ni más benevolentes ni más crueles que el resto. En cualquier caso, ninguno de los dos participó en la gestión cotidiana de los indios, ya que ambos se convirtieron en propietarios absentistas.

Castillo y Dorantes se adaptaron bien a sus nuevas vidas, alternando la gestión de sus *encomiendas* con la vida cortesana en la ciudad de México, la capital del virreinato. Castillo ejerció de *alcalde ordinario* de la ciudad de México durante un año. En 1547 Castillo sintió que estaba lo bastante preparado y reunía méritos suficientes como para pedir un puesto de concejal en la ciudad, uno de los cargos más codiciados de toda la Nueva España, pero su petición fue rechazada.[13]

Dorantes, de temperamento más intrépido, aceptó misiones más arriesgadas. Según su hijo, el capitán Dorantes colaboró en la colonización de zonas habitadas por indios violentos donde no vivían españoles. Curiosamente, Dorantes tuvo ocasión de volver a la provincia de Nueva Galicia, donde los náufragos encontraron a los esclavistas españoles tras sus increíbles aventuras en el interior. Allí se produjo una insurrección masiva entre 1541 y 1542 con la que casi consiguieron expulsar a los españoles de la zona. El virrey Mendoza tuvo que pedir miles de voluntarios del centro de México y condujo personalmente a estas fuerzas a la provincia noroccidental para sofocar el movimiento. El virrey debió de agradecer mucho los servicios del capitán Dorantes, que estaba familiarizado con la región y también con los indios que había allí. Las fuentes no nos indican si Dorantes intentó alguna vez utilizar su influencia pasada sobre los indios para conseguir la paz.[14]

A diferencia de la reinmersión intermitente de Cabeza de Vaca en el mundo imperial, Dorantes y Castillo prosperaron en la sociedad colonial de México. Con el paso del tiempo, estos dos españoles debieron asumirse como miembros de la poderosa clase de *encomenderos* y reivindicaron su derecho a exigir tributo y trabajo de los indios. Se convirtieron en jefes de familia, propietarios y líderes apreciados. Sus sueños de encontrar un lugar en el Nuevo Mundo se habían hecho realidad.

• • •

De los cuatro náufragos, Estebanico fue el único que volvió a las amplias tierras de Norteamérica. El furor que provocó la llegada de los náufragos a México impulsó al virrey Mendoza a adentrarse en el ámbito de los descubrimientos. En 1537 decidió enviar una expedición hasta el lejano norte. Pero, uno por uno, todos los supervivientes rehusaron sumarse a esta nueva incursión. Cabeza de Vaca quizá estaba demasiado ansioso por volver a España. Castillo tal vez pretendía una existencia más estable y probablemente ya había decidido quedarse en la Nueva España. El candidato más prometedor que le quedó al virrey fue Dorantes. «Hablé con él varias veces», escribió más adelante Mendoza al emperador, «porque me parecía que podía hacer mucho servicio a Su Majestad enviarlo con cuarenta o cincuenta jinetes para descubrir el secreto de estas regiones». El virrey gastó mucho dinero haciendo los preparativos necesarios. Pero a fines de 1537 o principios de 1538 ocurrió algo que hizo que Dorantes cambiara de opinión.[15]

La última esperanza del virrey Mendoza era Estebanico. Habló con Dorantes sobre la posibilidad de conseguir los servicios del marroquí, pero, según parece, el capitán experimentó un gran pesar ante la posibilidad de desprenderse de Estebanico. Pese a las enormes diferencias sociales y la desigualdad de su relación, estos dos hombres debieron estar unidos por un fuerte vínculo de camaradería. Don Antonio de Mendoza envió 500 pesos en una bandeja de plata, pero Dorantes rehusó esta generosa oferta. Al final, Dorantes entregó al virrey a su querido esclavo sin pedir ningún pago por los beneficios potenciales que podía aportar a España y a los indios de Norteamérica.[16]

El norteafricano no tenía ninguna voz en semejante asunto, pero, considerando su comportamiento posterior, es posible que la idea le hubiese agradado. Estebanico salió de México en 1538 guiando a un grupo de reconocimiento dirigido por un fraile franciscano llamado Marcos de Niza. Tras llegar a Culiacán, siguieron más al norte a principios de 1539, abandonando la última colonia europea. Los indios reconocieron de inmediato a Estebanico (su color de piel debió de resultar inconfundible), y le dieron turquesa y mujeres.

La insistencia de Estebanico en quedarse los regalos, sobre todo las mujeres, causó cierta consternación entre fray Marcos de Niza y los otros frailes. Pero Estebanico se sintió lo bastante seguro como para insistir. Para que los frailes descontentos se mantuvieran fuera de su alcance inmediato, el marroquí se les adelantó a una distancia considerable.[17]

Tras atravesar una tierra sin colonizar, o *despoblado*, tan solo con las mujeres y unos pocos ayudantes indios, se encontró con otro grupo de indios, posiblemente en lo que ahora es el norte de Sonora. Seguro de sí mismo y despreocupado, Estebanico explicó con toda sinceridad a estos indios que era el precursor de un grupo de hombres blancos «enviados por un gran señor... y que venían a enseñarles sobre las cosas divinas». Y con mayor descaro todavía, Estebanico pidió más turquesa y mujeres.[18] Los indios no tenían nada que ganar de la embajada de Estebanico. Se pasaron tres días deliberando qué hacer y finalmente decidieron matarlo. Según una descripción posterior, terminó sus días «lleno de flechas como un San Esteban». Debió de darse cuenta demasiado tarde de su monumental error. Tan solo un conjunto de circunstancias extraordinarias habían conservado la frágil existencia de Estebanico hasta entonces, y lo que pudo haber ocurrido en cualquier momento durante los diez años anteriores finalmente sucedió. Estebanico había llegado lejos, más lejos que cualquiera de los otros hombres de este viaje: nacido en Marruecos, esclavizado en Europa, esclavizado de nuevo en Norteamérica, adorado como *hijo del sol* y esclavizado una vez más en la ciudad de México, por fin había recibido una relativa libertad para conducir a un grupo de europeos por tierras extrañas, donde su extraordinaria vida llegó a su fin.[19]

APÉNDICE

LECTURAS COMPLEMENTARIAS

L o mejor que puede hacer cualquiera que desee profundizar en la expedición de Florida es leer los dos relatos oculares de esta trágica aventura: el *Informe conjunto* o *Joint Report* y la *Relación* de Cabeza de Vaca. El *Informe Conjunto* es de hecho el libro 35 de la ingente e infinitamente instructiva *Historia general y natural de las Indias* del cronista Gonzalo Fernández de Oviedo y Valdés (Madrid: Atlas, 1959). Oviedo conoció a Narváez, Cabeza de Vaca y a los demás protagonistas de la expedición. En inglés solo hay un puñado de ediciones del *Informe Conjunto*. Una se incluye en el apéndice de *We Came Naked and Barefoot: The Journey of Cabeza de Vaca across North America*, Austin: University of Texas Press, 2002, de Alex D. Krieger. Aunque cuesta más de encontrar, hay una excelente edición bilingüe de Basil C. Hedrick y Carroll L. Riley denominada *The Account of the Narváez Expedition, 1528-1536, as Related by Gonzalo Fernández de Oviedo y Valdés*, Carbondale, Illinois: University Museum, Southern Illinois University, 1974. Hay múltiples ediciones en español e inglés de la *Relación* de Cabeza de Vaca. La más ambiciosa y perspicaz debe de ser *Álvar Núñez Cabeza de Vaca: His Account, His Life and the Expedition of Pánfilo de Narváez* de Rolena Adorno y Patrick C. Pautz, 3 volúmenes, Lincoln: University of Nebraska Press, 1999. Se trata de una monumental edición bilingüe de la *Relación* más dos volúmenes de *notas* que incluyen información sobre múltiples aspectos de la expedición, el pasado de los viajeros, y comentarios detallados sobre la aventura, la historia literaria de la *Relación*, y muchos otros temas. Esta obra nos ha proporcionado un nuevo nivel de comprensión de la épica de Cabeza de Vaca.

Para saber más sobre la ocupación de España del Caribe y sobre los inicios de la carrera de Pánfilo de Narváez, los lectores pueden acudir al clásico de Carl O. Sauer, *The Early Spanish Men*, Berkeley, University of California Press, 1966, y a las secciones que tratan el tema en James B. Lockhart y Stuart B. Schwartz, *Early Latin America: A History of Colonial Spanish America and Brazil*, Nueva York: Cambridge University Press, 1983. Para conocer un relato detallado de las actividades de España escrito por un contemporáneo bien informado, véase Pietro Martire d'Anghiera (o Pedro Mártir de Anglería), *Décadas del Nuevo Mundo*, 2 volúmenes, Ciudad de México: Porrúa e Hijos, 1964. Martire d'Anghiera era un italiano vinculado a la corte española y miembro del poderoso Consejo de Indias. Kathleen Deagan y José María Cruxent ofrecen información valiosa sobre las posesiones materiales de los primeros europeos en el Caribe en *Columbus's Outpost among the Taínos: Spain and America at La Isabela, 1493-1498*, New Haven, Connecticut: Yale University Press, 2002. Los que estén interesados en la ocupación de Cuba deberían leer el antiguo pero aún sin par *The Early History of Cuba*, de Irena A. Wright, publicado en Nueva York: MacMillan Company, 1916, y para conocer la fase más temprana de la conquista deberían leer a Hortensia Pichardo Viñals, *La fundación de las primeras villas de la isla de Cuba*, La Habana: Editorial de Ciencias Sociales, 1986. Para conocer relatos de primera mano sobre la conquista de Cuba no hay nada mejor que Bartolomé de las Casas, *Historia de las Indias*, editado por Agustín Millares Carlo, Ciudad de México: Fondo de Cultura Económica, 1986, y en menor medida *Brevísima relación de la destrucción de las Indias*, Sant Cugat del Vallés, Barcelona: Ediciones 29, 2004; en inglés, *Devastation of the Indies: A Brief Account*, Johns Hopkins University Press, 1992. Se han conservado al menos dos cartas de Diego Velázquez, datadas del 1 de abril de 1514 y el 10 de agosto de 1515. Ambas pueden consultarse en la *Colección de documentos inéditos relativos al descubrimiento, conquista y organización de las antiguas posesiones españolas de América y Oceanía*, 42 volúmenes, Madrid, 1864-1884, XI, 412-429. También hay mucha información en el *Cedulario Cubano* editado por José María Chacón y Calvo, Madrid:

Compañía Iberoamericana de Publicaciones, S. A; 1929. En él se incluyen maravillas tales como *La provisión real sobre hacer guerra a los indios caribes y tomarlos por esclavos*, Burgos, 24 de diciembre de 1511, 411-414; una carta del rey Fernando a Diego Colón, Sevilla, 6 de junio de 1511, 327; y un documento muy interesante titulado *La pragmática sobre el vestir e gastar seda en las indias*, Valladolid, 12 de noviembre de 1509, 191-196, donde se detallan las extravagantes compras de residentes europeos en el Caribe.

Liderar una expedición era al mismo tiempo el sueño más ansiado de todo conquistador y su peor pesadilla. Era la oportunidad de su vida, la manera de catapultarse a una posición de prestigio y riqueza muy por encima de lo que cabría esperar conseguir por otros medios. Pero, pese a todas sus recompensas potenciales, las expediciones de conquista también comportaban riesgos colosales. Los capitanes de las expediciones tenían que gastar mucho para fletar barcos y comprar armas, caballos y provisiones. Para los interesados en la organización de los primeros grupos de conquistadores, encontrarán mucho material en *Los grupos de conquistadores en Tierra Firme (1509-1530): fisonomía histórico-social de un tipo de Conquista*, de Mario Góngora, Santiago: Universidad de Chile, 1962; *L'Univers des Conquistadores: Les hommes et leur conqûete dans le Mexique du XVIè siècle*, de Bernard Grunberg, París: L'Harmattan, 1993; y *The Men of Cajamarca: A Social and Biographical Study of the First Conquerors of Peru*, de James Lockhart, Austin: University of Texas Press, 1972.

La población indígena del Caribe y su trágico descenso demográfico han motivado abundante bibliografía. *The Tainos: Rise and Decline of the People Who Greeted Columbus*, de Irving Rouse, New Haven, Connecticut: Yale University Press, 1992, y *The People Who Discovered Columbus: The Prehistory of the Bahamas*, de William F. Keegan, Gainesville: University Press of Florida, 1992, ofrecen perspectivas generales sobre los habitantes de la zona antes de entrar en contacto con los españoles. El ritmo y la gravedad del cataclismo demográfico constituyen uno de los temas de investigación más importantes y contenciosos. Se recomienda empezar por el volumen editado por William M. Denevan titulado

The Native Population of the Americas in 1492, Madison: University of Wisconsin Press, 1976, y sobre todo, de Woodrow Borah, «The Historical Demography of Aboriginal and Colonial America: An Attempt at Perspective», 13-34, y el ensayo de Ángel Rosenblat titulado *The Population of Hispaniola at the time of Columbus*, 43-66. Merece la pena contrastar ambos ensayos con el excelente estudio de Mira Caballos *El Indio Antillano: repartimiento, encomienda y esclavitud (1492-1542)*, Sevilla: Muñoz Moya editor, 1997.

La ronda de debates más reciente se ha visto impulsada por las pruebas de ADN. Los investigadores han descubierto recientemente que el 53 % de los portorriqueños actuales tienen antepasados indígenas por vía materna. Se han obtenido resultados similares en Aruba. La presencia de marcadores tan elevados de ADN indígena contradice la imagen de aniquilación total, aunque puede cuadrar con descensos drásticos, sobre todo si tenemos en cuenta que los europeos constituían minorías pequeñas en estas islas. Véase Martínez-Cruzado, J. C. (et al.), «Mitochondrial DNA Analysis in Puerto Rico», *Human Biology* 73 (2001), 491-511; Carles Lalueza-Fox (et alt.), «mtDNA from Extinct Tainos and the Peopling of the Caribbean», *Annals of Human Genetics* 65 (2001), y Gladis Toro-Labrador (et al.), «Mitochondrial DNA Analysis in Aruba: Strong Maternal Ancestry of Closely Related Amerindians and Implications for the Peopling of Northwestern Venezuela», *Caribbean Journal of Science* 38:1 (2003), 11-22. Para saber sobre la situación en el continente, véase el provocativo *Their Number Become Thinned: Native American Population Dynamics in Eastern North America*, Knoxville: University of Tennesse Press, 1983, de Henry F. Dobyns, y «Disease and the Soto Entrada» en *The Hernando de Soto Expedition History, Historiography, and 'Discovery' in the Southeast*, Lincoln: University of Nebraska Press, 1997, 259-279, de Ann F. Ramenofsky y Patricia Galloway. Es muy posible que nos encontremos ante el inicio de una nueva era en el estudio del papel de las epidemias en el Nuevo Mundo. Véase Ann F. Ramenofsky, Alicia K. Wilbur y Anne C. Stone, «Native American disease history: past, present and future directions», *World Archaeology* 35:2 (2003), 241-257.

Para saber sobre el funcionamiento de la corte española, he confiado mucho en el *Libro llamado aviso de privados y doctrina de cortesanos*, Amberes: Martij, 1545, de Antonio de Guevara, que fue cortesano durante mucho tiempo y escribió un libro dando consejos para los que se planteaban unirse a la corte. El magistral *Bartolomé de Las Casas: delegado de Cisneros para la reformación de las Indias, 1516-1517*, 2 volúmenes, Sevilla: Escuela de Estudios Hispanoamericanos de Sevilla, 1953, de Manuel Jiménez Fernández, no solo arroja luz sobre la participación de Bartolomé de Las Casas en la corte española, sino que también ofrece información biográfica de varias figuras y menciona diversos temas vinculados a los derechos indígenas. Otra fuente única que contiene muchos cotilleos cortesanos y caracterizaciones mordaces de los nobles y cortesanos es la *Crónica burlesca del emperador Carlos V*, Barcelona: Editorial Crítica, 1981, de Francesillo de Zúñiga. Francesillo era un bufón de la corte de Carlos V que consiguió escribir un libro sobre sus experiencias. El estudio de Hayward Keniston del poderoso secretario de Carlos V, *Francisco de los Cobos, Secretario de Carlos V*, Madrid, Editorial Castalia, 1980, contiene información útil, parte de la cual resulta relevante para la expedición de Florida. También resultan valiosos para aportar más contexto «Charles V and the Dynasty» de M. J. Rodríguez-Salgado, en Hugo Soly, ed., *Charles V 1500-1558 and His Time*, Amberes: Mercatorfonds, 1999; y *Juana the Mad: Sovereignty and Dynasty in Renaissance Europe*, de Bethany Aram, Baltimore: Johns Hopkins University Press, 2 (en español, *La reina Juana: gobierno, piedad y dinastía*, Madrid: Marcial Pons, Ediciones de Historia S.A., 2001). El texto de la cédula de conquista de Narváez se puede encontrar en Milagros del Vas Mingo, *Las Capitulaciones de Indias en el siglo XVI*, Madrid: Instituto de Cooperación Iberoamericana, 1986, junto con otras patentes de conquista y una introducción muy clara. Hay documentos clave relativos a la experiencia de Narváez en la corte española en la *Colección de documentos inéditos relativos al descubrimiento, conquista y organización de las antiguas posesiones españolas de América y Oceanía*, Madrid, 1864-1884, 42 volúmenes. Entre tales documentos se incluye La representación hecha al Rey por el clérigo

Bartolomé de Las Casas, en que manifiesta los agravios que sufren los indios de la isla de Cuba de los españoles, 1516, VII, 5-7; un Informe de los procuradores de la isla de Cuba, Pánfilo de Narváez y Antonio Velázquez, 1516, VII, 8-13; una Carta de Bernardino de Santa Clara al secretario Francisco de los Cobos, 29 de octubre de 1517, CDI XI; 557; una Carta de Diego Velázquez al rey Carlos I, 12 de octubre de 1519 XII, 248; una Carta de Diego Velázquez al rey Carlos, Santiago de Cuba, 12 de octubre de 1519, XII, 247; la Primera petición de Pánfilo de Narváez al emperador Carlos V, Toledo, 1525, X, 40; la Segunda petición de Pánfilo de Narváez, s.l, s.f; X, 41, y la Tercera petición de Pánfilo de Narváez, s.l., s.f., X, 46.

Como cabría esperar, hay mucha bibliografía sobre los inicios de la exploración y la conquista de México. El tratamiento más detallado de la implicación de Narváez en este episodio debe de encontrarse en Hugh Thomas, *Conquest: Montezuma, Cortés, and the Fall of Old Mexico*, Nueva York: Simon and Schuster, 1993 (en español, *La conquista de México*, Barcelona: Planeta, 2007). También he hallado información útil en *The Rise of Fernando Cortés* de Henry R. Wagner, Nueva York: Kraus Reprint Co., 1969, y en «Hernán Cortés como poblador de la Nueva España» de Richard Konetzke, en *Lateinamerika: Entdekung, Eroberrung, Kolonisation*, Böhlau Verlag Köln Wien, 1983, 157, 171. Los cronistas del siglo XVI proporcionan información valiosa sobre las actividades de Narváez, sobre todo Bernal Díaz del Castillo, *Historia verdadera de la conquista dela Nueva España*, 2 volúmenes, Ciudad de México: Editorial Porrúa, S.A., 1977. Existen otros relatos relevantes de contemporáneos o casi contemporáneos como la «Chronicle» de Andrés de Tapia en *The Conquistadors: First-Person Accounts of the Conquest of Mexico*, editado y traducido por Patricia de Fuentes, Nueva York: Orion Press, 1963, 17-48, y la *Crónica de la Nueva España* de Cervantes de Salazar, Ciudad de México: Editorial Porrúa, 1982. Se reproducen documentos clave en los *Documentos cortesianos*, 4 volúmenes, editado por José Luis Martínez, Ciudad de México: UNAM/ Fondo de Cultura Económica, 1990, incluidas las Instrucciones de Diego Velázquez a Hernán Cortés, Santiago, 23 de octubre de 1518, I,

45-59; las Instrucciones de Hernán Cortés a los procuradores Francisco de Montejo y Alonso Hernández Portocarrero, enviados a España, Veracruz, principios de julio de 1519, I, 77-90; y una Carta de Diego Velázquez al obispo Juan Rodríguez de Fonseca, Santiago de Cuba, 12 de octubre de 1519, I, 91-94. El *Epistolario de Nueva España* editado por Francisco del Paso y Troncoso, Ciudad de México: Porrúa, 1939, 3 volúmenes, es otra fuente destacada que contiene materiales tan indispensables como la Información que hizo la villa de Santisteban del Puerto sobre la conveniencia de enviar esclavos a las islas para cambiarlos por caballos, yeguas y otros ganados, Santisteban del Puerto, 9 de octubre de 1529, I, 153-166; una Carta del rey Carlos a Diego Velázquez, Zaragoza, 12 de diciembre de 1518, I, 38; los Testimonios de Francisco de Montejo y Alonso Hernández Portocarrero en Información recibida en La Coruña sobre la armada que Diego Velázquez dispuso para el descubrimiento de Nueva España y nombramiento de capitán general de ella a Hernán Cortés, La Coruña, España, 29-30 de abril, I, 44-5; y el Testamento de Diego Velázquez, Santiago, Cuba, 9 de abril de 1524, I, 67.

Sobre el mundo marítimo de Sevilla, los libros que me han resultado más útiles han sido *Los hombres del océano,* de Pablo E. Pérez-Mallaína, Sevilla: Diputación Provincial de Sevilla. Servicio de Publicaciones, 1992 (en inglés, *Spain's Men of the Sea: Daily Life on the Indies Fleets in the Sixteenth Century,* Baltimore: Johns Hopkins University Press, 1998), y *Sevilla y Las Flotas de Indias: La Gran Armada de Castilla del Oro (1513-1514),* de María del Carmen Mena García, Sevilla, Universidad de Sevilla-Fundación El Monte, 1998. Hay información demográfica, social y cultural interesante sobre Sevilla en *Aristocrats and Traders: Sevillian Society in the Sixteenth Century,* Ithaca: Cornell University Press, 1973, de Ruth Pike. Para saber sobre la sorprendente preponderancia de mujeres al inicio de la exploración y colonización del Nuevo Mundo véa se Richard Konetzke, «La emigración de mujeres españolas a América durante la época colonial», en *Lateinamerika: Entdeckung, Eroberung, Kolonisation,* Böhlau Verlag Köln Wien, 1983, 1-28. España se benefició de un conjunto de avances en la navegación,

226 · POR TIERRAS EXTRAÑAS

la cartografía, las actitudes culturales, las técnicas bélicas, etc.; para disponer de un contexto más amplio, véase Felipe Fernández-Armesto, *Before Columbus: Exploration and Colonization from the Mediterranean to the Atlantic, 1229-1492*, Londres: Macmillan, 1987 (versión en español: *Antes de Colón*, Madrid: Cátedra, 1993], y también del mismo autor *The Canary Islands after the Conquest*, Oxford: Oxford University Press, 1982. Para conocer un estudio a fondo sobre las actividades marítimas de España por Cuba, Florida y la costa de México véase Robert S. Weddle, *Spanish Sea: The Gulf of Mexico in North American Discovery, 1500-1685*, College Station: Texas A & M University Press, 1985. El emprendedor Antonio de Guevara escribió otra guía, esta vez dirigida a futuros pasajeros. El libro de Guevara se titula *Arte de marear y de los inventores della con muchos avisos para los que navegan en ellas*, Valladolid, 1539. Mi debate sobre las técnicas de navegación de la década de 1520 se basa en «Cosmographers vs. Pilots: Navigation, Cosmography, and the State in Early Modern Spain» de Alison Sandman, tesis doctoral, Universidad de Wisconsin, Madison 2001. Las cartas portulanas constituyeron un avance tecnológico muy importante. Para saber sobre cartas portulanas en general, véase Edward Luther Stevenson, *Portolan Charts: Their Origin and Characteristics with a Descriptive List of Those Belonging to the Hispanic Society of America*, Nueva York: Knickerbocker Press, 1911. Había cartas portulanas para las regiones del Caribe y el golfo de México en la época de la expedición de Narváez. Véase Jerald T. Milanich y Nara B. Milanich, «Revisiting the Freducci Map: A Description of Juan Ponce De León's 1513 Florida Voyage?», *Florida Historical Quarterly* 74:3 (invierno de 1996), 319-328, y Richard Uhden, «An Unpublished Portolan Chart of the New World, A.D. 1519» *Geographical Journal* 91:1 (enero de 1938), 44-50.

Se puede encontrar información biográfica de los cuatro protagonistas en la enciclopédica *Álvar Núñez Cabeza de Vaca: His Account, His Life, and the Expedition of Pánfilo de Narváez*, 3 volúmenes, Lincoln: University of Nebraska Press, 1999, de Rolena Adorno y Patrick C. Pautz. Estos volúmenes contienen mucha información de diversas

fuentes publicadas e inéditas e incluyen un estudio genealógico detallado de la familia de Cabeza de Vaca. Aunque está algo anticuado,
también se puede encontrar algo de información en *The Odyssey of
Cabeza de Vaca*, Westport, Connecticut: Greenwood Press, Publishers,
1933, de Morris Bishop. Este libro es una biografía completa de Cabeza de Vaca que detalla sus expediciones tanto en Norteamérica como
en Sudamérica. La biografía más reciente de David A. Howard, *Conquistador in Chains: Cabeza de Vaca and the Indians of the Americas*,
Tuscaloosa: University of Alabama Press, 1997, también analiza la
vida entera de Cabeza de Vaca poniendo especial énfasis en sus actitudes hacia los indios. Se puede recopilar información de primera
mano sobre el tesorero real en «Datos para el estudio de Álvar Núñez
Cabeza de Vaca», de Hipólito Sancho de Sopranos, en *Revista de Indias*
8 (1947), 69-102, y también en el artículo de mismo autor «Notas y
documentos sobre Álvar Núñez Cabeza de Vaca», *Revista de Indias*
23 (1963), 207-241. También se puede encontrar un breve esbozo
del líder expedicionario en Frank Goodwyn, «Pánfilo de Narváez, a
Character Study of the First Spanish Leader to Land an Expedition
to Texas», *Hispanic American Historical Review* 29:1 (febrero de 1949),
150-156. Baltasar Dorantes de Carranza —el hijo el capitán Andrés
Dorantes— escribió una crónica interesante que incluye información
original sobre su padre. La crónica se titula *Sumaria relación de las cosas
de la Nueva España*, y se publicó en Ciudad de México: Imprenta del
Museo Nacional, 1902.

Con mucho esfuerzo, pueden extraerse fragmentos de información de los otros miembros de la expedición del Archivo General de
Indias de Sevilla. Para saber sobre los expedicionarios esclavistas véase
la Real cédula a Pedro Lunel para que pueda pasar cuatro esclavos
negros a la tierra de la gobernación de Pánfilo de Narváez, Valladolid,
29 de marzo de 1527, Indiferente 421, L. 12, F50v-51r, y la Real cédula
a Juan de Sámano para que deje pasar sin pagar derechos de almoja-
rifazgo cuatro esclavos a Diego Solís, que va como veedor de fundi-
ciones a la tierra que Pánfilo de Narváez ha de poblar, 12 de abril de
1527, Indiferente 421, L. 12, f71v-72r. Para saber sobre el tratamiento

especial otorgado a cierto miembro de la expedición, véase el Título de regidor del primer pueblo que descubriese y poblase Pánfilo de Narváez en la Florida para Juan Velázquez de Salazar, s.l., 1527, Patronato 19, R. 1/1/2-4; la Real cédula a los oficiales de la casa de contratación de Sevilla para que paguen al Padre Fray Juan Suárez de la orden de San Francisco 8.000 ducados…, Granada, 26 de noviembre de 1526, Indiferente 421, L. 11, F. 348v-349r; y la Real cédula a Fray Juan Suárez de la orden de San Francisco y Obispo del Río de las Palmas y Florida, Burgos, 15 de febrero de 1528, L. 13/1/131 (60r). Para saber sobre las pérdidas causadas por el huracán de Cuba y la riqueza de Vasco Porcallo véase la Real cédula a Álvar Núñez Cabeza de Vaca, tesorero del Río de las Palmas y la Florida, en respuesta a su carta escrita en el puerto de Jagua… Madrid, 27 de marzo de 1528, Indiferente 421, L. 13/1/520; y la Carta de la emperatriz Isabel a Vasco Porcallo, Madrid, 22 de diciembre de 1529, Santo Domingo 1121, L. 1 f. 13 v. El único testimonio que conozco de una de las mujeres de la expedición está en la Real cédula al virrey de la Nueva España que Mari Hernández, mujer que fue de Fco. De Quevedo, ha hecho relación que ella y el dicho marido fueron conquistadores de la Nueva España… y que luego se fueron a la conquista de la Florida con Pánfilo de Narváez donde murió el dicho Fco. de Quevedo…, Toledo, 2 de agosto de 1539, México 1088, L. 3/1/256 r y v. Se puede obtener cierta información sobre las actividades de Castillo y Dorantes en Nueva España en el Traslado de una real cédula confiriendo la encomienda de la mitad del pueblo de Tehuacan en Alonso del Castillo Maldonado como marido de la viuda de Juan Ruiz de Alanís, Madrid, 11 de febrero de 1540, Patronato 275, R. 39/1/1; la Real provisión a Alonso del Castillo Maldonado, dándole facultades para comprar heredades a los indios de Nueva España, Madrid, 25 de febrero de 1540, Patronato, 278, N. 2. R. 230/1/1; y en la Real provisión de la audiencia y chancillería de Nueva España para que el pueblo de indios que Andrés Dorantes, vecino de la Ciudad de México, tiene encomendados, pasen como herencia a su mujer e hijos tras su muerte, Ciudad de México, 2 de noviembre de 1540, Patronato 278, N.2, R. 30/1-5. La infatigable María de Valenzuela, esposa de

Narváez, dejó un rastro de información. En la Bancroft Library de la Universidad de California en Berkeley se puede consultar la Información hecha en la Isla de Cuba a pedimento de María de Valenzuela, la muger de Pánfilo de Narváez, contra Hernando de Ceballos sobre dos bergantines, e bastimentos y municiones, Cuba, 1530, The Stetson Collection, rollo 1. Este documento es una edición microfilmada de Justicia 972, 51-2/12 en el Archivo General de Indias. Véase también la declaración de Manuel Hojas, San Salvador, 29 de abril de 1539, The Stetson Collection, rollo 1. Este archivo tiene que completarse en el Archivo General de Indias con Hernando de Ceballos al rey de España, Cuba, 16 de marzo de 1531, Indiferente General 1203, nº 28, folios 1-11.

La ruta seguida por el grupo de Cabeza de Vaca hace años que fascina a los especialistas. Para conocer una introducción excelente a las diversas interpretaciones de la ruta desde el siglo xix, véase Donald E. Chipman, «In Search of Cabeza de Vaca's Route across Texas: An Historiographical Survey», *Southwestern Historical Quarterly* 91 (1987), 127-148. Brownie Ponton y Bates H. McFarland fueron de los primeros en situar los lugares de desembarco de las balsas de la expedición en la costa de Texas en «Álvar Núñez Cabeza de Vaca: A Preliminary Report on His Wanderings in Texas», *Southwestern Historical Quarterly* 1:3 (1898), 166-186. A continuación se publicaron una serie de artículos entre los que se incluyen «The Route of Cabeza de Vaca», *Texas State Historical Association Quarterly* (octubre de 1899), 108-140 (enero de 1900), 177-208 (abril de 1900), 229-264 (julio de 1900), 1-32, de Bethel Coopwood; y de James Newton Baskett «A Study of the Route of Cabeza de Vaca», *Texas State Historical Association Quarterly* 10 (1907), 246-279. Harbert Davenport y Joseph K. Wells fueron los primeros en hablar de la denominada *ruta sur* de los supervivientes de la expedición en «The First Europeans in Texas, 1528-1536», *Southern Historical Quarterly* 22:2 (octubre de 1918), 111-142 y 205-209. Para conocer la interpretación más detallada sobre la *ruta del norte* véase Cleve Hallenbeck, *Álvar Núñez Cabeza de Vaca: The Journey and Route of the First European to Cross the Continent of North*

America 1534-1536, Glendale, California: The Arthur H. Clark Company, 1940. Alex D. Krieger pasó varios años planteándose las distintas alternativas e intentando resolver este irresistible rompecabezas histórico, geográfico y arqueológico. El trabajo de Krieger se ha traducido recientemente al inglés y publicado bajo el título de *We Came Naked and Barefoot: The Journey of Cabeza de Vaca across North America*, Austin: University of Texas Press, 2002. Adorno y Pautz ofrecen comentarios extensos sobre las distintas interpretaciones de la ruta y aportan sus propias opiniones en *Álvar Núñez Cabeza de Vaca: His Account, His Life, and the Expedition of Pánfilo de Narváez.*

Uno de los placeres inesperados de ahondar en la expedición de Florida consiste en aprender sobre plantas y animales que fueron importantes en varias etapas del viaje. Me han influido sobre todo «Cubagua's Pearl-Oyster Beds: The First Depletion of a Natural Resource Caused by Europeans in the American Continent» de Aldemaro Romero (et al.), en *Journal of Political Ecology* 6 (1999), 57-78; «Cabeza de Vaca, Dealer in Shells», de J. X. Corgan, en *American Malacological Union, Annual Reports for 1968* (1969), 13-14; *Identification and Geographical Distribution of the Mosquitoes of North America, North of Mexico*, Fresno, California: American Mosquito Control Association, 1981, de Richard F. Darsie Jr. y Ronald A. Ward; y «Piñon Pines and the Route of Cabeza de Vaca» de Donald W. Olson (et al.), en *Southwestern Historical Quarterly* 101 (octubre de 1997), 174-186. William C. Foster argumenta muy convincentemente que la ruta que siguieron los supervivientes de Florida (desde el norte de Tamaulipas pasando por La Junta de los Ríos y hacia la zona de Paquimé) ya la habían recorrido siglos antes los comerciantes indígenas que llevaban guacamayos rojos vivos. Foster, «Introduction», en *The La Salle Expedition on the Mississippi River: A Lost Manuscript of Nicolas de La Salle, 1682*, Austin: Texas State Historical Association, 2003. He aprendido mucho sobre los usos y las rutas comerciales de guacamayos rojos de Lyndon L. Margrave en *Mexican Macaws: Comparative Osteology and Survey of Remains from the Southwest*, Tucson: University of Arizona Press, 1970; de Paul E, Minnis, Michael E. Whalen, Jane H. Kelley,

Joe D. Stewart en «Prehistoric Macaw Breeding in the North American Southwest», *American Antiquitiy* 58:2 (1993), 270-276; de Darrell
Creel y Charmion McKusick en «Prehistoric Macaws and Parrots in
the Mimbres Area, New Mexico», *American Antiquity* 59:3 (1994),
510-524; y de Charmion R. McKusick en *Southwest Birds of Sacrifice*,
Globe: Arizona Archaeological Society, 2001.

La esclavitud es un tema importante que aparece en toda la expedición. Para saber sobre la práctica de la esclavitud en el sur de España
durante el siglo XVI, me gustaría recorrer en primer lugar a Aurelia
Martín Casares en *La Esclavitud en la Granada del siglo XVI: género, raza
y religión*, Granada: Universidad de Granada y Diputación Provincial
de Granada, 2000. Hay otras obras útiles como *La esclavitud en Andalucía 1450-1500*, de Franco Silva, publicado en Granada: Universidad
de Granada, 1992, y *La esclavitud negra en la España peninsular del
siglo XVI* de José Luis Cortés López, publicado en Salamanca: Ediciones Universidad de Salamanca, 1989. Una vez en América, algunos
esclavos africanos también se hicieron conquistadores. Véase Peter
Gerhard, «A Black Conquistador in Mexico» en *Slavery and Beyond:
The African Impact on Latin America and the Caribbean*, Wimington:
SR Books, 1995, y Matthew Restall, «Black Conquistadors: Armed
Africans in Early Spanish America», *The Americas* 57:2 (octubre de
2000), 171-205. La esclavitud indígena es un tema fascinante. Algunas
de mis ideas proceden de Theda Perdue en *Slavery and the Evolution of
Cherokee Society, 1540-1866*, Knoxville: University of Tennessee Press,
1979, y de Leland Donald en *Aboriginal Slavery on the Northwest Coast
of North America*, Berkeley: University of California Press, 1997. Para
conocer una valoración general de las múltiples caras de la esclavitud,
sobre todo en el contexto de una economía de subsistencia, véase David
Turley, *Slavery*, Oxford: Blackwell Publishers, 2000. Para saber cómo
los objetivos imperiales de varias potencias europeas transformaron
y expandieron las prácticas esclavistas en Norteamérica véase James
F. Brooks, *Cautives and Cousins: Slavery, Kinship, and Community in
the Southwest Borderlands*, Chapel Hill: University of North Carolina
Press, 2002, y Alan Gallay, *The Indian Slave Trade: The Rise of the*

English Empire in the American South, 1670-1717, New Haven, Connecticut: Yale University Press, 2002.

Las ceremonias de curación realizadas por Cabeza de Vaca y los otros supervivientes plantean múltiples preguntas médicas, culturales, religiosas y literarias. Para conocer una descripción médica de una de las operaciones más complicadas de Cabeza de Vaca véase Jesse E. Thompson, «Sagittectomy: Operation Performed in America in 1535 by Cabeza de Vaca», *New England Journal of Medicine* 289:26 (27 de diciembre de 1973), 1404-1407. Esta operación no deja lugar a dudas de que los supervivientes se convirtieron en hábiles cirujanos en el transcurso de sus aventuras. Pero el ascendiente de los supervivientes procedía principalmente de que parecían capaces de manipular el mundo sobrenatural. Por desgracia, es imposible saber con exactitud qué pensaban los anfitriones indígenas de Cabeza de Vaca y de sus compañeros, pero se pueden contextualizar las creencias que debían de tener basándose en otros casos. Para saber sobre el chamanismo practicado por una mujer comanche véase David E. Jones, *Sanapia: Comanche Medicine Woman,* Prospect Heights; Illinois: Waveland Press, Inc., 1972. Los españoles del siglo xvi creían en la participación directa y constante de Dios en los asuntos humanos en forma de apariciones, milagros, etc. Para saber sobre las religiones y creencias populares de la península ibérica hay varios libros interesantes, incluidos *God in La Mancha: Religious Reform and the People of Cuenca, 1500-1650,* de Sara T. Nalle, publicado en Baltimore: Johns Hopkins University Press, 1992, y también de la misma autora *Mad for God. Bartolomé Sánchez, The Secret Messiah of Cardenete,* Charlottesville: University Press of Virginia, 2001. También *Lucrecia's Dreams: Politics and Prophecy in Sixteenth-Century Spain,* de Richard L. Kagan, publicado en Berkeley: University of California Press, 1990 (versión en español: *Los sueños de Lucrecia: política y profecía en la España del siglo xv,* San Sebastián: Editorial Nerea, 2004); *Apparitions in Late Medieval and Renaissance Spain,* de William A. Christian Jr., publicado en Princeton: Princeton University Press, 1981; y del mismo autor *Local Religion in Sixteenth-Century Spain,* Princeton: Princeton University Press, 1981.

Jacques Lafaye estudió cómo las ceremonias de curación de Cabeza de Vaca se convirtieron en *milagros* en las páginas de cronistas e historiadores posteriores en un ensayo titulado «Los 'milagros' de Álvar Núñez Cabeza de Vaca (1527-1536)», en *Mesías, cruzadas, utopías: el judeo-cristianismo en las sociedades ibéricas*, Ciudad de México: Fondo de Cultura Económica, 1984, 65-84. Al abordar estos milagros, algunos estudiosos del ámbito literario han analizado la veracidad, el propósito y el impacto de la *Relación* de Cabeza de Vaca. Alguna de las obras en esta categoría son «The Negotiation of Fear in Cabeza de Vaca's Naufragios» de Rolena Adorno, en *Representations* 33 (invierno de 1991), 163-199; «Mythos and epos: Cabeza de Vaca's empire of peace» de Ralph Bauer, en *The Cultural Geography of Colonial American Literaturas: Empire, Travel, Modernity*, Cambridge: Cambridge University Press, 2003, 30-76; y «*Naufragios* de Álvar Núñez Cabeza de Vaca. ¿Novela, crónica, historiografía?» de Aurelio de los Reyes, en *Nómadas y Sedentarios en el Norte de México: Homenaje a Beatriz Braniff*, Ciudad de México, UNAM, 2000, 395-417, por citar solo unas pocas. Hay diversos ensayos con este enfoque en Margo Glantz, ed., *Notas y comentarios sobre Álvar Núñez Cabeza de Vaca*, Ciudad de México: CNCA/Grijalbo, 1993.

La expedición de Pánfilo de Narváez es el vehículo perfecto para examinar la arqueología, la geografía y los inicios de la historia colonial de un gran franja de Norteamérica. Para conocer una introducción general a las unidades administrativas de toda esta zona, véase Peter Gerhard, *The North Frontier of New Spain*, Princeton: Princeton University Press, 1982. Para conocer los primeros intentos de España de colonización de la zona costera al norte de Florida, véase Paul A. Hoffman, «A New Voyage of North American Discovery: Pedro de Salazar's Visit to the 'Island of Giants'», *Florida Historical Quarterly* 58:4 (abril de 1980), 415-426, y Paul A. Hoffman, *A New Andalucía and a Way to the Orient: The American Southwest during the Sixteenth Century*, Baton Rouge: Louisiana State University Press, 1990. Para saber sobre la zona de Pánuco, la obra principal sigue siendo *Nuño de Guzmán and the Province of Pánuco in New Spain, 1518-1533*, Glendale, California: Arthur H. Clark Company, 1967, de Donald E. Chipman. Véase también del mismo autor «Alonso Álvarez de Pineda and the Río de las Palmas: Scholars and the Mislocation of a River», *Southwestern Historical Quarterly* 98:3 (enero de 1995), 369-385. Florida fue la primera región que visitaron los expedicionarios. Para conocer una introducción general a los pueblos que habitaban esta península antes de entrar en contacto con los españoles, véase Jerald T. Milanich, *Archaelogy of Precolumbian Florida*, Gainesville: University Press of Florida, 1994. Una recopilación reciente de ensayos explora las conexiones entre Florida y otras zonas costeras. Nancy Marie White, ed., *Gulf Coast Archaeology*, Gainesville: University Press of Florida, 2005. James Axtell ofrece una perspectiva general muy amplia del impacto de los primeros europeos en los pueblos indígenas del actual sur de Estados Unidos en *The Indian's New South: Cultural Change in the Colonial Southeast*, Baton Rouge: Louisiana State University Press, 1997, al igual que Jerald T. Milanich en *Florida Indians and the Invasion from Europe*, Gainesville: University Press of Florida, 1995. Entre los ensayos que describen la ruta general y las actividades de la expedición de Narváez en Florida se incluyen «Narváez and Cabeza de Vaca in Florida», de Paul E. Hoffman, en *The Forgotten Centurias: Indians and Europeans in the American South, 1521-1704*, editado por Charles Hudson and Carmen Chaves Tesser, Athens: University of Georgia Press, 1994, 50-73, y «Prelude to de Soto: The Expedition of Pánfilo de Narváez», de Rochelle A. Marrinan, John F. Scarry y Rhonda L. Majors, en *Columbian Consequences: Archaeological and Historical Perspectives on the Spanish Borderlands East*, editado por David Hurst Thomas, II, 71-82. Para conocer un análisis interesante de lo que debieron de pensar los indios del oeste de Florida respecto a la llegada de los europeos durante la primera mitad del siglo XVI, véase Sylvia L. Lilton, «Los indios de Tocobaga y Timucua (Florida occidental) ante sus primeros contactos con los hombres blancos» en el *Congreso de Historia del descubrimiento, actas*, Madrid: Real Academia de la Historia, 1992, I, 343-403. Existen pruebas arqueológicas de las que se cree que es la presencia española más temprana en Florida. Estas pruebas se analizan en Jeffrey M. Mitchem, «Initial Spanish-Indian Contact in West Peninsular Florida: The Archaeological Evidence», en *Columbian Consequences: Archaeological and Historical Perspectives on the Spanish Borderlands East*, editado por David Hurst Thomas, II, 49-59, y en el artículo del mismo autor «Artifacts of Exploration: Archaeological Evidence from Florida», en *First Encounters: Spanish Explorations in the Caribeean and the United Status, 1492-1570*, editado por Jerald T. Milanich y Susan Milbrath, Gainesville: University of Florida Press, 1991, 99-109. Se puede extraer mucha información relevante de la expedición de Narváez gracias a la que dirigió de Hernando de Soto poco más de una década después. Los lectores interesados pueden recurrir a Jerald T. Milanich y Charles Hudson, *Hernando de Soto and the Indians of Florida*, Gainesville: University Press of Florida, 1993, 227-228, y a Charles

R. Ewen y John H. Hann, *Hernando de Soto among the Apalachee: The Archaeology of the First Winter Encapment*, Gainesville: University Press of Florida, 1998. El mayor sistema de gobierno que conocieron Narváez y sus hombres ha recibido cierta atención en los círculos académicos, en concreto de John F. Scarry, «The Apalachee Chiefdom», en *The Forgotten Centuries: Indians and Europeans in the American South, 1521-1704*, editado por Charles Hudson y Carmen Chaves Tesser, Athens: University of Georgia Press, 1994, 156-178, y John H. Hann, «The Apalachee of the Historic Era», en *The Forgotten Centuries: Indians and Europeans in the American South, 1521-1704*, editado por Charles Hudson y Carmen Chaves Tesser, Athens, University of Georgia Press, 1994, 327-354. Se pueden encontrar relatos de primera mano de la expedición de Hernando de Soto en *The de Soto Chronicles: The Expedition of Hernando de Soto to North America in 1539-1543*, 2 volúmenes, editado por Lawrence A. Clayton, Vernon James Knight Jr., y Edward C. Moore, Tuscaloosa: University of Alabama Press, 1993. El Inca Garcilaso de la Vega entrevistó a algunos de los supervivientes de la expedición de De Soto y escribió una historia de Florida titulado simplemente *La Florida*, Madrid: Alianza Editorial, 1988.

La travesía de la expedición de Narváez hasta la actual Texas ha recibido una atención considerable por parte de los académicos. Como se ha señalado anteriormente, muchos autores han debatido la ruta exacta que siguieron los expedicionarios. Por desgracia, en algunos casos resulta imposible establecer una conexión directa entre los pueblos mencionados por Cabeza de Vaca a principios del siglo xvi y los grupos indígenas documentados posteriormente en los siglos xvii, xviii y xix. En cualquier caso, la región donde desembarcaron las balsas de la expedición de Narváez fue habitada más adelante por al menos cinco grupos distintos, conocidos colectivamente como los karankawas. Para conocer descripciones breves, pero reveladoras sobre los indios karankawa, véase William W. Newcomb, «Karankawa» en *Handbook of North American Indians*, Washington, DC: Smithsonian Institution, 1983, X, 360, y la sección que le dedica W.W. Newcomb Jr. en *The Indians of Texas: From Prehistoric to Modern Times*, Austin: University of Texas Press, 1961. Algunos especialistas creen que Cabeza de Vaca y algunos de los otros desembarcaron en la actual isla de Galveston. Robert A. Ricklis ha realizado un estudio arqueológico detallado de un yacimiento de la isla titulado *Aboriginal Life and Culture on the Upper Texas Coast: Archaeology at the Mitchell Ridge Site, 41GV66, Galveston Island*, Corpus Christi, Texas: Coastal Archaeological Research, Inc., 1994. Ricklis también ha publicado el estudio más completo que existe sobre los karankawa: *The Karankawa Indians of Texas: An Ecological Study of Cultural Tradition and Change*, Austin: University of Texas Press, 1996. Ricklis trata el tema concreto de cómo los hallazgos arqueológicos de la isla de Galveston y alrededores se vinculan con las prácticas indias descritas por los expedicionarios en un ensayo titulado «Cabeza de Vaca's Observations of Native American Lifeways: Correspondences in the Archaeological Record of the Texas Coast» en *Windows to the Unknown: Cabeza de Vaca's Journey to the Southwest*, Simposio organizado por el Center for the Study of the Southwest en la Southwest Texas State University, San Marcos. Thomas R. Hester ha escrito sobre el mismo tema en «Artifacts, Archaeology and Cabeza de Vaca in Southern Texas and Northeastern Mexico» en *Windows to the Unknown: Cabeza de Vaca's Journey to the Southwest*, Simposio organizado por el Center for the Study of the Southwest en la Southwest Texas State University, San Marcos. Para saber sobre la historia reciente de los indios karankawa, véase Kelly F. Himmel, *The Conquest of the Karankawas and the Tonkawas, 1821-1859*, College Station; Texas A & M University Press, 1999. T.N. Campbell y T.J. Campbell hacen grandes esfuerzos por reconciliar la información arqueológica y la histórica en un valioso y extenso estudio cuyo título resulta un tanto confuso, *Historic Indian Groups of the Choke Canyon Reservoir and Surrounding Area, Southern Texas*, San Antonio: Center for Archaeological Research, University of Texas at San Antonio, Choke Canyon Series, 1981. Las expediciones europeas posteriores ofrecen información adicional sobre el mundo nativo del actual estado de Texas. Véase sobre todo William C. Foster, *Spanish Expeditions into Texas, 1689-1768*, Austin: University of Texas Press, 1995; William C. Foster ed., *The La Salle Expedition on the Mississippi River: A Lost Manuscript of Nicolas de La Salle, 1682*, Austin: Texas State Historical Association, 2003; y François Simars de Bellisle, «De Bellisle on the Texas coast», editado por Henri Folmer, *Southwest Historical Quarterly* 44:2 (octubre de 1940), 204-231.

Los expedicionarios pasaron por la confluencia del río Grande y el río Conchos, una zona conocida como La Junta de los Ríos que se encuentra cerca de las actuales localidades de Presidio (Texas) y Ojinaga (Chihuahua). En el siglo XVI esta zona constituía un oasis agrícola en mitad de un mar de nómadas. Para saber sobre los habitantes nativos de La Junta véase J. Charles Kelley, *Jumano and Patarabuey: Relations at La Junta de los Ríos*, Ann Arbor: Anthropological Paper Number 77, Museum of Anthropology, University of Michigan, 1986, y Nancy Parrott Hickerson, *The Jumanos: Hunters and Traders of the South Plains*, Austin: University of Texas Press, 1992. Una expedición española posterior señaló que los indios de La Junta aún recordaban el paso de los tres españoles y un hombre negro. Véase Antonio de Espejo, «Account of the Journey to the Provinces and Settlements of New Mexico, 1583», en Herbert Eugene Bol-

238 POR TIERRAS EXTRAÑAS

ton, ed., *Spanish Exploration in the Southwest 1542-1706: Original Narratives of Early American History*, Nueva York: Barnes & Noble Inc., 1946, y Diego Pérez de Luxán, *Expedition into New Mexico Made by Antonio de Espejo 1582-1583: As Revealed in the Journal of Diego Pérez de Luxán, a Member of the Party*, editado por George M. Hammond y Agapito Rey, Los Angeles: The Quivira Society, 1929. Para saber sobre una expedición posterior a La Junta véase Joseph de Ydoiaga, *Expedition to La Junta de los Ríos, 1747-1748*, Austin: Texas Historical Commission, 1992.

Los expedicionarios subieron por el río Grande y se adentraron en la zona que antiguamente dominaba la imponente ciudad de Paquimé o Casas Grandes de camino al noroeste de México. La obra clásica sobre Paquimé es *Casas Grandes: A Fallen Trading Center of the Gran Chichimeca*, de Charles C. di Peso, John B. Rinaldo y Gloria J. Fenner, publicado en Flagstaff: The Amerind Foundation, Inc. and the Dragoon Northland Press, 1974. Investigaciones arqueológicas recientes en otros yacimientos de la zona han arrojado luz respecto a las conexiones regionales y han llevado a replantearse la periodización de la propia Paquimé. Véase Ronna Jane Bradley, «Recent Advances in Chihuahuan Archaeology», en Michael S. Foster y Shirley Gorenstein, eds., *Greater Mesoamerica: The Archaeology of West and Northwest Mexico*, Salt Lake City: University of Utah Press, 2000, 221-239; y Paul E. Minnis y Michael E. Whalen, «Chihuahuan Archaeology: An Introductory History», en Gillian E. Newell y Emiliano Gallaga, eds., *Surveying the Archaeology of Northwest Mexico*, Salt Lake City: University of Utah Press, 2004, 113-126. Para conocer una introducción a los pueblos indígenas del sudoeste de México véase Susan M. Deeds, «Legacies of Resistance, Adaptation, and Tenacity: History of the Native Peoples of Northwest Mexico» en *The Cambridge History of the Native Peoples of the Americas*, volumen II, parte 2, Nueva York: Cambridge University Press, 2000, 44-88. Cabeza de Vaca y sus compañeros destacan la existencia de redes comerciales de larga distancia de objetos tales como cascabeles de cobre y conchas. Entre los estudios relevantes sobre estas redes comerciales se encuentran «The Aztatlán

Mercantile System: Modern Traders and the Northwestward Expansion of Mesoamerican Civilization» de J. Charles Kelley, en Michael S. Foster y Shirley Gorenstein, eds., *Greater Mesoamerica: The Archaeology of West and Northwest Mexico*, Salt Lake City: University of Utah Press, 2000, 137-154; «Cabeza de Vaca and the Sixteenth-Century Copper trade in Northern Mexico», de Jeremiah F. Epstein, *American Antiquity* 56:3 (julio de 1991), 474-482, y *Copper Bell Trade Patterns in the Prehispanic U.S. Southwest and Northwest Mexico*, de Victoria D. Vargas, publicado en Tucson: Arizona State Museum/University of Arizona Press, 1995.

Solo hay un puñado de estudios sobre Nuño de Guzmán y su vinculación con Nueva Galicia. Resulta muy instructivo *La rebelión de la Nueva Galicia* de José López Portillo y Weber, publicado en Ciudad de México: Colección Peña Colorada, 1980. Para saber sobre la ardua tarea de administrar y gobernar este territorio, véase J. H. Parry, *The Audiencia of New Galicia in the Sixteenth Century*, Cambridge, Cambridge University Press, 1948. De camino a la costa oeste, Nuño de Guzmán pasó por la rica provincia de Michoacán, donde causó estragos. Véase J. Benedict Warren, *The Conquest of Michoacán: The Spanish Domination of the Tarascan Kingdom in Western Mexico, 1521-1530*, Norman: University of Oklahoma Press, 1985. Para saber sobre la ruta general seguida por Guzmán en su primera y funesta *entrada* en Nueva Galicia véase Carl Sauer y Donald Brand, *Aztatlán: Prehistoric Mexican Frontier on the Pacific Coast*, Berkeley: University of California Press, 1932. Se pueden encontrar reflexiones importantes sobre la exploración del noroeste de México en Arthur S. Aiton, *Antonio de Mendoza: First Viceroy of New Spain*, Durham: Duke University Press, 1927, y en los *Documents of the Coronado Expedition, 1539-1542*, editados, traducidos y con notas de Richard Flint y Shirley Cushing Flint, Dallas: Southern Methodist University Press, 2005, sobre todo en Antonio de Mendoza, «Instructions to Fray Marcos de Niza», 59-88. Las fuentes de primera mano sobre la violenta fundación de Nueva Galicia están desperdigadas en varias colecciones publicadas e inéditas, incluidos los *Documentos para la historia de México*, editados por Joaquín García Icazbalceta, Ciudad de México: Editorial Porrúa, 1980, 2 volúmenes. Entre los documentos más destacables se encuentran la Relación de la entrada de Nuño de Guzmán que dio García del Pilar, su intérprete, II, 248-261; la Relación de la conquista de los Teules Chichimecas que dio Juan de Sámano, II, 262-287; la Primera relación anónima de la jornada que hizo Nuño de Guzmán a la Nueva Galicia, II, 288-295; la Segunda relación anónima de la jornada que hizo Nuño de Guzmán a la Nueva Galicia, II, 296-306; la Tercera relación anónima de la jornada que hizo Nuño de Guzmán a la Nueva Galicia, II, 439-460; y la Cuarta relación anónima de la jornada que hizo Nuño de Guzmán a la Nueva Galicia, II, 461-483. También resultan valiosos algunos documentos incluidos en el *Epistolario de Nueva España*, editado por Francisco del Paso y Troncoso, Ciudad de México: Porrúa, 1939, 3 volúmenes, como el Testimonio de las tres provisiones expedidas por Nuño de Guzmán a favor de Francisco Verdugo... Chiametla, 18 de enero de 1531, II, 9-14, y una Carta indispensable de Nuño de Guzmán a la emperatriz Isabel, Compostela, 12 de junio de 1532, II, 142-173. En la *Colección de documentos inéditos relativos al descubrimiento, conquista y organización de las antiguas posesiones españolas de América y Oceanía*, Madrid, 1864-1884, 42 volúmenes, se pueden encontrar documentos clave como la Carta de Nuño de Guzmán a Su Majestad, diciéndole que el Marqués del Valle había entrado en su gobernación con pendón en mano, a manera de descubridor y conquistador, Valle de Banderas, 8 de junio de 1535, IV, 150-152, y la Probanza «Ad Perpetuam Rei Memoriam» sobre la tierra del Marqués del Valle e indios que de la Nueva Galicia a ella llevaron, autos entre Nuño de Guzmán y Hernando Cortés, Compostela, Nueva Galicia, 10 de diciembre de 1535, IV, 153-161. El Archivo General de Indias alberga fuentes importantes como la Carta de la reina doña Isabel al presidente y oidores de la audiencia de la Nueva España, Ocaña, 25 de enero de 1531, México 1088 L. 1 Bis, F. 45 v-49r; la Real provisión al gobernador y oficiales de las tierras y provincias de Galicia de la Nueva España, para que no se haga esclavos a los indios... Ocaña, 25 de enero de 1531, Indiferente,

General 422, L. 15, f.8v; la Carta del cabildo secular de Compostela sobre la necesidad de hacer esclavos a los indios rebeldes y su aprovechamiento para el trabajo en las minas, Compostela, Nueva Galicia, 28 de febrero de 1533, Guadalajara 30, Nº 1/1/1-4; y la Provisión real ordenando a Nuño de Guzmán, gobernador de Nueva Galicia, haga cumplir la ordenanza expedida en Toledo el 4 de diciembre de 1528, en la que se prohíbe el empleo de indios para el trabajo en las minas, donde solo se autoriza el de esclavos, s.l., 28 de septiembre de 1534, Indiferente General 422, L. 16, f.126-137. Para conocer una fuente de primera mano de un personaje casi contemporáneo que contiene información abundante véase Antonio Tello, *Crónica Miscelánea de la Sancta Provincia de Jalisco*, 2 volúmenes, Guadalajara: Gobierno del Estado de Jalisco/Universidad de Guadalajara/INAH, 1973.

Las fuentes recopiladas en este ensayo distan mucho de ser completas. Están pensadas como meras sugerencias para lectores interesados y como recurso para estudiosos que deseen seguir investigando este episodio que produce una fascinación inagotable. Pueden encontrarse referencias adicionales en las notas correspondientes a cada tema.

AGRADECIMIENTOS

El origen de este libro puede rastrearse con preción hasta una conversación telefónica de una tarde de otoño de 2003. Chip Rossetti, entonces editor jefe de Basic Books, estaba al otro lado de la línea preguntándome si escribiría un libro sobre Cabeza de Vaca. Al principio me mostré escéptico, ya que sabía que se había gastado mucha tinta ya sobre esta saga. Así que en primer lugar estoy en deuda con Chip, quien fue el primero en comprender la necesidad de volver a contar la historia utilizando todas las fuentes académicas que se han acumulado a lo largo de los años. Chip fue incluso más allá de su deber al leer mi primer capítulo después de dejar Basic Books. También tengo una deuda similar con Susan Rabiner, mi agente. La claridad de su pensamiento, su amplia experiencia y sensatez me hicieron continuar mientras me esforzaba por convertir una idea verosímil en un proyecto de libro. Lara Heimert, mi nueva editora en Basic Books, aportó una perspectiva novedosa al proyecto y realizó una lectura concienzuda, rigurosa y útil del manuscrito. No puedo agradecérselo lo bastante. En este sentido también quiero dar las gracias a Jake Cumsky-Whitlock, que también se leyó el manuscrito entero y me hizo preguntas muy pensadas durante toda la lectura. La Universidad de California Davis ha sido el hogar más propicio. Mis colegas y amigos Arnold Bauer, Tom Holloway, Alan Taylor, Chuck Walker y Louis Warren leyeron algunos capítulos y aportaron su agudeza, estímulo y aliento. También recibí ayuda de otros ámbitos; quiero dar las gracias sobre todo a Donald E. Chipman, Jerald T. Milanich, Samuel Truett y Nancy Marie White, todos los cuales leyeron partes del manuscrito (o el borrador entero), ahorrándome innumerables errores, señalándo-me nuevas fuentes y ofreciendo ideas editoriales muy válidas. Stephen C. Cote me ayudó a enfrentarme a la dura tarea de conseguir imá-genes. Kevin Bryant me hizo superar varios obstáculos tecnológicos. Mi querido amigo Samuel R. Martin leyó todos y cada uno de los capítulos no una sino varias veces; tuve el gran privilegio de contar con su formidable talento editorial. Mi madre, María Teresa Fuentes, sigue siendo una fuente de inspiración que continúa indicándome nuevos caminos aun después de retirarse. No sé cómo expresar mi gratitud a Jaana Remes, mi esposa, por su entusiasmo ilimitado y su apoyo desde que hablamos por primera vez de este proyecto mientras conducíamos hacia Baja California. Nuestros dos hijos, Vera (6) y Samuel (8), se lo han tomado todo con absoluta naturalidad, dedicándose a recorrer la posible ruta de los supervivientes en la franja de Florida y a comentar en la cena los bichos que Cabeza de Vaca y sus compañeros se vieron obligados a comer.

ÍNDICE DE ILUSTRACIONES

ÍNDICE DE MAPAS

NOTAS

Introducción

1. Cabeza de Vaca dice que los esclavistas sintieron una «gran alteración». Cabeza de Vaca, *Relación of 1542*, editado por Rolena Adorno y Patrick Charles Pautz, 3 volúmenes. (Lincoln: University of Nebraska Press, 1999), I, 244, citado de aquí en adelante como Cabeza de Vaca, *Relación de 1542*, 244. Antonio Tello también recuerda este encuentro en su *Crónica Miscelánea de la Sancta* Provincia *de Xalisco*, 2 volúmenes (Guadalajara: Gobierno del Estado de Jalisco, Universidad de Guadalajara, INAH, 1973), I, 249-257. El fraile Antonio Tello escribió su versión en 1652, más de un siglo después de los hechos. No obstante, cuando escribió su *Crónica Miscelánea*, ya tenía ochenta y seis años y llevaba mucho tiempo residiendo en Nueva Galicia donde tuvieron lugar los hechos, por lo que debió de tener acceso a algunas de las leyendas que rodeaban la llegada de Cabeza de Vaca y sus compañeros. El fraile Tello basó su explicación en documentos preexistentes, pero también ofrece detalles que no se han encontrado en ninguna otra parte.

2. Cabeza de Vaca, *Relación de 1542*, 244.

3. Este debate alcanzó un punto álgido en 1550-1551, cuando diversos juristas y teólogos se reunieron en la ciudad de Valladolid, para discutir sobre la racionalidad y humanidad de los nativos americanos. No obstante, resulta fácil olvidar que el llamado *gran debate* no fue ni la primera ni la última vez en que se airearon temas vinculados de la naturaleza de los habitantes indígenas de América y el derecho de España a someterlos. Fue una preocupación recurrente a lo largo del siglo XVI e incluso más adelante. La propia *junta* de Valladolid no logró alcanzar una conclusión

definitiva, porque los que participaron en el debate mantuvieron posiciones muy distanciadas y no lograron convencerse unos a otros. Para conocer un tratamiento sintético de esta polémica tan apasionante, véase Lewis Hanke, *All Mankind is One* (De Kalb: Northern Illinois University Press, 1974), pássim.

⁴ La *Historia general* de Oviedo no se publicó hasta el siglo xix, aunque circulaban copias escritas a mano de algunas partes desde el siglo xvi. De las dos fuentes, la *Relación* de Cabeza de Vaca resultó con mucho la más influyente.

⁵ Citas de Andrés Pérez de Ribas, *Historia de los triunfos de nuestra Santa Fe* (Ciudad de México: Siglo Veintiuno, 1992), 24. El relato de Pérez de Ribas se publicó por primera vez en Madrid en 1645. Como ha señalado Ralph Bauer, la *Relación* de Cabeza de Vaca hace poco que se ha «convertido en una de las lecturas favoritas entre los críticos literarios del neohistoricismo, a los que les intriga su representación de nuevas alteridades e identidades producidas en el encuentro colonial euroamericano...». Para repasar brevemente esta literatura, véase Ralph Bauer, «Mythos and Epos: Cabeza de Vaca's Empire of Peace» en *The Cultural Geography of Colonial American Literatures: Empire, Travel, Modernity*, editado por Ralph Bauer (Nueva York: Cambridge University Press, 2003), 30-76. Desde una perspectiva estrictamente literaria, la *Relación* tiene mucho que ofrecer. Aunque se empapa de la tradición medieval de los romances heroicos y los relatos de caballería, la *Relación* rompe moldes al situar la acción en América. Por lo tanto, puede considerarse el primer relato de *cautiverio* de América e incluso un texto pionero en las cartas del Nuevo Mundo. Como ha comentado William T. Pilkington, «Cabeza de Vaca no solo fue un pionero físico; también fue un pionero literario, y merece la distinción de ser considerado el primer escritor del sudoeste de Estados Unidos. Su *Relación* se convirtió en un prototipo de gran parte de la escritura americana que vendría después». William T. Pilkington, «Epilogue», en *Cabeza de Vaca's Adventures in the Unknown Interior of America*, traducido y editado por Cyclone Covey (Alburquerque: University of New Mexico Press, 1961), 146. Véase también José Rabasa, *Writing Violence on the Northern Frontier: The Historiografhy of*

Sixteenth-Century New Mexico and Florida and the Legacy of Conquest (Durham: Duke University Press, 2000), capítulo 1.

6 Para saber sobre el audaz intento de localizar la ruta de Cabeza de Vaca, véase Cleve Hallenbeck, *Álvar Núñez Cabeza de Vaca: The Journey and Route of the First European to Cross the Continent of North America, 1534-1536* (Glendale, California: The Arthur H. Clark Company, 1940), 159. Por desgracia para él, ahora sabemos que el clima del siglo xvi era bastante distinto del nuestro y por lo tanto cualquier conclusión derivada de este concienzudo ejercicio debe considerarse inválida. De manera más general, el debate prolongado en torno a la ruta seguida por los supervivientes ha generado todo lo que suele acompañar a la guerra académica: un grupo que defiende una *ruta norte* a través de Texas y Nuevo México, un bando subversivo que propone una *ruta sur* a través de lo que ahora es el norte de México, y varias posiciones intermedias que rayan en la traición y la herejía. En ocasiones, personas del mundo no académico se han sumado a la refriega. En la década de 1930, el presidente de la Texas Geographic Society se indignó ante la insinuación de que los caminantes podrían haberse salido de algún modo de Texas y entrado en el México actual, por lo que encabezó una cruzada periodística para «devolver el escenario de la ruta de Cabeza al mapa de Texas al que pertenece y de donde se lo expulsó de manera muy injusta y equivocada». Véase Robert T. Hill, citado en Donald E. Chapman, «In Search of Cabeza de Vaca's Route across Texas: An Historiographical Survey», *Southwestern Historical Quarterly* 91:2 (octubre de 1987), 138.

7 En relación con los posibles encuentros sexuales, sabemos que Estebanico pidió mujeres jóvenes a los indios en una expedición posterior. Se puede afirmar con certeza casi absoluta que adquirió este hábito durante su viaje a través del continente. Durante la década de 1540, cuando se publicó la primera edición del relato de Cabeza de Vaca, la Inquisición revisaba formalmente los manuscritos que se iban a publicar.

8 Tengo la suerte de poder contar con bibliografía abundante dedicada a reconciliar la información textual, geográfica y arqueológica referida a la expedición de Florida. Aunque persisten algunos desacuerdos respecto a la ruta de los náufragos, avances recientes han reducido las

posibilidades. Este libro no habría sido posible sin las aportaciones de muchos eruditos, incluidos Donald E. Chipman, Alex D. Krieger, T. N. Campbell, T. J. Campbell, Paul E. Hoffman, William C. Foster, Jerald T. Milanich y otros. Quiero destacar el conjunto esencial de tres volúmenes publicado en 1999 por Rolena Adorno y Patrick C. Pautz, *Álvar Núñez Cabeza de Vaca: His Account, His Life, and the Expedition of Pánfilo de Narváez*. Esta obra constituye otra edición y traducción de la *Relación* de Cabeza de Vaca más (literalmente) dos volúmenes y medio de *notas*. Estos volúmenes han llevado nuestra comprensión de esta experiencia de supervivencia a un nuevo nivel: la obra contiene información biblio-gráfica de los protagonistas, un estudio detallado de la genealogía de Cabeza de Vaca, el trasfondo histórico relevante y un análisis textual de los diferentes relatos de la expedición, entre otras cosas. Constituye la fuente única más importante del presente proyecto de libro. También he confiado en su trascripción de la *Relación* de Cabeza de Vaca, publi-cada por primera vez en 1542. En relación con el arte perdido de contar historias, algunos historiadores académicos han intentado revivirlo. Para conocer un buen ejemplo, véase John Demos, *The Unredeemed Captive: A Family Store from Early America* (Nueva York: Vintage Books, 1994). En castellano, *Historia de una cautiva: de cómo Eunice Williams fue raptada por los indios mohawks, y del vano peregrinaje de su padre para recuperarla*. Madrid: Turner, 2002.

9 El declive demográfico de los pueblos indígenas que vivían al norte de Mesoamérica resulta evidente y al mismo tiempo difícil de cuantificar con precisión. Pueden encontrarse debates sensatos en Peter Gerhard, *La Frontera Norte de la Nueva España* (Ciudad de México: UNAM, 1996), 420-422, y de manera más reciente en David Frye, «The Native Peoples of Northeastern Mexico», y Susan M. Deeds, «Legacies of Resistance, Adaptation, and Tenacity: History of the Native Peoples of Northwest Mexico», ambos en *The Cambridge History of the Native Peoples of the Americas*, volumen II, parte II (Nueva York: Cambridge University Press, 2000), 89-135 y 44-88, respectivamente. Véase también Russell Thornton, «Health, Disease, and Demography», en Philip J. Deloria y Neal Salisbury, eds., *A Companion to American Indian History* (Malden, Massachusetts:

Blackwell Publishing Ltd; 2002); y Ann F. Ramenofsky, Alicia K. Wilbur, y Anne C. Stone, «Native American Disease History: Past, Present, and Future Directions», *World Archaeology* 35:2 (octubre de 2003), 241-257. Para saber sobre la demografía de lugares concretos, véase citas posteriores y el breve debate bibliográfico al final de este libro. Para poder apreciar la importancia del relato de Cabeza de Vaca, pensemos en el caso de Texas. Tras la visita temprana de Cabeza de Vaca al futuro estado de la estrella solitaria, Texas, hay paréntesis significativos. La expedición de De Soto-Moscoso pasó por el actual este de Texas en 1542. Pero tras esa breve visita, hubo que esperar más de un siglo hasta que el explorador francés René-Robert Cavelier, Sieur de La Salle, pisó Texas y nos dejó otra descripción detallada. Sobre el viaje de La Salle, véase Isaac J. Cox, ed., *The Journeys of René-Robert Cavelier, Sieur de La Salle*, 2 volúmenes. (Nueva York: A.S. Barnes and Company, 1905), pássim.

[10] William M. Denevan, «The Pristine Myth: The Landscape of the Americas in 1492», *Annals of the Association of American Geographers* 82:3 (septiembre de 1992), 369-385.

[11] Richard White fue el primero en plantear este concepto (punto intermedio o *middle ground*) en su obra oportunamente titulada *The Middle Ground: Indians, Empires, and Republics in the Great Lakes Region, 1650-1815* (Nueva York: Cambridge University Press, 1991). Desde entonces el término ha adquirido vida propia. Para conocer desarrollos más recientes —y libros de títulos similares—, véase Kathleen DuVal, *The Native Ground: Indians and Colonists in the Heart of the Continent* (Philadelphia: University of Pennsylvania Press, 2006), y Alan Taylor, *The Divided Ground: Indians. Settlers and the Northern Borderland of the American Revolution* (Nueva York: Knopf, 2006). Para conocer una retrospectiva reciente, véase «Forum: The Middle Ground Revisited», *William and Mary Quarterly* 63:1 (enero de 2006), 3-96. Para conocer una valoración comparativa de los primeros encuentros, véase Bruce G. Trigger, «Early Native North American Responses to European Contact: Romantic versus Rationalistic Interpretations», *The Journal of American History* 77:4 (marzo de 1991), 1195-1215; y Bruce G. Trigger y William R. Swagerty, «Entertaining Strangers: North America in the Sixteenth Century» en

The Cambridge History of the Native Peoples of the Americas, volumen 1, parte 1 (Nueva York: Cambridge University Press, 1996), 325-398.

Capítulo 1

1   El fraile dominico Bartolomé de las Casas pasó tiempo con Diego Velázquez tanto en La Española como en Cuba, y llegó a conocerlo bien a lo
largo de los años. Las Casas describió la personalidad de Velázquez como
sigue: «De todos los españoles que tenía a sus órdenes, él [Velázquez]
era muy apreciado y querido por su disposición alegre y su conversación
amena y cizañera como si estuviera entre muchachos indisciplinados».
Bartolomé de las Casas, *Historia de las Indias* (Ciudad de México: Fondo
de Cultura Económica, 1986), 2, 506.

2   Para saber sobre el aspecto físico de Narváez, véase Bartolomé de Las
Casas, *Historia de las Indias*, II, 525; y Bernal Díaz del Castillo, *Historia
Verdadera de la Conquista de La Nueva España*, 2 volúmenes (Ciudad de
México: Editorial Porrúa, S.A; 1977), I, 171. Para conocer un debate
sobre la edad que debía de tener Narváez, véase Adorno y Pautz, *Álvar
Núñez Cabeza de Vaca: His Account, His Life, and the Expedition of Pánfilo
de Narváez*, III; 208. Véase también Frank Goodwyn, «Pánfilo de Narváez, Carácter Study of the First Spanish Leader to Land an Expedition
to Texas», *Hispanic American Historical Review* 29:1 (febrero de 1949),
150-156. El hecho de que Velázquez y Narváez fueran de localidades
próximas (Cuéllar y Valladolid) importaba mucho en un entorno en el
que la lealtad y la confianza eran primordiales. Para conocer un debate
sobre el lugar de nacimiento de Narváez, véase Adorno y Pautz, *Álvar
Núñez Cabeza de Vaca: His Account, His Life, and the Expedition of Pánfilo
de Narváez*, III, 205-208. El hecho de que Velázquez y Narváez pudieran
haberse conocido en España sigue siendo una conjetura. Hugh Thomas
afirma que Narváez «debía de ser un amigo de la infancia del gobernador [Velázquez]» pero no ofrece más pruebas. Hugh Thomas, *Conquest:
Montezuma, Cortés, and the Fall of Old Mexico* (Nueva York: Simon and
Schuster, 1993), 354. Edición española: *La conquista de México* (Barcelona:
Planeta, 2007).

³ La historia de la conquista de Cuba debe reconstruirse a partir de un puñado de fuentes: 1) dos cartas de Diego Velázquez datadas del 1 de abril de 1514, y del 10 de agosto de 1515, ambas en la *Colección de documentos inéditos relativos al descubrimiento, conquista y organización de las antiguas posesiones españolas de América y Oceanía...*, 42 volúmenes. (Madrid, 1864-1884), XI, 412-429 (citada de aquí en adelante como CDI); 2) el relato proporcionado por Bartolomé de Las Casas en su *Historia de Indias*, así como en otros escritos; 3) los edictos reales publicados en José María Chacón y Calvo, ed., *Cedulario Cubano* (Madrid, 1929); y 4) algunas cartas del rey Fernando que aluden a Cuba, también en CDI. Véase también Hortensia Pichardo Viñals, *La fundación de las primeras villas de la isla de Cuba* (La Habana: Editorial de Ciencias Sociales, 1986), pássim, e Irene A. Wright, *The Early History of Cuba* (Nueva York: Macmillan, 1916), pássim. Ya en 1513, Velázquez recibió instrucciones para hacer la primera distribución de los indios entre sus compañeros conquistadores. La corona lo dejó en gran medida en manos de Velázquez. Véase Esteban Mira Caballos, *El indio antillano: repartimiento, encomienda y esclavitud (1492-1542)* (Sevilla: Muñoz-Moya Editor, 1997), 159-160.

⁴ Bernal Díaz del Castillo participó en las tres expediciones a Yucatán y ofrece el relato más detallado. Bernal Díaz del Castillo, *Historia verdadera de la conquista de la Nueva España*, I, 39-101. Mi información procede de Wright, *The Early History of Cuba*, 74-75; y Henry R. Wagner, *The Rise of Fernando Cortés* (Nueva York: Kraus Reprint Co., 1969), 26-27. Para saber sobre la excitación provocada en Cuba por las explicaciones ofrecidas por uno de los dos indios mayas, véase Bernaldino de Santa al secretario Francisco de los Cobos, 20 de octubre de 1517, en CDI, XI, 557.

⁵ Para saber sobre los sucesos que condujeron al nombramiento de Cortés, véanse los testimonios de Francisco de Montejo y Alonso Hernández Portocarrero en *Información recibida en La Coruña sobre la armada que Diego Velázquez dispuso para el descubrimiento de Nueva España y nombramiento de capitán general de ella a Hernán Cortés*, La Coruña, España, 29-30 de abril de 1520; y también Francisco del Paso y Troncoso, eds., *Epistolario de Nueva España, 1505-1818* (Ciudad de México: José Porrúa e Hijos, 1939), I, 44-50.

6 José Luis Martínez, *Hernán Cortés* (Ciudad de México: FCE-UNAM, 1990), 117-118.

7 Cita de Las Casas, *Historia de Las Indias*, II, 528.

8 Wagner, *The Rise of Fernando Cortés*, 27, 32; Martínez, *Hernán Cortés*, 130-131. El cronista Bernal Díaz del Castillo ofrece una versión diferente de esta despedida final. No obstante, no hay duda de que Cortés se marchó del puerto de Santiago a toda prisa, sin provisiones suficientes y en contra de la voluntad de Velázquez. Andrés de Tapia, otro participante en la expedición que posteriormente escribió una breve crónica, aporta información adicional sobre la rivalidad cada vez mayor entre Velázquez y Cortés: «Como Diego Velázquez vio que el marqués [Cortés] estaba invirtiendo generosamente su propia fortuna y alistando a más hombres de los que parecían necesarios, se volvió receloso y trató de evitar la marcha del marqués. Y así el marqués zarpó del puerto de la ciudad de Santiago, Cuba, sin tantas provisiones como necesitaba y, como hemos dicho, recorrió la isla reuniendo provisiones, barcos y hombres». Andrés de Tapia, «Chronicle», en *The Conquistadors: First-Person Accounts of the Conquest of Mexico*, editado y traducido por Patricia de Fuentes (Nueva York: Orion Press, 1963), 27.

9 Lo podemos suponer de una carta que Miguel de Pasamonte, el tesorero real que vivía en La Española, escribió al rey Fernando, como se explica en Adorno y Pautz, *Álvar Núñez Cabeza de Vaca*, III, 221-222. Para conocer los objetivos de Narváez en la corte, véase también Las Casas, *Historia de las Indias*, III, 103.

10 El nieto de Fernando y futuro monarca Carlos V es quien mejor representa esta tendencia. En su papel dual de rey de España y emperador del Sacro Imperio romano, fue a cada país de Europa occidental y visitó zonas de África, hizo once viajes por mar y pasó uno de cada cuatro días de su reinado en marcha. El día en que abdicó lo resumió todo: «Mi vida ha sido un largo viaje». Henry Kamen, *Empire: How Spain Became a World Power 1492-1763* (Nueva York: HarperCollins, 2003); edición en español: *Imperio* (Madrid: Punto de Lectura SL, 2004)]. Los grandes viajaban con familias extensas, criados y bufones. El séquito del duque de Béjar incluía a Francesillo de Zúñiga, el famoso bufón que posteriormente se uniría

al séquito del emperador Carlos V. Don Francesillo llegaría a escribir un libro único sobre la vida en la corte que describía el aspecto y la magnificencia de las distintas delegaciones y comunicaba todos los cotilleos importantes: Francesillo de Zúñiga, *Crónica burlesca del emperador Carlos V* (Barcelona: Editorial Crítica, 1981).

11 Antonio de Guevara, *Libro llamado aviso de privados y doctrina de cortesanos* (Amberes: Martij, 1545), 37. Es una fuente destacable sobre el funcionamiento de la corte.

12 Guevara, *Libro llamado aviso de privados y doctrina de cortesanos*, capítulo 12.

13 Para saber sobre la remesa de oro de Cuba, véase la relación de cartas que los oficiales reales de la isla de Cuba escribieron a Su Alteza sobre el gobierno de ella, 1515, en CDI, XI, 456. Para saber sobre la personalidad del obispo Rodríguez de Fonseca, véase Las Casas, *Historia de las Indias*, I, 333. Aunque el Consejo de Indias no se fundó formalmente hasta 1523, ya desde la época de Colón el obispo se había rodeado de algunos miembros del Consejo de Castilla que asesoraban al rey en asuntos de las posesiones españolas de ultramar y de hecho actuó como Consejo de Indias antes de que esta institución se fundara oficialmente como tal. Véase Juan Manzano, «Un documento inédito relativo a cómo funcionaba el Consejo de Indias», *Hispanic American Historical Review* 15:3 (agosto de 1935), 313-351 y Hayward Keniston, *Francisco de los Cobos, Secretario de Carlos V* (Madrid: Editorial Castalia, 1980), 44-45, 53-54. Para saber sobre el breve matrimonio de Velázquez y su vida amorosa, véase Las Casas, *Historia de las Indias*, II, 497, y III, 256, y Díaz del Castillo, *Historia verdadera de la conquista de la Nueva España*, II, 78, 88, aunque el nombre que se da a Rodríguez de Fonseca en su versión del cotilleo es el de Petronilla de Fonseca.

14 No sabemos la fecha exacta en la que Narváez se unió a la corte, pero había entregado el oro al rey Fernando en noviembre de 1515.

15 Esta es la versión más tradicional, basada en algunas fuentes principales como el «Deuxième voyage de Phillipe le Beau en Espagne en 1506», 463, tal y como se cita en Bethany Aram, *Juana the Mad: Sovereignty and Dynasty in Renaissance Europe* (Baltimore: Johns Hopkins University Press, 2005), 89; edición en español: *La reina Juana: gobierno, piedad y*

dinastía (Madrid: Marcial Pons, Ediciones de Historia S.A., 2001). Aram observa que aunque durante mucho tiempo los historiadores han utilizado el cortejo de Juana como prueba de su «amor excesivo» y «devoción loca» por su marido, había otras motivaciones de carácter terrenal en juego. Al mantener desenterrados los restos mortales de Felipe, Juana podía rechazar a los pretendientes ansiosos, ya que deseaba seguir siendo viuda. Más aún, al insistir en que volvieran a enterrar el cuerpo de Felipe en Granada, junto al de su madre, Juana «probablemente esperaba asegurarse sus derechos y los de su hijo mayor, Carlos, al reino meridional» (Aram, *Juana the Mad*, 89). Resulta especialmente fascinante la sugerencia de Aram de que el comportamiento errático de Juana podría haberse visto reforzado por una de las *Cartas* de San Jerónimo, un texto hermético que se encontraba en su biblioteca. San Jerónimo recomendaba que la viuda «sofocara el fuego de las flechas del diablo con los fríos arroyos del ayuno y la vela», y observaba que «si tienes hijo de tu segundo marido, el resultado será la guerra doméstica y las contiendas internas. No podrás amar a tus propios hijos, o cuidar amablemente de los que dieras a luz», Aram, *Juana the Mad*, 97.

[16] Laurent Vital, *Premier Voyage de Charles-Quint en Espagne, de 1517 a 1518*, en Louise-Prosper Gachard y Charles Piot, eds.; *Collection des Voyages des Souverains des Pays-Bays* (Bruselas: F. Hayez, 1881), III, 94-105. La transferencia de poder no fue perfecta. De hecho, Juana continuó como reina de Castilla de nombre hasta su muerte en 1555, y el Consejo de Castilla se opuso en un principio a la subida al trono de Carlos mientras Juana estuviera viva. Para conocer una versión de la reunión de Tordesillas, véase Vital, *Premier Voyage de Charles-Quint en Espagne*, 134-137.

[17] Narváez intentó primero negociar con el gobierno provisional que siguió a la muerte de Fernando —una regencia dirigida por el cardenal Francisco Jiménez de Cisneros—, pero lo remitieron a un nuevo tribunal de monjes jerónimos que se estaba creando en La Española. Llegado a este punto Narváez debió de decidir esperar que llegara el nuevo monarca.

[18] *Eclesiastés*, 34:21-22, tal y como la cita Benno M. Biermann, *El padre las Casas y su apostolado* (Madrid: Fundación Universitaria Española, 1986), 19.

[19] El tratamiento más completo de estos sucesos pueden encontrarse en Manuel Jiménez Fernández, *Bartolomé de Las Casas: delegado de Cisneros para la reformación de las Indias, 1516-1517,* 2 volúmenes (Sevilla: Escuela de Estudios Hispanoamericanos de Sevilla, 1953), pássim. Para saber sobre la postura de Las Casas, véase la *Representación hecha al Rey por el clérigo Bartolomé de Las Casas, en que manifiesta los agravios que sufren los indios de la isla de Cuba de los españoles.* La cita de Narváez procede del *Informe de los procuradores de la isla de Cuba, Pánfilo de Narváez y Antonio Velázquez,* 1516, ambos en CDI, VII, 5-13. Véase también Las Casas, *Historia de las Indias,* III, 117.

[20] Citas de Las Casas, *Historia de las Indias,* III, 113. Véase también Giménez Fernández, *Bartolomé de Las Casas: delegado de Cisneros para la reformación de las Indias,* Las Casas, II, 408-415.

[21] Velázquez no confió exclusivamente en Narváez, sino que también trató de conseguir el nombramiento de *adelantado* de las nuevas tierras a través de otros agentes. Envío a Gonzalo de Guzmán a España para actuar conjuntamente con Narváez.

[22] Adorno y Pautz, *Álvar Núñez Cabeza de Vaca,* III, 224. Véase también el rey Carlos a Diego Velázquez, Zaragoza, 12 de diciembre de 1518, en Francisco del Paso y Troncoso, eds., *Epistolario de Nueva España, 1505-1818* (Ciudad de México: Porrúa, 1939), I, 38.

[23] Para conocer un excelente debate sobre las instrucciones y motivaciones de Cortés, véase Richard Konetzke, «Hernán Cortés como poblador de la Nueva España», en *Lateinamerika: Entdekung, Eroberrung, Kolonisation* (Böhlau Verlag: Viena, 1983), 157-171. Para conocer las instrucciones en sí, véase «Instrucciones de Diego Velázquez a Hernán Cortés, Santiago, 23 de octubre de 1518», en José Luis Martínez, ed., *Documentos Cortesianos* (Ciudad de México: UNAM y FCE, 1990), 45-59. Para saber sobre la relación cada vez más deteriorada de Velázquez con Cortés, véase «Diego Velázquez al rey Carlos, Santiago de Cuba, 12 de octubre de 1519», en CDI, XII, 247. Adorno y Pautz observan que la confianza que depositan los historiadores modernos en fuentes favorables a Cortés ha provocado que exista una tendencia a exagerar la intensidad de las sospechas de Velázquez en relación Cortés durante gran parte de 1519, Adorno y Pautz,

Álvar Núñez Cabeza de Vaca, III, 249. La crónica de Andrés de Tapia (que hay que reconocer que es una fuente favorable a Cortés), ofrece un panorama muy verosímil: «Diego Velázquez no admitió públicamente que el marqués [Cortés] se embarcaba contra su voluntad, ni el marqués hizo público que fuera enemigo de Velázquez... por este motivo Diego Velázquez hizo que pareciera que tenía derecho a reivindicar la iniciativa del marqués, aunque en realidad no había gastado mucho dinero en ella. De hecho, cuando llegué al puerto cubano de la ciudad de Santiago y le dije a Diego Velázquez que estaba allí para servirlo y que deseaba ir en la expedición con el marqués del Valle, él me dijo: 'No sé cuáles son las intenciones de Cortés hacia mí, pero creo que son malas, porque se ha gastado todo lo que tenía y está endeudado, y ha reunido a tantos ayudantes a su servicio como si fuera uno de los nobles de España. No obstante, me agradaría que fuera en su compañía, y dado que no han pasado más de dos semanas desde que salió de este puerto pronto lo alcanzará'». Andrés de Tapia, «Chronicle», en *The Conquistadors: First-Person Accounts of the Conquest of Mexico*, 27.

24 La historia de la conquista de México se ha explicado muchas veces anteriormente. Para conocer un relato reciente y claro, incluida una descripción con pelos y señales del contacto entre Cortés y Moctezuma, véase Hugh Thomas, *Conquest*, 175-240; en español *La conquista de México* (Barcelona: Planeta, 2004).

25 Para conocer un inventario detallado, véase Pietro Martire d'Anghiera (o Pedro Mártir de Anglería), *Décadas del Nuevo Mundo*, 2 volúmenes (Ciudad de México: Porrúa e Hijos, 1964), I, 425-431. La expedición de Cortés había recopilado estos objetos variados de los mayas de Cozumel y Yucatán, a lo largo del golfo de México, de los totonacos y de los aztecas. Había una cantidad impresionante. Pero las miradas educadas de Europa también detectaron que había sensibilidad artística y una destreza soberbia. El reconocido pintor y grabador Alberto Durero vio el regalo de Cortés el 27 de agosto de 1520 en Bruselas. El lote entero se había recibido en Sevilla, enviado después a Valladolid, y desde allí había viajado con el rey Carlos y su corte pasando por Inglaterra a los Países Bajos, donde Durero lo vio. En su diario, escribió: «He visto las

cosas que han traído al rey de las nuevas tierras de oro: un sol todo de oro, de una braza entera de ancho, y una luna también, de plata, del mismo tamaño, y también dos salas llenas de armaduras, y la gente de allí con toda clase de armas maravillosas, arneses, dardos, escudos increíbles, ropa extraordinaria, camas y toda clase de cosas maravillosas para uso humano, mucho más agradables de mirar que los prodigios. Estas cosas son todas tan preciosas que están valoradas en 100.000 florines, y en todos los días de mi vida no he visto nada que me llegue al corazón tanto como éstas, porque entre ellas he visto cosas increíblemente artísticas y he admirado el ingenio sutil de los hombres en tierras extranjeras». Roger Fry, ed., *Dürer's Records of Journeys to Venice and the Low Countries* (Nueva York: Dover Publications, 1995), 47-48. Pietro Martire d'Anghiera, un italiano vinculado a la corte española y miembro del Consejo de Indias, quedó impresionado de manera similar con los magníficos objetos indios que vio en Valladolid: «Lo cierto es que lo que más admiro no es el oro ni las piedras preciosas, lo que más me deslumbra es la destreza y el esfuerzo para que estas obras de arte trasciendan sus materiales». Mártir de Anglería, *Décadas del Nuevo Mundo*, I, 430. El rey Carlos también estaba encantado. Como siempre andaba corto de dinero, acabó haciendo que fundieran las piezas de oro y las convirtió en monedas... una medida que ha horrorizado a los historiadores del arte y arqueólogos hasta la actualidad. Para saber sobre el destino del regalo a Cortés, véase Martínez, *Hernán Cortés*, 187-188, y Thomas, *Conquest*, 353.

[26] Véase las instrucciones de Hernán Cortés a los procuradores Francisco de Montejo y Alonso Hernández Portocarrero enviados a España, Veracruz, principios de julio de 1519, en *Documentos Cortesianos*, editado por José Luis Martínez (Ciudad de México: UNAM y FCE, 1990), 77-90. La narrativa posterior se basa principalmente en Wagner, *The Rise of Fernando Cortés*, capítulo 8; José Luis Martínez, *Hernán Cortés*, capítulo 7; Adorno y Pautz, *Álvar Núñez Cabeza de Vaca*, III, 247-263; y Bernal Díaz del Castillo, *Historia verdadera de la conquista de la Nueva España*, I, capítulos 109-123.

[27] El testigo en cuestión fue un tal Franciso Pérez. Calculó que los objetos debían de valer entre 270.000 y 300.000 castellanos. Véase Juan de Rojas,

11 de septiembre de 1519, en CDI, XII, 155-160; y Diego Velázquez al rey Carlos I, 12 de octubre de 1519, en CDI, XII, 248.

28 Para saber sobre los sucesos en torno a los preparativos de esta flota, véase sobre todo «Diego Velázquez al obispo Juan Rodríguez de Fonseca, Santiago de Cuba, 12 de octubre de 1519», en *Documentos Cortesianos*, 91-94.

29 Hay que señalar que una epidemia de viruela asoló Cuba en aquella época. Puede que Velázquez se quedara en la isla guiado por el sentido de la responsabilidad. Véase Thomas, *Conquest*, 340. La cita de Narváez aparece en Francisco Cervantes de Salazar, *Crónica de la Nueva España* (Ciudad de México: Editorial Porrúa, 1982), 388.

30 Wagner, *The Rise of Fernando Cortés*, 270-271.

31 La fuente original dice en realidad que volcaron seis barcos, pero por el contexto (y el hecho de que solo se ahogaron cuarenta hombres), debió de querer decir que seis barcos sufrieron daños y solo uno volcó. Véase Thomas, *Conquest*, 360.

32 Robert S. Weddle, *Spanish Sea: The Gulf of Mexico in North American Discovery, 1500-1685* (College Station: Texas A&M University Press, 1985), 118.

33 Para saber sobre los vigías aztecas, véase Thomas, *Conquest*, 364.

34 Wagner, *The Rise of Fernando Cortés*, 270.

35 Thomas, *Conquest*, 361-362.

36 Díaz del Castillo, *Historia Verdadera*, I, 335. Uno de los cuatro desertores era el antiguo bufón de Diego Velázquez, un hombre al que se referían como Cervantes *el chocarrero* (el grosero o vulgar). Con mayor dramatismo, espetó a su nuevo benefactor: «¡Oh Narváez, Narváez, bendito seas, y qué oportuna tu llegada!». Citado en Díaz del Castillo, *Historia Verdadera*, I, 335.

37 La amistad entre Narváez y Tlacochcalcatl no estaba exenta de ambigüedades. De hecho, Narváez confiscó los bienes españoles que Cortés había dejado en Cempoala el año anterior. Tlacochcalcatl protestó y temió la reacción de Cortés. Pero aun así seguía alimentando al ejército de Narváez y aceptaba su presencia en Cempoala. Una fuente especialmente buena e infrautilizada sobre la expedición de Narváez a México es la *Crónica de la Nueva España* de Cervantes de Salazar. La escribió más de tres décadas

después de que sucedieran los hechos, pero entre sus informantes debió de haber miembros del grupo de Narváez. Cervantes de Salazar recrea diálogos verosímiles entre Narváez y el *licenciado* Vázquez de Ayllón o, en este caso, entre Narváez y el cacique de Cempoala. Cervantes de Salazar, *Crónica de la Nueva España*, 391-392.

38 Para saber sobre estos sucesos, véase Díaz del Castillo, *Historia Verdadera*, I, 352-355. Véase también «Infomación promovida por Diego Velázquez contra Hernán Cortés», Santiago, Cuba, 28 de junio-6 de julio de 1521, en *Documentos Cortesianos*, I, 198-199, y Thomas, *Conquest*, 374-375.

39 Thomas, *Conquest*, 368, 372.

40 Thomas, *Conquest*, 377, y Díaz del Castillo, *Historia Verdadera*, I, 364-365.

41 Los hombres de Cortés habían recibido estas picas largas de los chinantecos. Bernal Díaz del Castillo fue testigo presencial de esta batalla y probablemente sea nuestra mejor fuente. Mi descripción se basa en gran medida en su relato. Díaz del Castillo, *Historia Verdadera*, 355-373.

42 La cita de Narváez procede de Díaz del Castillo, *Historia Verdadera*, 371.

43 El miembro del Consejo e historiador Martire d'Anghiera entrevistó más tarde a algunos de los participantes en la batalla de Cempoala. De manera un tanto críptica, señaló que había muchos rumores, pero que un día se sabría cómo un grupo pequeño, no obstante audaz y decidido, había logrado derrotar a una fuerza mucho mayor. Obviamente, se refería a la maraña de sobornos e intrigas que precedieron a la batalla. Las pocas pruebas elementales que poseemos sugieren que lo que más les sirvió fue el impresionante talento negociador de Cortés. Martire d'Arghiera sospechaba que la lucha había sido bastante limitada. Martire d'Anghiera, *Décadas del Nuevo Mundo*, II, 490.

44 El testigo ocular fue Alonso Pérez de Zamora, citado en Adorno y Pautz, *Álvar Núñez Cabeza de Vaca*, III, 257. Sobre el intento fallido de huida véase «Probanza sobre la fuga que intentaba Pánfilo de Narváez, preso en la Villa-Rica por orden de Hernando Cortés», 10-16 de febrero de 1521, en CDI, XXVI, 287-297.

45 Cita de Díaz del Castillo, *Historia Verdadera*, II, 79. Adorno y Pautz comentan algo muy importante, y es que Díaz del Castillo no pudo haber presenciado este encuentro, y por lo tanto su explicación debió de elabo-

rarse a partir de habladurías, por lo que no hay que tomársela al pie de la letra. Adorno y Pautz, *Álvar Núñez Cabeza de Vaca*, II, 4.

[46] Copia del Testamento de Diego Velázquez, Santiago, Cuba, 9 de abril de 1524, en *Epistolario de Nueva España*, I, 67.

[47] Pánfilo de Narváez explicó la historia de cómo su mujer había intentado salvarlo de Cortés al también conquistador e historiador Gonzalo Fernández de Oviedo y Valdés en 1525. *Informe Conjunto*, 87.

[48] Oviedo conoció a Narváez en Toledo en algún momento de 1525 o 1526 y lo exhortó a volver a casa. *Informe Conjunto*, 87.

Capítulo 2

[1] Cita de Pablo E. Pérez-Mallaína, *Spain's Men of the Sea: Daily Life on the Indies Fleets in the Sixteenth Century* (Baltimore: Johns Hopkins University Press, 1998), 1. En español, *Los hombres del océano* (Sevilla: Diputación Provincial de Sevilla, Servicio de Publicaciones, 1992).

[2] Mi descripción de Sevilla como centro marítimo se basa en María del Carmen Mena García, *Sevilla y las flotas de Indias: La Gran Armada de Castilla del Oro (1513-1514)* (Sevilla: Universidad de Sevilla/Fundación El Monte, 1998); Pérez-Mallaína, *Spain's Men of the Sea*; Eduardo Trueba, *Sevilla marítima (siglo XVI)*, 2ª edición (Sevilla: Padilla Libros, 1990); y Clarence H. Haring, *Trade and Navigation Between Spain and the Indies in the Times of the Hapsburgs* (Mansfield Centre, Connecticut: Martino Publishing, 2004). El cálculo del promedio de vida de una nave corresponde al siglo XVI y la ofrece Pero Veitia Linaje, un miembro de la Casa de Comercio que es de suponer que debía de conocer bien semejantes estadísticas náuticas (Mena García, *Sevilla y las flotas de Indias*, 263). El tema de las medidas resulta especialmente complicado ya que proliferaban los términos al respecto: *toneles de Vizcaya, salmas de trigo, barricas, sacas de lana, cahices de sal*, etcétera. A principios del siglo XVI, los términos *tonelada* y *tonel* se usaban indistintamente en Sevilla. Un *tonel* correspondía a dos *pipas* llenas de agua o vino, que equivalían a 55 *arrobas* u 887 litros de agua, que se acerca a nuestra tonelada moderna del sistema métrico decimal. Véase Mena García, *Sevilla y las flotas de Indias*, 243-244, y True-

ba, *Sevilla marítima*, 68. Había una grúa pequeña sobre una plataforma de piedra en la base de la famosa Torre del Oro, que se había utilizado para levantar grandes bloques de piedra en el siglo anterior, pero que no resultaba precisamente útil teniendo en cuenta el volumen considerable de transporte que había en Sevilla. Por el contrario, Amberes alardeaba de tener siete embarcaderos y al menos tres grúas, mientras que el Londres de la segunda mitad del siglo XVI poseía por lo menos siete u ocho grúas. Pérez-Mallaína, *Spain's Men of the Sea*, 5-6.

³ Pérez-Mallaína, *Spain's Men of the Sea*, 5.

⁴ Para conocer un debate sobre los datos demográficos de Sevilla por distritos, véase Ruth Pike, *Aristocratsand Traders: Sevillian Society in the Sixteenth Century* (Ithaca, Nueva York: Cornell University Press, 1973), capítulo 1. Véase también Pérez-Mallaína, *Spain's Men of the Sea*, 15-16. La cita procede de Miguel de Cervantes, «El coloquio de los perros» en *Novelas ejemplares*, citado en Pike, *Aristocrats and Traders*, 17. Los personajes proceden de una de las *Novelas ejemplares* de Cervantes titulada precisamente *Cortadillo y Rinconete* (Madrid: Edimat Libros, S.A; 2004), 99-123 y también se menciona en Pérez-Mallaína, *Spain's Men of the Sea*, 27.

⁵ Para saber sobre las campañas de expansión territorial de Cortés, véase Martínez, *Hernán Cortés*, 348-358; y Adorno y Pautz, *Álvar Núñez Cabeza de Vaca*, III, 298-302.

⁶ La primera cita del párrafo procede de la primera petición de Pánfilo de Narváez al emperador Carlos V, Toledo, 1525, en CDI, X, 40. Para conocer una explicación más completa del significado geográfico de los lugares mencionados, véase más adelante en el capítulo. La segunda cita procede de la tercera petición de Narváez, sin lugar, sin fecha, CDI, X, 46. En una segunda petición, y en oposición a la legislación introducida hacía muy poco pensada para proteger a los nativos americanos, Narváez volvía a afirmar su derecho a esclavizar a aquellos indios que «insistieran en rebelarse aun después de repetidas advertencias». Segunda petición, sin lugar, sin fecha, CDI, X, 41. Narváez pudo haber elaborado esta petición en la época en la que la corona introdujo un conjunto de ordenanzas nuevas que regulaban la esclavitud india, que se proclamaron en noviembre de 1526.

[7] La cédula de Narváez fue firmada de hecho por Francisco de los Cobos, un poderoso secretario y antiguo aliado del obispo Rodríguez de Fonseca (que tal y como se ha comentado había fallecido en 1524), y por lo tanto debía de estar bien dispuesto hacia Narváez. Para conocer un debate legal completo sobre estas cédulas, véase Milagros del Vas Mingo, *Las Capitulaciones de Indias en el siglo XVI* (Madrid: Instituto de Cooperación Iberoamericana, 1986), pássim.

[8] Para saber sobre los problemas con la harina, véase Archivo General de Indias (de aquí en adelante AGI) Justicia 1159 R. 2/1527-28, y AGI Indiferente 421, L, 12, f67r-67v.

[9] Cita de la Real Cédula a los oficiales de la Casa de Contratación, Madrid, 28 de diciembre de 1514, en Mena García, *Sevilla y las flotas de Indias*, 185. La escasez de pilotos expertos no era nada nuevo. Véase Mena García, *Sevilla y las flotas de Indias*, 45-46.

[10] Para saber sobre el paradero y las actividades de Narváez en esta época, véase Adorno y Pautz, *Álvar Núñez Cabeza de Vaca*, II, 5-27. Hacer que un pregonero anunciara una incursión colonizadora y llevar a cabo el reclutamiento en los escalones de la catedral eran procedimientos estándar. La extensa flota de Pedraria Dávila para Castilla del Oro se organizó de esta manera. Mena García, *Sevilla y las flotas de Indias*, 49-50.

[11] Estos fragmentos de información proceden de fuentes variadas. Para saber sobre Pedro Lunel, véase la Real cédula a Pedro Lunel para que pueda pasar cuatro esclavos negros, Valladolid, 29 de marzo de 1527, en Indiferente 421, L. 12, F50-v-51r en el AGI; para saber sobre Mari Hernández y Francisco de Quevedo, véase Mari Hernández al virrey de Nueva España, Toledo, 2 de agosto de 1539, en México 1088, L. 3/1/256 r y v en AGI; para saber sobre Doroteo Teodoro, véase Cabeza de Vaca, *Relación de 1542*, I, 72, 78; para saber sobre don Pedro, véase Cabeza de Vaca, *Relación de 1542*, 66; para saber sobre Juan Velázquez de Salazar, véase «Título de regidor del primero pueblo que descubriese y poblase Pánfilo de Narváez», s.l., 1527, en Patronato 19, R. 1/1/12-14 en el AGI; para saber sobre Hernando de Esquivel, véase «Relación de la Florida» (investigación llevada a cabo por Vicente de Zaldívar en nombre Juan de Oñate), Ciudad de México, sin fecha, Patronato 19, R 33/1/1-8 en el AGI.

¹² Narváez había tenido libertad para reclutar a cualquiera «dentro de nuestros reinos», así como «del exterior», una cláusula desconcertante teniendo en cuenta la política general de la Corona de mantener a los rivales de España alejados de las Indias. Pero los marineros extranjeros representaban un porcentaje sustancial de las primeras tripulaciones. Para conocer un precedente instructivo, véase Mena García, *Sevilla y las flotas de Indias*, 147-155. Para conocer un debate sobre los significados posibles de la frase citada en el párrafo, véase Adorno y Pautz, *Álvar Núñez Cabeza de Vaca*, II, 16-18.

¹³ Para saber sobre la composición social de las primeras expediciones, véase Bernard Grunberg, *L'Univers des Conquistadores: Les hommes et leur conquête dans le Mexique du XVIe siècle* (París: L'Harmattan, 1993), 45-47; James Lockhart, *The Men of Cajamarca: A Social and Biographical Study of the First Conquerors of Peru* (Austin: University of Texas Press, 1973), 37-39, y James Lockhart y Stuart B. Schwartz, *Early Latin America: A History of Colonial Spanish America and Brazil* (Nueva York: Cambridge University Press, 1983), 80. Este último, en español: *América Latina en la edad moderna: una historia de la América española y el Brasil coloniales* (Madrid: Akal, 1992).

¹⁴ Para conocer un debate detallado sobre la edad de Cabeza de Vaca tal y como puede deducirse al relacionar varias fuentes y determinar el significado preciso de términos como *tutela* y *fideicomiso* véase Adorno y Pautz, *Álvar Núñez Cabeza de Vaca*, I, 343-346. No tenemos ninguna descripción explícita de su aspecto, pero puede deducirse de pistas ocasionales que contiene la *Relación*. Un genealogista del siglo XVII la denomina la «antigua y noble casa de Cabeza de Vaca». Véase José Pellicer de Ossau Salas y Tovar, citado en Adorno y Pautz, *Álvar Núñez Cabeza de Vaca*, I, 319. Al llegar al siglo XVI, la familia de Cabeza de Vaca se había dividido en varias ramas, no todas del mismo estatus. Por ejemplo, el linaje de Cabeza de Vaca que vivía en la ciudad de Zamora pertenecía al círculo exclusivo de la nobleza con título. Hacía generaciones que eran señores de Arenillas y, a través del matrimonio, estaban emparentados con los marqueses de Flores-Dávila. Por el contrario, la rama andaluza de la casa de Cabeza de Vaca, a la que pertenecía Álvar, representaba solo a la nobleza media o baja y como tal

sin título. Adorno y Pautz han escrito el tratamiento más completo de la genealogía de Álvar, *Álvar Núñez Cabeza de Vaca*, I, 319, y de manera más general I, 295-340. Para saber sobre el papel de Luis Cabeza de Vaca en la corte española, véase Hayward Keniston, *Francisco de los Cobos: Secretario de Carlos V*, 25, y Adorno y Pautz, *Álvar Núñez Cabeza de Vaca*, I, 323. Luis Cabeza de Vaca también fue miembro del Consejo de Indias en la década de 1520. Para saber sobre la importancia de las islas Canarias como antecedente de la exploración y conquista del Nuevo Mundo, véase Felipe Fernández-Armesto, *The Canary Islands after the Conquest* (Oxford: Oxford University Press, 1982) y también del mismo autor *Before Columbus: Exploration and Colonisation from the Mediterranean to the Atlantic, 1229-1492* (Londres: Macmillan, 1987), 207-212; en español: *Antes de Colón* (Madrid: Cátedra, 1993). Para saber sobre la relación entre Cabeza de Vaca y su ilustre abuelo, véase Hipólito Sancho de Sopranis, «Datos para el estudio de Álvar Núñez Cabeza de Vaca», *Revista de Indias* 8 (1947), 81. Véase también Adorno y Pautz, *Álvar Núñez Cabeza de Vaca*, I, 329-333.

[15] Para conocer detalles biográficos variados, véase Sancho de Sopranis, «Datos para el estudio de Álvar Núñez Cabeza de Vaca», 90. Adorno y Pautz afirman que Álvar empezó el servicio en la casa de Medina Sidonia ya en 1503, antes de la muerte de sus padres, y también señalan que otros miembros de la familia Cabeza de Vaca estaban al servicio del duque, Adorno y Pautz, *Álvar Núñez Cabeza de Vaca*, I, 351. Para conocer un tratamiento general del movimiento comunero, véase Stephen Haliczer, *The Comuneros of Castile: The Forging of a Revolution, 1475-1521* (Madison: University of Wisconsin Press, 1981). Para saber sobre las actividades de Cabeza de Vaca en la revuelta comunera y su matrimonio con María Marmolejo, véase Adorno y Pautz, *Álvar Núñez Cabeza de Vaca*, I, 359-360, 366-369.

[16] De hecho, había tres oficiales de la tesorería real. Cabeza de Vaca era el tesorero principal, Alonso Enríquez era el interventor, y Alonso de Solís era el factor e inspector de minas.

[17] Sabemos que Cabeza de Vaca recibió su nombramiento en Valladolid el 15 de febrero de 1527, durante un periodo en el que el emperador Carlos V recibía a la corte allí. Narváez no podría haber estado presente,

ya que seguramente estaba en Sevilla en aquella época. Por ejemplo, el 19 de febrero de 1527 Narváez hizo que le prepararan un poder notarial. Adorno y Pautz, *Álvar Nuñez Cabeza de Vaca*, II, 26.

18 Véase Adorno y Pautz, *Álvar Núñez Cabeza de Vaca*, II, 408, y Baltasar Dorantes de Carranza, *Sumaria relación de las cosas de la Nueva España* (Ciudad de México: Imprenta del Museo Nacional, 1902), 266. Adorno y Pautz también señalan que Dorantes fue nombrado concejal de la primera población fundada en Florida, Adorno y Pautz, *Álvar Núñez Cabeza de Vaca*, II, 409.

19 La frase procede de una de los testigos de la *probanza* (investigación) de Alonso del Castillo realizada de 1547. Citado en Adorno y Pautz, *Álvar Núñez Cabeza de Vaca*, II, 423. Para saber sobre el pasado de Castillo, véase Adorno y Pautz, *Álvar Núñez Cabeza de Vaca*, II, 422-427.

20 Véase real cédula a fray Juan Suárez, Burgos, 15 de febrero de 1528, L. 13/1/131 (60r) en el AGI. Fray Juan de Palos se menciona en la *Relación de 1542*, I, 46.

21 Richard Konetzke, «La emigración de mujeres españolas a América durante la época colonial», en *Lateinamerika: Entdeckung, Eroberung, Kolonisation* (Böhlau Verlag: Viena, 1983), 1-28.

22 La cita es del embajador Andrés Navagero en Pérez-Mallaína, *Spain's Men of the Sea*, 18. Para saber sobre las trabajadoras en Sevilla, véase también Konetzke, «La emigración de mujeres españolas a América durante la época colonial», 13.

23 Para saber sobre las mujeres de la expedición de Narváez, véase Grunberg, *L'Univers des Conquistadores*, 37-39. Para saber sobre la expedición a Florida, véase Cabeza de Vaca, *Relación de 1542*, I, 272. No está claro si las diez mujeres salieron de España o algunas embarcaron en el Caribe.

24 Leo Africanus, *The History and Description of Africa*, 3 volúmenes (Londres: Hakluyt Society, 1896), II, 293, 379-381; en español, *Descripción general del África y de las cosas peregrinas que allí hay* (Granada: Fundación El Legado Andalusí, 2004. Se publicó por primera vez en Italia en 1526, el año antes de la salida de la expedición.

25 Para saber sobre la ocupación portuguesa de Azamor, veáse David Lopes, *A Expansão em Marrocos* (Lisboa: Editorial Teorema, s.f.), 31-40.

[26] Adorno y Pautz proporcionan un análisis detallado del origen étnico y cultural de Estebanico en *Álvar Núñez Cabeza de Vaca*, II, 414-422. La interpretación que se ofrece en estas páginas añade unos cuantos elementos basados en los esclarecedores trabajos de Aurelia Martín Casares, *La esclavitud en la Granada del siglo XVI: género, raza y religión* (Granada: Universidad de Granada y Diputación Provincial de Granada, 2000), sobre todo 167-173, y Alfonso Franco Silva, *La esclavitud en Andalucía, 1450-1550* (Granada: Universidad de Granada, 1992).

[27] Matthew Restall, «Black Conquistadors: Armed Africans in Early Spanish America», *Americas 57:2* (octubre de 2000), 171-205, y Peter Gerhard, «A Black Conquistador in Mexico» en *Slavery and Beyond: The African Impact on Latin America and the Caribbean* (Wilmington: SR Books, 1995), 1-9.

[28] Asumo que la expedición de Narváez siguió la ruta habitual, ya que no hay documentación concreta sobre esta fase del viaje. Para saber sobre la navegación del Guadalquivir, véase Pérez-Mallaína, *Spain's Men of the Sea*, 8-9, y Trueba, *Sevilla marítima*, 35-38.

[29] Pérez-Mallaína, *Spain's Men of the Sea*, 8.

[30] La cita procede de Diego García de Palacio, *Instrucción náutica para navegar* (Madrid: Instituto de Cultura Hispánica, 1944), III, 112. Este tratado se publicó originariamente en 1587. Véase también Antonio de Guevara, *Arte de marear y de los inventores della con muchos avisos para los que navegan en ellas* (Valladolid, 1539), sobre todo los capítulos 5 y 6.

[31] Oviedo, *Historia General y Natural de las Indias*, libro 2, capítulo 9.

[32] Estas dimensiones corresponden a una *nao* (un tipo particular de barco) de 106 toneladas, según las regulaciones de la Casa de Contratación. Naturalmente, había distintos tamaños. Además, el tonelaje tendió a incrementarse en el transcurso del siglo. Para saber sobre el aumento del tonelaje véase Pérez-Mallaína, *Spain's Men of the Sea*, 130; para saber sobre las fuentes de mi descripción del hacinamiento a bordo, véase Pérez-Mallaína, *Spain's Men of the Sea*, 131-140. Respecto a comer a bordo, véase Pérez-Mallaína, *Spain's Men of the Sea*, 132-133; Guevara, *Arte de marear*, 263; y sobre todo Mena García, *Sevilla y las flotas de Indias*, 409-425.

³³ Cita de Mena García, *Sevilla y las flotas de Indias*, 425. Para saber sobre la organización para dormir y comer, véase Pérez-Mallaína, *Spain's Men of the Sea*, 140-143, y Guevara, *Arte de marear*, 259-260.

³⁴ Eugenio Salazar, *La mar descrita por los mareados* (1573), 287-288, citado en Pérez-Mallaína, *Spain's Men of the Sea*, 143.

³⁵ Guevara, *Arte de marear*, 262-263.

³⁶ Cabeza de Vaca, *Relación de 1542*, I, 22.

³⁷ Ibid.

³⁸ Primera petición de Pánfilo de Narváez al emperador Carlos V, Toledo, 1525, en CDI, X, 41.

³⁹ Cita de la Relación del Bachiller Alonso de Parada, Valladolid, 2 de julio de 1527, en CDI, XL, 266. Adorno y Pautz calculan que este informe se redactó a principios de 1525. Véase también *Álvar Núñez Cabeza de Vaca*, II, 47. La despoblación de las islas del Caribe, incluidas algunas regiones de La Española, era un fenómeno real. Véase los *licenciados* Espinoza y Suazo al emperador Carlos V, Santo Domingo, 30 de marzo de 1528, en *Santo Domingo en los Manuscritos de Juan Bautista Muñoz* (Santo Domingo: Ediciones Fundación García Arévalo, Inc., 1981), 277-290. Adorno y Pautz señalan más adelante que La Española luchaba contra el descenso de la población india y, en la época de la llegada de Narváez, aún se estaba recuperando de los efectos de un huracán y de una revuelta india, Adorno y Pautz, *Álvar Núñez Cabeza de Vaca*, II, 48. A pesar de estos problemas, las fuentes presentan una imagen económica favorable de La Española. La narrativa histórica dominante que enfatiza el declive generalizado de las islas del Caribe tras las conquistas continentales de España ha impedido a los eruditos apreciar en detalle la prosperidad y efervescencia de la economía de La Española durante gran parte del siglo XVI.

⁴⁰ Los miembros de la expedición de Florida tenían pruebas tangibles. Unos pocos días después de su llegada, un tesorero real de La Española envió a España una gran remesa de 21.706 pesos en oro así como «504 marcos [unas 255 libras] de perlas comunes y otro lote de las redondas», Pasamonte, Juan de Ampiés y Fernando Caballero al emperador Carlos V, Santo Domingo, 12 de septiembre de 1527, Patronato 174, R.33, AGI. Para conocer una investigación moderna, véase Aldemaro Romero et al.,

«Cubagua's Pearl-Oyster Beds: The First Depletion of a Natural Resource Caused by Europeans in the American Continent», *Journal of Political Ecology 6* (1999), 57-78.

[41] Se habían producido intentos previos de establecer molinos de azúcar en La Española en 1505 o 1506, pero la instalación de Vellosa fue la primera en tener éxito. Véase Las Casas, *Historia de las Indias*, III, 273-276; Oviedo, *Historia general y natural de las Indias*, I, 106, 111; Relación del Bachiller Parada, CDI, XL, 262, y para conocer el contexto más amplio, véase Sydney W. Mintz, *Sweetness and Power: The Place of Sugar in Modern History* (Nueva York: Penguin, 1985), 32-35.

[42] La reina Isabel (no confundirla con la hermana de Carlos, Isabel) a Vasco Porcallo, Madrid, 22 de diciembre de 1529, en AGI Santo Domingo 1121, L, 1 f. 13v. Resulta fácil determinar la importancia de Vasco Porcallo. Cuando Diego Velázquez había buscado socios con los que explorar conjuntamente México a finales de la década de 1510, Vasco Porcallo, junto con Cortés y luego Narváez, había sido uno de sus principales candidatos. Para tener información adicional sobre la bibliografía de Vasco Porcallo véase Adorno y Pautz, *Álvar Núñez Cabeza de Vaca*, II, 48-51. Véase también Cabeza de Vaca, *Relación de 1542*, I, 24.

[43] National Oceanic and Atmospheric Administration, *Hurricane Basics* (Washington DC: U.S. Department of Commerce, 1999), y Jay Barnes, *Florida's Hurricane History* (Chapel Hill: University of North Carolina Press, 1998), 6-9, 17.

[44] Está claro que Cabeza de Vaca adopta un tono de disculpa al llegar a este punto del relato. Recalca su reticencia a abandonar los barcos y señala que solo lo hizo cuando la tripulación le exhortó a hacerlo para acelerar el traslado de provisiones.

[45] Barnes, *Florida's Hurricane History*, 6, 40. Véase también Louis A. Pérez Jr; *Winds of Change: Hurricanes and the Transformation of Nineteenth-Century Cuba* (Chapel Hill: University of North Carolina Press, 2001).

[46] Cabeza de Vaca, *Relación de 1542*, I, 28.

[47] La primera cita procede de fray Ramón Pané, *An Account of the Antiquities of the Indians* (Durham: Duke University Press, 1999), 29. La segunda cita procede de Oviedo, *Historia general y natural de las Indias*, I, 147.

⁴⁸ Cabeza de Vaca informó diligentemente de la pérdida al emperador el 28 de noviembre de 1527. Véase Real cédula a Álvar Núñez Cabeza de Vaca, Madrid, 27 de marzo de 1528, en AGI Indiferente, 421, L. 13, 1, 520.

Capítulo 3

¹ Cita de Cabeza de Vaca, *Relación de 1542*, 30. La segunda cita procede de Alonso de Chaves, *Espejo de Navegantes*, reproducida en Mena García, *Sevilla y las flotas de Indias*, 182.

² Quiero expresar mi gratitud a Kevin Boothby, el único amigo que tengo que realmente ha recorrido el mundo movido solamente por el viento y sin GPS la mayor parte del tiempo. Kevin tuvo la gentileza de leer este capítulo y aportó sugerencias muy pensadas sobre los temas de navegación. Para saber sobre los salarios de los pilotos, véase Pérez-Mallaína, *Spain's Men of the Sea*, 122.

³ Narváez soñaba con reclutar a Antón de Alamitos, el piloto que casi sin ayuda de nadie había desentrañado los secretos de la navegación por la costa del golfo de México. Alaminos había guiado la expedición del descubrimiento de Florida de Ponce de León en 1513. También había sido el práctico principal en *las tres* expediciones financiadas por Diego Velázquez que culminaron en los descubrimientos de Yucatán y la costa de México a finales de la década de 1510. Ningún otro piloto poseía un conocimiento tan completo de toda la costa de Yucatán y Florida como Alamino. Pero a su pesar no estaba disponible. Seguramente había otros pilotos familiarizados con partes de la costa del golfo. Para saber sobre la carrera de Alamino, véase Weddle, *Spanish Sea*, 40-41, 56, 96-97, y Adorno y Pautz, *Álvar Núñez Cabeza de Vaca*, III, 214-221, 237-239, 245-246. Donald E. Chipman señala que España carecía de un sistema centralizado (o por lo menos organizado) para guardar y distribuir la información geográfica del Nuevo Mundo. Por ejemplo, el mapa de Pineda de 1519 establecía que Florida era una península. Pero no parece que la Casa de Contratación lo supiera durante la década de 1520. Se da una situación similar en relación al carácter peninsular de Baja California. Donald E. Chipman, comunicación personal.

⁴ Cita de Cabeza de Vaca, *Relación de 1542*, 30-32. Es posible que Miruelo hubiera pilotado un barco que se encontró Ponce de León cuando volvía de Florida en 1513. También se cita a un tal «Diego Fernández de Mirnedo» como piloto principal de la expedición de 1523 que en realidad descubrió el río de las Palmas y puede que fuera el mismo individuo. Escritores de la época como El Inca Garcilaso y Andrés González de Barcia no ayudaron a desvelar la identidad de Diego Miruelo, ya que hicieron suposiciones injustificadas, cometieron errores y se inventaron información descaradamente. Véase el debate en Adorno y Pautz, *Álvar Núñez Cabeza de Vaca*, II, 62-69.

⁵ Para saber sobre las actividades esclavistas en las Bahamas, Florida y más al norte, véase Paul A. Hoffman, «A New Voyage of North American Discovery: Pedro de Salazar's Visit to the 'Island of Giants'», *Florida Historical Quarterly* 58:4 (abril de 1980), 415-426, y *A New Andalusia and a Way to the Orient: The American Southwest during the Sixteenth Century* (Baton Rouge: Louisiana State University Press, 1990), sobre todo la primera parte.

⁶ Una serie de calamidades impidieron que Ponce de León pusiera en marcha otra expedición a Florida hasta al cabo de ocho años. Y el destino quiso que muriera al segundo intento. Esto es lo que escribe Oviedo sobre Ponce de León y la *fuente de la juventud*: «Juan Ponce salió con dos carabelas a descubrir las islas de Birmini en el cuadrante norte, y luego se extendió la fábula sobre la fuente que convertía a los viejos en jóvenes». Oviedo, *Historia general y natural de las Indias*, II, 103. Sin embargo, no hay pruebas directas que indiquen que *el propio* Ponce de León pensara que estaba buscando la *fuente de la juventud*. Véase Douglas T. Peck, «Anatomy of an Historical Fantasy: The Ponce de León-Fountain of Youth Legend», *Revista de Historia de América*, 123 (1998). Para conocer una descripción detallada de las proezas de Ponce de León y los mitos que rodearon a la exploración del Nuevo Mundo, véase Juan Gil, *Mitos y utopías del descubrimiento* (Madrid: Editorial Alianza, 1989), I, 24-56, 251-269. Para saber sobre el viaje de Ponce de León, véase también Weddle, *Spanish Sea*, 38-42, y Douglas T. Peck, «Reconstruction and Analysis of the 1513 Discovery Voyage of Juan Ponce de León», *Florida Historical Quarterly* 71:2 (1992), 133-154.

7 Para saber sobre la identidad del río de las Palmas, véase Donald E. Chipman, «Alonso Alvarez de Pineda and the Rio de las Palmas: Scholars and the Mislocation of a River», *Southwestern Historical Quarterly* 98:3 (enero de 1995), y Donald E.Chipman, *Nuño de Guzmán and the Province of Pánuco in New Spain, 1518-1533* (Glendale, California: Arthur H. Clark Company, 1967), pássim. Para conocer testimonios explícitos sobre la esclavitud en Santisteban del Puerto, véase «Información que hizo la villa de Santisteban del Puerto sobre la conveniencia de enviar esclavos a las islas para cambiarlos por caballos, yeguas y otros ganados, Santisteban del Puerto», 9 de octubre de 1529, en *Epistolario de Nueva España*, I, 153-166. Véase también Weddle, *Spanish Sea*, capítulo 6, y Adorno y Pautz, *Álvar Núñez Cabeza de Vaca*, III, 278-281.

8 La cita de Cortés procede de su carta a Carlos V, Coyoacán, 15 de mayo de 1522, en Martínez, *Documentos Cortesianos*, I, 231. El informe geográfico está incluido en la Carta de Don Luis de Cárdenas sobre la división geográfica de la Nueva España, Sevilla, 30 de agosto de 1527, en CDI, 40, 273-287. El río de las Palmas marcaba el límite sur del *adelantamiento* de Narváez. No resulta fácil establecer su límite norte. Hoffman observa que se pensaba que Florida se extendía hacia el norte solamente unos 28° 30', según el testimonio proporcionado por Pedro de Quejo. Hoffman, «A New Voyage of North American Discovery: Pedro de Salazar's Visit to the 'Island' of Giants'», 421. No obstante, hay que señalar que Quejo deseaba llevar el límite norte de Florida tan al sur como fuera posible; no era precisamente un observador imparcial. Parece más razonable asumir que Florida se extendía tan al norte por lo menos como el primer sitio donde desembarcó Ponce de León, que se sitúa a 30° 08' en el relato del viaje (Weddle, *Spanish Sea*, 42), y en realidad hasta una latitud que incluiría la península entera, es decir, 31°, que es la que utilizo en mis cálculos.

9 Cortés al emperador Carlos V, Coyoacán, 15 de mayo de 1522, en Martínez, *Documentos Cortesianos*, I, 231.

10 Para saber sobre antecedentes de Vázquez de Ayllón, incluida la cita, véase Hoffman, *A New Andalusia and a Way to the Orient*, capítulo 2, y «A New Voyage of North American Discovery», 417. Para saber sobre

las plantaciones de azúcar y el molino de Vázquez de Ayllón en Puerto Plata, véase Oviedo, *Historia general y natural de las Indias*, I, 110.

[11] Hoffman, *A New Andalusia and a Way to the Orient*, 8, 44, y «A New Voyage of North American Discovery», 415-426, y sobre todo el capítulo 3.

[12] José Epigmenio Santana, un historiador del siglo xx, citó entre las características principales de Guzmán «crueldad en grado sumo, ambición sin límites, hipocresía refinada, gran inmoralidad, ingratitud sin par y odio feroz hacia Cortés». La cita aparece en Chipman, *Nuño de Guzmán and Pánuco*, 142.

[13] Para saber sobre la genealogía de Guzmán y los inicios de su carrera, véase Chipman, *Nuño de Guzmán and Pánuco*, capítulo 4. Para saber sobre el nombramiento real de Guzmán, la salida de España y la exploración del río de las Palmas, véase Chipman, *Nuño de Guzmán and Pánuco*, 131, 137, 157-164.

[14] Cita de Cabeza de Vaca, *Relación de 1542*, 32.

[15] Cabeza de Vaca, *Relación de 1542*, 32.

[16] En su primer viaje, hizo tres intentos para determinar la latitud en relación a la estrella Polar, pero se equivocó totalmente en los tres. En su segundo y tercer viaje, utilizó el cuadrante en cinco ocasiones distintas con resultados variopintos. Está claro que la navegación celeste no fue la base de la extraordinariamente precisa navegación de Colón. Para conocer un animado debate de alguien que es navegante e historiador al mismo tiempo, véase Douglas T. Peck, *Cristoforo Colombo: God's Navigator* (Columbus, Wisconsin: Columbian Publishers, 1993), 27-39.

[17] Los cartógrafos italianos y catalanes fueron los primeros en introducir las cartas portulanas a principios del siglo trece, y las perfeccionaron en el transcurso de los tres siglos siguientes hasta convertirlas en uno de los avances de navegación más importantes de aquella época. Para obtener información general sobre la evolución de las cartas portulanas, véase Edward Luther Stevenson, *Portolan Charts: Their Origin and Characteristics with a Descriptive List of Those Belonging to the Hispanic Society of America* (Nueva York: Knickerbocker Press, 1911), pássim.

[18] Para saber sobre la capacidad de leer y escribir de los prácticos, véase Pérez-Mallaína, *Spain's Men of the Sea*, 231.

19 La latitud, es decir, la distancia que se recorre en dirección norte o sur desde el ecuador, era la única medida que podían obtener los pilotos en el mar en el siglo XVI. Ningún piloto fue capaz de medir la longitud, es decir, la distancia recorrida en dirección este u oeste desde un meridiano fijo, hasta el siglo XVIII. Resulta que en el caso del problema concreto de Miruelo, que buscaba el río de las Palmas, determinar la longitud habría sido más importante. A principios del siglo XVI, casi ningún práctico era capaz de hallar la latitud en el mar, pero en 1540 muchos eran capaces. La década de 1520 fue de transición. Pero incluso mucho tiempo después, navegar guiándose por el sol y las estrellas no era especialmente relevante para ejercer de piloto. Para saber sobre las capacidades de los prácticos en el siglo XVI, véase Alison Sandman, «Cosmographers vs. Pilots: Navigation. Cosmography, and the State in Early Modern Spain», tesis doctoral; University of Wisconsin, Madison, 2001, sobre todo el capítulo 2. Véase también Pérez-Mallaína, *Spain's Men of the Sea*, 84-87.

20 Había cartas portulanas del golfo de México por lo menos desde 1519. Véase Richard Uhden, «An Unpublished Portolan Chart of the New World, A.D. 1519», *Geographical Journal* 91:1 (enero de 1938), 44-50. Probablemente Miruelo no se dirigía *exactamente* al río de las Palmas. Las incertidumbres de la navegación del siglo XVI eran tales que no habría sabido si se había desviado demasiado al sur o demasiado al norte. En vez de navegar directamente hacia su objetivo, Miruelo tenía que apuntar con la brújula hacia uno u otro lado; de ese modo sabría cómo corregir la dirección. Esta técnica de navegación tradicional, denominada *rumbo de seguridad*, se utiliza aún hoy en día para encontrar ríos, caminos y otros rasgos lineales. Miruelo podría haber decidido desviarse hacia la derecha y corregir hacia la izquierda. Es decir, podría haberse dirigido hacia el noroeste a las diez u once en punto —muy a la derecha del Río de las Palmas— y luego haber girado los barcos hacia la izquierda al ver la costa; ese bien podría haber sido el plan de Miruelo. En su relato, Cabeza de Vaca nos dice claramente que desde La Habana, la expedición cruzó «por el camino de la costa de Florida», lo que significa que se acercó al río de las Palmas por el lado de Florida.

21 Mi cálculo parte de la consideración de que el caudal del río Misisipi es de 180.834 metros cúbicos por segundo. Para conocer las características generales de la corriente del Golfo, véase Joanna Gyory, Arthur J. Mariano y Edward H. Ryan, «The Gulf Stream», *Ocean Surface Currents*, http://oceancurrents.rsmas.miami.edu/atlantic/gulf-stream.html. Estoy en deuda con Susan E. Welsh de la Louisiana State University, que muy amablemente me señaló recursos de información útiles sobre la corriente del Golfo, y con Kevin Boothby por proporcionarme datos adicionales desde la perspectiva de un marinero.

22 Cita de Weddle, *Spanish Sea*, 42, 292.

23 En relación a la travesía de la expedición de La Habana a la costa del golfo de México, el texto de Cabeza resulta un tanto opaco y da pie a distintas interpretaciones. Adorno y Pautz afirman que tras avistar tierra, los tripulantes «evidentemente creían que la expedición había alcanzado la costa del río Pánuco, al lado [sur] de la desembocadura del río de las Palmas». Estos autores prosiguen explicando que después «de unos cuantos días» de viaje, «evidentemente cambiaron de opinión sobre dónde habían desembarcado, y decidieron que habían llegado a la costa de la *Florida* [es decir, al norte] de la desembocadura del río de las Palmas en vez del río Pánuco», Adorno y Pautz, *Álvar Núñez Cabeza de Vaca*, II, 75-76. Por desgracia, no hay nada *evidente* en estas afirmaciones. Adorno y Pautz alcanzaron esta conclusión al interpretar la frase ambigua «la vía de la Florida» como «el camino de Florida», queriendo decir *en la dirección* de Florida. Hay que reconocer que hasta cierto punto tienen razón. Hay ejemplos en los que «la vía» se refiere a la dirección, como en «y que los navíos con la otra gente se irían la misma vía hasta llegar al mismo puerto». De hecho, una de las bases de esta interpretación es la frase *aparentemente* clara de Oviedo: «otro día adelante envió el gobernador un bergantín que llevaban, para que fuesse costeando la vía de la Florida é buscasse un puerto quel piloto Miruelo decía que sabía... É mandóle que assi buscando atravesase á la isla de Cuba...». Esta frase *parece* indicar que el bergantín iba a navegar hacia el sur, buscando el puerto, y luego hasta Cuba. No obstante, yo propongo una interpretación alternativa, basada en un nuevo y meticuloso análisis del significado de estas frases clave, así como de los hechos de la

expedición. En lo que respecta a la semántica, quiero empezar señalando que Cabeza de Vaca ofrece la pista más importante sobre la interpretación que hacía la expedición de los lugares en la frase anterior, cuando nos dice de manera bastante franca e inequívoca que desde La Habana, «atravesamos por la costa de la Florida», con lo que evidentemente quiere decir que desde el principio los miembros de la expedición eran muy conscientes de que se encontraban en el *lado de Florida* del Río de las Palmas. Si nos creemos esta afirmación —y no hay ningún motivo para no hacerlo—, entonces la siguiente frase de Cabeza de Vaca: «y fuimos costeando la vía de la Florida» no puede significar la dirección sino más bien que continuaron navegando en el «lado» o «costa» de Florida pero en la dirección del río de las Palmas. Un examen más a fondo del uso de «la vía» a lo largo del relato de Cabeza de Vaca revelará que en ocasiones se refiere al «lado» o «costa» y *no* a la dirección. Por ejemplo, el pasaje «pues los pilotos dezían que no estaría sino diez o quinze leguas de allí la vía de Pánuco» solo puede significar que la «costa» de Pánuco estaba cerca. Teniendo en cuenta que «la vía» también puede significar «lado» o «costa» en determinados contextos, podemos volver a examinar la frase principal de Oviedo y reconocer su ambigüedad, ya que está abierta a dos interpretaciones distintas: una en la cual el bergantín pensaba dirigirse hacia el sur, en busca del puerto, y luego continuar hasta Cuba, o, en el otro caso, que el bergantín pensaba navegar hacia el norte y luego hacia Cuba. Esta ambigüedad aún resulta más evidente cuando consideramos el equivalente de la frase de Oviedo en Cabeza de Vaca: «el gobernador mandó que el vergantín fuesse costeando la vía de la Florida y buscasse el puerto... y fuéle mandado al vergantín que si no lo hallasse, travessasse a la Havana». En esta frase no hay ninguna continuidad implícita de dirección. Se podría entender perfectamente que el bergantín tenía previsto navegar hacia el norte y que *luego* se dirigiría hacia Cuba. Me temo que la semántica sola no sirve para resolver la cuestión. Por lo tanto, debemos recurrir a los hechos de la expedición para saber más. Sabemos que la expedición avistó tierra por primera vez un martes, que bordeó la costa hasta el jueves, y que el viernes tomó posesión de la tierra. En primer lugar, la ceremonia de posesión de tierra nos indica —sin lugar a dudas— que para cuando llegó el viernes los miembros de la expedición estaban convencidos de que estaban en el lado de Florida del río de las Palmas, es decir, en algún punto del *adelantamiento* de Narváez (¡si no fuera así, estarían tomando posesión de Pánuco!). La cédula real de conquista de Narváez era bastante explícita. Pensaba fundar dos asentamientos *dentro* de su *adelantamiento*. Sencillamente no hay ninguna posibilidad de que Narváez hubiera alzado la bandera y realizado toda la ceremonia sagrada de toma de posesión de la tierra y fundado una población si no hubiera estado absolutamente convencido de que la expedición estaba dentro de su *adelantamiento*, es decir, en el lado de Florida. Si los miembros de la expedición ya sabían el viernes que se encontraban en el lado de Florida, entonces concuerda que el bergantín que se envió un par de días más tarde tuviera que navegar hacia el *norte* (en la dirección del río de las Palmas, que era su objetivo), en vez de hacia el sur (de vuelta a Cuba), como Adorno y Pautz y otros nos pueden hacer creer. Tras haber aclarado este tema, queda todavía la pregunta de si entre el martes y el jueves la flota zigzagueó en busca del río de las Palmas. Creo que es muy poco probable; no tiene sentido desde el punto de vista de la navegación. Dado que los pilotos no conocían en absoluto la costa, no tendrían ningún tipo de motivo para girar sus barcos 180 grados tras uno o dos días de navegación por la costa solo porque no hubieran encontrado el río de las Palmas. *El único modo* que habrían tenido de saber en qué lado del río de las Palmas se encontraban habría sido trazando un *rumbo de seguridad* desde el principio. No hay motivo para dudar de Cabeza de Vaca cuando nos dice que la expedición atravesó «por la costa de la Florida». De hecho, los miembros de la expedición estaban tan seguros de que se hallaban en el lado de Florida que acabaron recorriendo más de 2.000 kilómetros en la dirección adecuada, siempre convencidos de que Pánuco quedaba delante… y así era.

[24] Cabeza de Vaca, *Relación de 1542*, 40. Esta conversión se obtiene como resultado de considerar que una legua española equivale a poco más de 3 millas o 4,8 kilómetros. Para conocer un debate sobre la extensión aproximada de una legua en el relato de Cabeza de Vaca, véase Alex D. Krieger, *We Came Naked and Barefoot: The Journey of Cabeza de Vaca Across North America* (Austin: University of Texas Press, 2002), 42-44.

25 Cabeza de Vaca, *Relación de 1542*, 32, 34.

26 Cita de Cabeza de Vaca, *Relación de 1542*, 34. Véase también páginas 32, 36 y *Informe Conjunto*, 91-92. Una vez más, existen muchas discrepancias respecto al lugar donde desembarcó el grupo de Narváez. Para conocer un debate extenso sobre las distintas alternativas, véase Adorno y Pautz, *Álvar Núñez Cabeza de Vaca*, 77-83. Ante la ausencia de pruebas, lo único que podemos hacer es especular. Me sumo a los que proponen la bahía de Sarasota como punto de desembarco y la bahía de Tampa (no la bahía de Old Tampa) como la bahía «que nos pareçió entrava mucho por la tierra». Ciertos pasajes de la *Relación* de Cabeza de Vaca apoyan esta interpretación. Cabeza de Vaca escribe concretamente: «Llevamos la vía del norte hasta que a ora de bísperas llegamos a una vaía muy grande que nos pareçió que entrava mucho por la tierra». Esta descripción encaja perfectamente con la impresión que uno se llevaría caminando desde la bahía de Sarasota hasta la bahía de Tampa, ya que se vería obligado a caminar tierra adentro por los contornos de esta bahía enorme. Si la expedición hubiera desembarcado en la península de Pinellas, habrían podido avanzar directamente hacia el norte sin obstáculos y puede que no hubieran pasado siquiera por la bahía de Tampa y la bahía de Old Tampa. Es cierto que Oviedo menciona que el grupo viajó «hacia el noreste» en vez de hacia el «norte», pero puede que se refiriera a la dirección real que siguió el grupo —ya que se vieron obligados a adentrarse tierra adentro por los contornos de la bahía de Tampa—, más que al recorrido previsto, que debía de ser por la costa. Hacia el final de su relato, Cabeza de Vaca ofrece la pista más convincente de que lo que describe es la bahía de Tampa, y no la bahía de Old Tampa más pequeña, cuando escribe que al final los barcos «hallaron el puerto que entrava siete u ocho lenguas la tierra adentro, y era el mismo que nosotros avíamos descubierto». Una extensión semejante solo podía referirse a la bahía de Tampa. La bahía de Old Tampa mide como mucho la mitad. Y hay que tener en cuenta otra cuestión más. Si los barcos se desviaban hacia la izquierda al alcanzar la costa y nunca cambiaban de dirección —como se ha explicado anteriormente— entonces tendrían que haber desembarcado primero en la península de Pinellas. Pero ambos relatos de primera mano especifican

que la «vaía muy grande» fue descubierta por grupos que iban por tierra y no durante la travesía por la costa, lo cual sugiere que la flota se detuvo antes de alcanzar la desembocadura de la bahía de Tampa. Resumiendo, actualmente no se ha llegado a un acuerdo entre los académicos sobre el lugar de desembarco. Para conocer otra obra que cree que fue la bahía de Tampa la «que nos pareçió que entrava mucho por la tierra», véase Weddle, *The Spanish Sea*, 188-189. Para conocer obras que apoyan la teoría de la península de Pinellas como primer lugar de desembarco, véase Adorno y Pautz, *Álvar Núñez Cabeza de Vaca*, 77-83; Jerald T. Milanich, *Florida Indians and the Invasión from Europe* (Gainesville: University Press of Florida, 1995), 115-125; y Jerald T. Milanich y Charles Hudson, *Hernando de Soto and the Indians of Florida* (Gainesville: University Press of Florida, 1993), 23. Tengo que dar las gracias a Jerald T. Milanich por dedicar tiempo a desarrollar sus opiniones sobre el primer desembarco de Narváez. Ambos estamos de acuerdo en que aunque no se puede determinar con exactitud el lugar del desembarco, es importante especular basándonos en lo que sabemos actualmente. Puede que llegue el día en que las pruebas arqueológicas resuelvan este enigma. Para conocer una perspectiva general de las pruebas arqueológicas en relación a los primeros españoles en la costa oeste de Florida, véase Jeffrey M. Mitchem, «Initial Spanish-Indian Contact in West Peninsular Florida: The Archaelogocial Evidence», en *Columbian Consequences: Archaeological and Historical Perspectives on the Spanish Borderlands East*, editado por David Hurst Thomas (Washington DC: Smithsonian Institution Press, 1990), II, 49-59. Véase también el excelente ensayo de Sylvia L. Milton, «Los indios de Tocobaga y Timucua (Florida occidental) ante sus primeros contactos con los hombres blancos», en *Congreso de historia del descubrimiento, actas* (Madrid: Real Academia de la Historia), I, 343-403.

[27] El mapa elaborado por Alonzo Álvarez de Pineda tras investigar toda la costa del golfo en 1519 muestra la bahía de Tampa, pero obviamente bastante lejos del río de las Palmas.

[28] Cita de Cabeza de Vaca, *Relación de 1542*, 38. James Axtell fue uno de los primeros en fijarse en el tratamiento deferente que estos indios habían otorgado a los europeos fallecidos. Axtell, *The Indian's New South: Cultural*

Change in the Colonial Southeast (Baton Rouge: Louisiana State University Press, 1997), 12.

29 Cita de Cabeza de Vaca, *Relación de 1542*, 38. Véase también página 36.

30 Para saber sobre la estrategia de Narváez durante la ocupación de Cuba, véase Hortensia Pichardo Viñals, *La fundación de las primeras villas de la isla de Cuba* (La Habana: Editorial de Ciencias Sociales, 1986), 14.

31 Para situar la cita de fray Suárez y conocer una descripción de la conformidad de los demás, véase *Cabeza de Vaca, Relación de 1542*, 40, 42.

32 Cabeza de Vaca, *Relación de 1542*, 40.

33 Las actas del notario se perdieron, y los otros miembros que participaron en la reunión fallecieron sin dejar ningún registro. Véase Adorno y Pautz, *Álvar Núñez Cabeza de Vaca*, II, 92-95.

34 Citas de Cabeza de Vaca, *Relación de 1542*, 42 y 44, respectivamente.

35 Cita de Cabeza de Vaca, *Relación de 1542*, 272.

36 Cabeza de Vaca, *Relación de 1542*, 272, 274.

Capítulo 4

1 Cita de Cabeza de Vaca, *Relación de 1542*, 46.

2 Las fuentes varían respecto a la cantidad de comida que recibía cada miembro de la expedición. El *Informe Conjunto* indica que cada hombre recibía una libra de bizcocho y media libra de tocino. *Informe Conjunto*, 95. Cita de Cabeza de Vaca, *Relación de 1542*, 56. Aún en la actualidad, la península de Florida ocupa el segundo puesto en el conjunto continental de Estados Unidos, solo después de California, en riqueza de plantas autóctonas. Florida constituye un puente entre el Caribe tropical y el continente estadounidense. La diversidad floral del estado surge de la vegetación tropical en el sur que gradualmente va dando paso a una vegetación más templada hacia el norte. Quiero agradecer la gentil ayuda recibida de mi amigo biólogo Diego Pérez Salicrup.

3 El sabal, o palmera repollo (*cabbage palm*), recibe ese nombre porque encima del tronco tiene una yema grande comestible al cocinarla. Para saber sobre la referencia de las palmeras de Andalucía, véase Cabeza de Vaca, *Relación de 1542*, 46.

[4] Como de costumbre, los académicos no se ponen de acuerdo sobre la identidad de este río. Aunque el grupo terrestre debió de cruzar varios ríos mientras atravesaba a lo largo Florida desde la bahía de Tampa a Apalachee, Cabeza de Vaca solo menciona dos. Estos dos ríos se destacaron precisamente por su tamaño, profundidad, y dificultad para atravesarlos. Estos datos resultan especialmente importantes si consideramos que los caminantes buscaban el río de las Palmas, que se sabía que era un río ancho y navegable. Si nos limitamos a comparar las expectativas de los exploradores con la geografía de Florida, descubrimos que los dos ríos más amplios entre la bahía de Tampa y Apalachee eran el Withlacoochee y el Suwannee. Y un análisis de la cronología del avance de la expedición también revelará que estos dos ríos son los candidatos más probables teniendo en cuenta la distancia que podrían haber recorrido. Una vez más, aunque no es posible descartar del todo otras alternativas, éstas dos son las más razonables, considerando lo que sabemos hoy en día. Para conocer un debate equilibrado, véase Adorno y Pautz, *Álvar Núñez Cabeza de Vaca*, II, 111-113. Cita de Cabeza de Vaca, *Relación de 1542*, 46.

[5] Cita de Cabeza de Vaca, *Relación de 1542*, 46.

[6] Véase Oviedo, *Informe Conjunto*, 95, y Cabeza de Vaca, *Relación de 1542*, 46.

[7] Cita de Cabeza de Vaca, *Relación de 1542*, 46.

[8] Cabeza de Vaca, *Relación de 1542*, 48.

[9] Cabeza de Vaca, *Relación de 1542*, 50.

[10] Cabeza de Vaca escribe que la muerte de Velázquez «nos dio mucha pena porque hasta entonces ninguno nos avía faltado», Cabeza de Vaca, *Relación de 1542*, 50. Como señalan Adorno y Pautz, fue una afirmación curiosa, dado que otros tantos más, incluidos sesenta hombres durante el huracán de Cuba, habían fallecido ya.

[11] Cita de Cabeza de Vaca, *Relación de 1542*, 54.

[12] Los arqueólogos han definido un tipo de expresión material y cultural que denominan la cultura de Safety Harbor. Surgió en torno al 900 d.C. y se extiende hasta el periodo colonial. Geográficamente, la cultura de Safety Harbor se distribuye por la costa del golfo y zonas adyacentes

interiores como Charlotte Harbor en el sur hasta el río Withlacoochee en el condado de Citrus en el norte. Véase Jerald T. Milanich, *Archaeology of Precolumbian Florida* (Gainesville: University Press of Florida, 1994), sobre todo 389-412.

13 El dominio de Apalachee empezó en torno a 1100 d.c. y floreció durante el periodo de Fort Walton. Se desarrolló a partir de una cultura regional previa conocida como la Weeden Island Wakulla. Los arqueólogos han identificado dos fases dentro del periodo de Fort Walton, basándose sobre todo en los estilos cerámicos cambiantes: las fases de Lake Jackson (1100-1500 d.c.) y la fase Velda (1500-1633 d.c.). Milanich, *Archaeology of Precolumbian Florida*, 355-387.

14 Además de Milanich, véase John F. Scarry, «The Apalachee Chiefdom», y John H. Hann, «The Apalachee of the Historic Era», ambos en *The Forgotten Centuries: Indians and Europeans in the American South, 1521-1704*, editado por Charles Hudson y Carmen Chaves Tesser (Athens: University of Georgia Press, 1994), 156-178 y 327-354, respectivamente. Anhaica había sido el centro de Apalachee y el lugar donde la expedición de Hernando de Soto pasó el invierno de 1539 a 1540, pero cayó en el olvido en épocas posteriores, hasta que en la década de 1980 una casualidad afortunada permitió su redescubrimiento. Para saber más sobre esta historia extraordinaria, véase Charles R. Ewen y John H. Hann, *Hernando de Soto among the Apalachee: The Archaeology of the First Winter Encampment* (Gainesville: University Press of Florida, 1998).

15 Véase Timothy R. Pauketat y Thomas E. Emerson, *Cahokia: Domination and Ideology in the Mississippian World* (Lincoln: University of Nebraska Press, 1997), 269-278. Existe un debate académico en torno a si el contacto europeo —en forma de violencia directa o epidemias— provocó la desaparición de numerosas sociedades indígenas o si sencillamente resultó un factor entre muchos otros. Véase sobre todo Henry F. Dobyns, *Their Number Became Thinned: Native American Population Dynamics in Eastern North America* (Knoxville: University of Tennessee Press, 1983), y Ann F. Ramenofsky, *Vectors of Death: The Archaeology of European Contact* (Alburquerque: University of New Mexico Press, 1987). Estudios más recientes han demostrado que aunque la llegada de los europeos siempre supuso la

despoblación de los pueblos nativos, el alcance y el ritmo de semejantes descensos demográficos variaba de una región a otra. Por ejemplo, Apalachee parece haber aguantado bastante bien pese a las *entradas* españolas de la primera mitad del siglo XVI. Véase John H. Hann, «The Apalachee of the Historic Era», 330. Resulta muy pertinente que la primera publicación del Smithsonian Institute fuera un estudio de los *constructores de túmulos*. Se publicó por primera vez en 1847 durante la guerra de EE.UU. con México, y ya desde el título consigue captar la excitación y el romanticismo asociados con el estudio inicial de estas culturas. Ephraim G. Squier y Edwin H. Davis, *Ancient Monuments of the Mississippi Valley*, editado y con una introducción de David J. Meltzer (Washington: Smithsonian Institution Press, 1998), *pássim*. Para conocer estudios recientes sobre la *tradición del Misisipi*, véase Timothy R. Pauketat y Thomas E. Emerson, eds.; *Cohokia: Domination and Ideology in the Mississippian World* (Lincoln: University of Nebraska Press, 1997); y Frank T. Schambach, *Pre-Caddoan Cultures in the Trans-Mississippi South* (Fayetteville: Arkansas Archeological Survey, 1998). Pauketat lleva razón al advertir sobre el racismo implícito en el *mito del constructor de túmulos (Moundbuilder Myth)* y sobre los peligros de hacer distinciones injustas entre *señoríos, reinos* e *imperios*, Pauketat, *Ancient Chokia and the Mississippians* (Nueva York: Cambridge University Press, 2004), 3.

[16] Como otros centros misisipianos, Apalachee ya estaba sumergido en un caos considerable antes incluso de la llegada de la expedición de Narváez. Alrededor de 1500, un emplazamiento importante adornado con montículos llamado Lake Jackson, que era el centro político de Apalachee desde hacía mucho tiempo, fue abandonado y sustituido por Anhaica. Este lugar nunca alcanzó la magnificencia del anterior, ya que en general se dejaron de construir túmulos.

[17] Véase Jerald T. Milanich y Charles Hudson, *Hernando de Soto and the Indian of Florida* (Gainesville: University Press of Florida, 1993), 227-228, y Hoffman, «Narváez and Cabeza de Vaca in Florida», 37. Para conocer una interpretación más escéptica véase Adorno y Pautz, *Álvar Núñez Cabeza de Vaca*, II, 119-127. Hay dos razones principales para pensar que el asentamiento al que llegó Narváez no era Anhaica. En primer lugar,

está la cuestión del tamaño. Tanto la *Relación* de Cabeza de Vaca como el *Informe Conjunto* afirman categóricamente que la población de «Apalachee» era sencilla y albergaba 40 casas. Seguramente Anhaica era mucho mayor e imponente. El Inca Garcilaso de la Vega, un autor de la segunda mitad del siglo XVI que escribió el relato de una expedición posterior a Apalachee conducida por Hernando de Soto once años después de la expedición de Narváez, afirma directamente que Anhaica estaba formada por 250 casas y comenta de pasada que la «Apalachee» de Narváez debió de ser una comunidad distinta, mucho más pequeña. Parece razonable, pero no debemos creernos las afirmaciones de Garcilaso al pie de la letra, ya que basó su relato en la documentación de la que disponía, así como en entrevistas a algunos de los supervivientes de la expedición de Soto, pero no en la observación directa. Algunos académicos han considerado que el relato de Garcilaso no es fiable y han señalado ejemplos en los que su relato claramente está equivocado. Pero, en lo que respecta a la población de Anhaica, la afirmación de Garcilaso cuadra bien con otras fuentes históricas. El Caballero de Elvas escribió que la provincia «estaba muy poblada». Fuentes de principios del siglo XVII calculan que la población total de Apalachee debía de ser de entre 30.000 y 34.000 habitantes, por lo que Anhaica debía de tener más de 40 casas. Para conocer cálculos aproximados de población de Apalachee, véase Hann, «The Apalachee of the Historic Era», 329-330. El segundo motivo tiene que ver con la localización. La «Apalachee» de Narváez fue el primer asentamiento que alcanzó la expedición. No obstante, sabemos que Anhaica se encontraba en el lado oeste de la provincia, y —dado que los hombres de Narváez se acercaban por el este— tendrían que haber pasado por otros asentamientos de esta provincia «densamente poblada» antes de encontrarse con Anhaica. La expedición de Hernando de Soto, por ejemplo, se encontró con varios asentamientos al atravesar la provincia, incluida la población de Vitachuco [o Ivitachuco], que ejercía de centro de la mitad oriental de Apalachee. Véase Lawrence A. Clayton, Vernon James Knight, Jr. y Edward C. Moore, eds., *The de Soto Chronicles: the Expedition of Hernando de Soto to North America in 1539-1543*, I, 70-71. La identificación de la «Apalachee» de Narváez con Ivitachuco se remonta a John R. Swanton a

finales de la década de 1930; se trata de una identificación que los arqueólogos contemporáneos no han contradicho. Véase Rochelle A. Marrinan,
John F. Scarry y Rhonda L. Majors, «Prelude to de Soto: The Expedition
of Pánfilo de Narváez», en *Columbian Consequences*, editado por David
Hurst Thomas (Washington DC: Smithsonian Institute Press, 1990),
II, 74. Véase también argumentos presentados por Hoffman, «Narváez
and Cabeza de Vaca in Florida», 60-61. Tales argumentos no constituyen
pruebas absolutas, pero apuntan a una situación más probable.

[18] Cabeza de Vaca, *Relación de 1542*, 54.

[19] Cabeza de Vaca, *Relación de 1542*, 58,60.

[20] Cabeza de Vaca, *Relación de 1542*, 58; *Informe Conjunto*, 97. Agradezco a
Nancy White que me señalara que los mantos que encontró la expedición
de Florida no eran de algodón, como yo creía. Había algodón en México
y en el sudoeste de EE.UU. —y por supuesto se convirtió en un elemento
básico de la economía del sudeste en la época colonial—, pero por algún
motivo no hay muestras de algodón anteriores al contacto en el sudeste
de EE.UU.

[21] Cabeza de Vaca, *Relación de 1542*, 58.

[22] Véase Caballero de Elvas, *True Relations of the Hardships Suffered by
Governor Don Hernando de Soto...* en *The De Soto Chronicles*, 69-74. Véase
también Hoffman, «Narváez and Cabeza de Vaca in Florida», 60-61. Por
cierto, parece que los apalaches soportaron mucho mejor las epidemias
que otros grupos indígenas. Véase Hann, «The Apalachee of the Historic
Era», 330.

[23] Scarry, «The Apalachee Chiefdom», 158.

[24] Cita de Cabeza de Vaca, *Relación de 1542*, 60. Véase Mitchell «Artifacts
of Exploration: Archaelogical Evidence from Florida», 103. James Axtell
afirma que a la expedición de Narváez «la engañaban constantemente los
guías nativos apartándolos de las localidades apalaches pobladas y bien
alimentadas de la franja de Florida hasta que se desesperaron y se retiraron hacia el mar». James Axtell, *The Indians' New South: Cultural Change
in the Colonial Southeast* (Baton Rouge: Louisiana State University Press,
1997), 9. Milanich y Hudson tienen la misma opinión, y añaden que once
años más tarde la expedición de de Soto fue sometida al mismo trata-

miento: «un guía los engañaba y hacía que se perdieran continuamente, enviándolos a que perdieran el tiempo recorriendo el estuario y la costa», *Hernando de Soto and the Indians of Florida*, 220.

25 Ambas citas son de Cabeza de Vaca, *Relación de 1542*, 62.

26 Adorno y Pautz, *Álvar Núñez Cabeza de Vaca*, II, 135. Henry F. Dobyns fue el primero en atreverse a identificar la enfermedad como tifus o fiebre tifoidea. *Their Number Vecame Thinned*, 261, y Marrinan, Scarry, y Majors. «Prelude to de Soto: The Expedition of Pánfilo de Narváez», II, 75.

27 Cabeza de Vaca, *Relación de 1542*, 66.

28 Aunque algunas pistas indican la ubicación general de este campamento, los académicos continúan sin saber su situación exacta. Cualquier intento de reducir la búsqueda debe tener en cuenta cuatro afirmaciones importantes realizadas en las fuentes históricas: (1) desde *Apalachee*, la expedición de Narváez debió de tardar diez días en llegar a la costa (nueve días a Aute más un día más); (2) Aute era un gran asentamiento indígena a un día de distancia de la costa; (3) el mar abierto no se veía desde el lugar donde Narváez y sus hombres habían acampado, y (4) posteriormente, los españoles tardaron siete días de viaje en balsas improvisadas por encima del agua que les llegaba a la cintura hasta que alcanzaron una isla ubicada muy cerca del continente, más allá de la cual se encontraba el mar abierto. Este detalle mencionado en último lugar recuerda mucho al actual Indian Pass, formado entre el continente y la isla de St. Vicent en el extremo occidental de la bahía de Apalachicola. Ninguna otra parte de la franja de Florida cuadra tan bien con esta descripción (también hay que decir que estas islas que hacen de barrera son muy dinámicas, y cabe la posibilidad de que sus contornos pudieran haber sido distintos 500 años atrás). En cualquier caso, hoy en día cualquiera que busque una playa en cualquier punto entre la actual localidad de Carrabelle y el extremo occidental de la bahía de Apalachicola podrá hacerse a la idea de lo que es una bahía poco profunda separada del mar por islas que hacen de barrera. Y es posible que Narváez y sus hombres salieran aún más al este. Véase Hoffman, «Narváez y Cabeza de Vaca in Florida», 62-63, y sobre todo Adorno y Pautz, *Álvar Núñez Cabeza de Vaca*, II, 144-145. Jeffrey M. Mitchem argumenta que el poblado de Aute debía de estar en lo que ahora es el yacimiento Work

Place dentro del actual St. Marks National Wildlife Refuge, y basa su afirmación en que los expedicionarios salieron en la desembocadura del río St. Marks. Mitchem hace estas identificaciones basándose en pruebas arqueológicas, sobre todo en el descubrimiento de las campanas de Clarskdale encontradas en el yacimiento del St. Marks Wildlife Refuge Cemetery, que son características de los artefactos europeos de principios del siglo XVI y por lo tanto solo podrían proceder de las expediciones de Narváez o de de Soto. Jeffrey M. Mitchem, «Artifacts of Exploration: Archaelogical Evidence from Florida», en *First Encounters*, 99-109. Véase también Marrinan, Scarry y Majors, «Prelude to de Soto: The Expedition of Pánfilo de Narváez», II, 76-77. Pero sigue resultando difícil establecer si estos artefactos pertenecían a la expedición de Narváez o a la de de Soto. Además, contrariamente a la descripción de Cabeza de Vaca, el mar abierto habría resultado visible para los expedicionarios desde la desembocadura del río St Marks. Jerald T. Milanich y Nancy Marie White repasaron éste y otros capítulos y muy amablemente dedicaron tiempo a debatir la posible identidad de Aute. Ambos arqueólogos mostraron su escepticismo ante la idea de que Aute pudiera haber sido un centro ceremonial importante del periodo Fort Walton, ubicado en el delta inferior del río Apalachicola y conocido hoy en día como los Pierce Mounds. Para saber más sobre este tema véase también Nancy Marie White, «Protohistoric and Historic Native Cultures of the Apalachicola Valley, Northwest Florida», ponencia presentada en la reunión anual de la Southeastern Archaelogical Conference, octubre 2004, St. Louis.

[29] Cabeza de Vaca, *Relación de 1542*, 66,68.

[30] En general he seguido la versión de estos sucesos proporcionada por el Caballero de Elvas en Clayton, Knight y Moore, eds., *The de Soto Chronicles*, I, 59-60, aunque no he podido evitar añadir algunos elementos adicionales de la versión más detallada aportada por El Inca Garcilaso de la Vega en *La Florida* (Madrid: Alianza Editorial, 1988), 146-154. Sin embargo, este relato no debe tomarse al pie de la letra, ya que en algunos casos no resulta fiable. Aun así, dado que Garcilaso entrevistó a algunos miembros de la expedición de de Soto, es bastante posible que muchos de los detalles de su relato sean ciertos.

³¹ Garcilaso, *La Florida*, 149. En múltiples sentidos, la terrible experiencia de Ortiz prefigura lo que más adelante experimentarían otros miembros de la expedición de Narváez. Para saber sobre los fuertes sentimientos generados por el cautiverio y el retorno a la *civilización*, véase John Demos, *The Unredeemed Captive: A Family Story from Early America* (Nueva York: Vintage Books, 1994).

³² Declaración de Manuel Hojas. San Salvador, 29 de abril de 1530, en *Información hecha en la Isla de Cuba a pedimento de María de Valenzuela, la muger de Pánfilo de Narváez, contra Hernando de Ceballos sobre dos bergantines, e bastimentos y municiones*, Cuba, 1530, en el rollo 1, Stetson Collection, Bancroft Library.

³³ Ceballos poseía un poder notarial que le había dejado Narváez antes de partir al Nuevo Mundo. Véase *Poder que otorgó Pánfilo de Narváez, gobernador de la Florida, Rio de las Palmas y Espíritu Santo, en Sevilla, A su criado Hernando Ceballos, para pedir, demandar y cobrar lo que le corresponda, y sustitución del mismo*, Sevilla, 8 de marzo de 1528, en CDI, XII, 86-91.

³⁴ Los intentos de rescate de María de Valenzuela y su litigio contra Hernando de Ceballos pueden encontrarse en la *Información hecha en la Isla de Cuba a pedimento de María de Valenzuela, la muger de Pánfilo de Narváez, contra Hernando de Ceballos sobre dos bergantines, e bastimentos y municiones*, Cuba, 1530, en el rollo 1, Stetson Collection, Bancroft Library. Es una edición en microfilm de Justicia 972, 51-2/12 en el AGI. Véase también Hernando de Ceballos al rey de España, Cuba, 16 de marzo de 1531, Indiferente General 1203, nº 28, folios 1-11 en el AGI. Aunque no consultaron estas fuentes, Adorno y Pautz las citan escrupulosamente, facilitando enormemente el esclarecimiento de este episodio (Adorno y Pautz, *Álvar Núñez Cabeza de Vaca*, II, 100-104).

Capítulo 5

¹ Estas descripciones fueron proporcionadas por Antonio Fernández de Biedma y Juan de Añasco, respectivamente, ambos en Clayton, Knight, y Moore; eds., *The de Soto Chronicles*, I, 72 y nota 90.

² Citas de Cabeza de Vaca, *Relación de 1542*, 68.

³ Para conocer un breve pero instructivo debate sobre la ventaja militar de los españoles, véase Lockhart y Schwartz, *Early Latin America*, 80-83.

⁴ Adorno y Pautz, *Álvar Núñez Cabeza de Vaca*, II, 135.

⁵ Hace miles de años que los indios de Ecuador y Perú usan un tipo de madera extremadamente ligera conocido precisamente como *balsa*. Este material es tan ligero, resistente y apto para navegar que en 1947 el pintoresco antropólogo/aventurero noruego Thor Heyerdahl atravesó el océano Pacífico en una barca hecha de troncos de balsa para demostrar que los indios sudamericanos habían colonizado la Polinesia (una teoría que recientemente se ha demostrado que no era cierta).

⁶ Según el principio de Arquímedes, sabemos que un objeto flota a una profundidad tal que su parte sumergida desplaza un volumen de agua equivalente al peso del objeto. He hecho los cálculos con el sistema decimal. El volumen de la madera empleada (X) multiplicado por la densidad de la madera (380 kilogramos por metro cúbico), más 5 toneladas métricas (5.000 kilogramos) debió de ser equivalente al volumen de agua desplazada (Y) multiplicado por la densidad del agua del océano (asumamos que era de 1.027 kilogramos por metro cúbico). Al mismo tiempo sabemos que 18 centímetros de madera quedaban por encima de la línea del agua. A partir de ahí, debe deducirse que el volumen total de la madera (X), menos el volumen de agua desplazada (Y), dividido por la superficie de la balsa (en este caso 10 metros por 10 metros) debió de ser de 0,18 metros. Al resolver estas dos ecuaciones simultáneas, resulta que el volumen total de madera empleado debió de ser de 36,29 metros cúbicos y el volumen de agua desplazada debió de ser de 18,29 metros cúbicos. Al multiplicar el volumen de la madera por su densidad, llegamos a la cifra de 13,79 toneladas métricas (15,15 toneladas estadounidenses).

⁷ Lo cierto es que en la franja noroeste de Florida hay un tipo de pino llamado *pino tea* (*slash* o *pitch pine*, cuyo nombre científico es *pinus elliotti*), del que se puede extraer resina cortando el tronco. Los hombres de Narváez debieron de verter la tea en la estopa y entre los troncos. Cabeza de Vaca, *Relación de 1542*, 72.

8 Como señala Cabeza de Vaca, «Y de las sabinas que allí avía [probablemente cipreses calvos] hezimos los remos que nos paresçió que era menester». Cabeza de Vaca, *Relación de 1542*, 72.

9 Cabeza de Vaca afirma que los hombres de la bahía de Caballos consiguieron reunir 400 *fanegas* de maíz. Debieron de comer mucho maíz durante su estancia, pero lograron guardar suficiente para la travesía. Véase Cabeza de Vaca, *Relación de 1542*, 70. Para hacerse una idea general, si decimos que una *fanega* equivale a 1,6 celemines, y que un celemín de maíz equivale a 56 libras, cuatrocientas *fanegas* equivaldrían a unas 16 toneladas de maíz.

10 Cabeza de Vaca, *Relación de 1542*, 72.

11 Cabeza de Vaca, *Relación de 1542*, 74.

12 Cita de Cabeza de Vaca, *Relación de 1542*, 74, 76. Como se ha afirmado anteriormente, ninguno de estos lugares puede precisarse. En una comunicación personal, la arqueóloga de Florida Nancy Marie White comparte la identificación de esta isla con St. Vincent. Señala que la isla de St. Vincent no solo se ajusta a la descripción aportada en las fuentes bibliográficas sino que también era la isla de la barrera más densa, ya que posee montañas de conchas de todos los periodos temporales de los últimos 4.000 años.

13 Cabeza de Vaca, *Relación de 1542*, 76.

14 Ibid.

15 Cabeza de Vaca, *Relación de 1542*, 78. Hay algunas contradicciones entre las dos fuentes principales. El *Informe Conjunto* afirma que los hombres pasaron solo tres días en la pequeña isla y que cinco o seis hombres murieron por beber agua de mar.

16 Citas de Cabeza de Vaca, *Relación de 1542*, 78.

17 Ibid.

18 Ibid.

19 *Informe Conjunto*, 104.

20 Cabeza de Vaca, *Relación de 1542*, 80, 82.

21 Continúan algunas contradicciones poco importantes. Cabeza de Vaca afirma que se quedaron un día más, mientras que el *Informe Conjunto* indica que fueron dos días.

²² Cabeza de Vaca, *Relación de 1542*, 84, 86.

²³ Clayton, Knight y Moore, eds; *The de Soto Chronicles*, I, 292. Véase el debate en Adorno y Pautz, *Álvar Núñez Cabeza de Vaca*, II, 148-151.

²⁴ *Informe Conjunto*, 105-106, y Cabeza de Vaca, *Relación de 1542*, 88.

²⁵ Cabeza de Vaca, *Relación de 1542*, 88, 90.

²⁶ Cabeza de Vaca, *Relación de 1542*, 90. En este párrafo he utilizado algunos detalles del *Informe Conjunto*, 22.

²⁷ Cita de Cabeza de Vaca, *Relación de 1542*, 92.

²⁸ Cita de Cabeza de Vaca, *Relación de 1542*, 150. Cabeza de Vaca no relata el destino de las demás balsas en orden cronológico, sino que inserta saltos temporales hacia atrás a medida que otros supervivientes le relatan lo sucedido días, meses o incluso años más tarde. Las alusiones son breves, y por lo tanto resulta bastante difícil situar dónde atracaron las otras barcas. Las alusiones vagas a islotes, islas y bahías se prestan como mucho a conjeturas con cierto fundamento. Me he basado en las reconstrucciones aportadas por Adorno y Pautz, *Álvar Núñez Cabeza de Vaca*, II, 183-190.

²⁹ Cabeza de Vaca dice que los hombres de la balsa del interventor recorrieron 60 leguas (más de 280 kilómetros), pero probablemente es un cálculo exagerado. Cabeza de Vaca, *Relación de 1542*, 130.

³⁰ Cabeza de Vaca, *Relación de 1542*, 132.

³¹ Ibid.

³² Cita de *Informe Conjunto*, 31.

Capítulo 6

¹ Cita de Cabeza de Vaca, *Relación de 1542*, 92, 94.

² Los académicos han debatido sobre la identidad de esta isla. La isla de Galveston es una candidata evidente. Pero como han señalado Davenport y Wells, hay por lo menos cuatro contradicciones entre la isla de Galveston y la descripción de Cabeza de Vaca: (1) La isla de Galveston es «el doble de ancha», (2) «tres veces más larga», (3) «está demasiado lejos del primero de los cuatro ríos» que los náufragos cruzarían posteriormente, y (4) «no hay bosques enfrente, en el continente», como afirma Cabeza de Vaca. Harbert Davenport y Joseph K. Wells, «The First Europeans in Texas, 1528-1536»,

Southern Historical Quarterly 22:2 (octubre de 1918), 121. No puede plantearse ninguna de estas objeciones a la isla más pequeña que queda al sur, llamada San Luis. Hoy en día ya no es una isla sino una península que, como señala Krieger, «queda entre Oyster Bay y el golfo de México y no se identifica en la mayoría de los mapas corrientes. Se la ha llamado la península de Oyster Bay, la península de San Luis y la península de Velasco. El hecho de que ahora esté unida al continente no significa que lo estuviera en 1528, ya que todos los expertos en geología costera de Texas saben los muchos cambios que han provocado las mareas, corrientes, huracanes y las modificaciones en los cauces de los ríos, incluso en los últimos años». Alex D. Krieger, *We Came Naked and Barefoot: The Journey of Cabeza de Vaca across North America*, editado por Margery H. Krieger (Austin: University of Texas Press, 2002), 29. Para conocer un debate historiográfico sucinto pero muy perspicaz sobre lo que han dicho durante más de un siglo los académicos respecto al paradero de Cabeza de Vaca, véase Donald E. Chipman, «In Search of Cabeza de Vaca's Route across Texas: An Historiographical Survey», *Southwestern Historical Quarterly* 91:2 (octubre de 1987), 127-148. En uno u otro sentido, todos estos autores han contribuido a identificar la isla donde Cabeza de Vaca y sus compañeros desembarcaron por primera vez con la actual isla Follets. Adorno y Pautz opinan lo mismo, *Álvar Núñez Cabeza de Vaca*, II, 190, 198.

3 Cabeza de Vaca, *Relación de 1542*, 94.

4 Ibid.

5 Cabeza de Vaca, *Relación de 1542*, 96.

6 Cita de Cabeza de Vaca, *Relación de 1542*, 96.

7 Cabeza de Vaca, *Relación de 1542*, 98.

8 Estudiando los anillos de los árboles y midiendo los glaciares en retroceso, los especialistas han aprendido mucho sobre los patrones climáticos del pasado. En la Norteamérica 1529 marcó el inicio de un periodo frío que duraría hasta principios de la década de 1550. Véase el debate sobre avances de morenas y estabilización en Jean Grove, *Litte Ice Ages: Ancient and Modern*, 2 volúmenes. (Londres: Routledge, 2ª edición, 2004), I, 260. De manera similar, Europa vivió un periodo frío entre 1527 y 1529. Las cosechas de vino en Francia fueron desastrosas en 1527 y bastante malas

en 1528 y 1529. Emmanuel Le Roy Ladurie, *Times of Feast, Times of Famine: A History of Climate Since the Year 1000* (Nueva York: Doubleday, 1971), 66.

9 Cita de Cabeza de Vaca, *Relación de 1542*, 98.

10 Cabeza de Vaca, *Relación de 1542*, 100.

11 Ibid.

12 Cita de Cabeza de Vaca, *Relación de 1542*, 100.

13 Cita de Cabeza de Vaca, *Relación de 1542*, 102.

14 Cabeza de Vaca, *Relación de 1542*, 102.

15 Ibid.

16 Cabeza de Vaca, *Relación de 1542*, 104.

17 Los expertos en ADN creen que la población original de América debía de vivir en las regiones del lago Baikal y Altai al sur de Siberia, en la zona central, sencillamente porque ahí es donde se pueden encontrar los cinco linajes mitocondriales de ADN comunes en América. Naturalmente, las poblaciones asiáticas también se han desplazado en los miles de años transcurridos, así que esta ubicación geográfica solo es una aproximación. Quiero expresar mi gratitud a Brian M. Kemp por introducirme en algunos de los misterios de la investigación genética.

18 Los cálculos de la población indígena de América cuando se produjo el contacto proceden de Lockhart y Schwartz, *Early Latin America*, 26. Recientemente el ADN ha resultado de gran utilidad para entender los orígenes y la población inicial de América. Para conocer un trabajo innovador, véase D.C. Wallace et alt., «Dramatic Founder Effects in Amerindian Mitochondrial DNA Species», *American Journal of Physical Anthropology* 68 (1985), 149-156. Para conocer un estudio reciente que resulta muy esclarecedor, véase Herbert S. Klein y Daniel C. Schiffner, «The Current Debate about the Origins of the Paleoindians of America», *Journal of Social History* 37:2 (2003), 483-492. Véase también R.S. Malhi et alt., «The Structure of Diversity within the New World Mithocondrial DNA Haplogroups: Implications for the Prehistory of North America», *American Journal of Human Genetics* 70 (2002), 905-919.

19 Existe un debate fundamental en torno a la identidad étnica y lingüística de estos dos grupos. Las islas de Galveston y Follets se encuentran en el

radio de acción más septentrional de los indios karankawa, que fueron
conocidos por La Salle en la década de 1680 y por los habitantes españoles de la costa de Texas durante los siglos XVIII y XIX. Además, toda la
costa central de Texas se asocia con un complejo arqueológico característico conocido como el Rockport Focus, que abarca desde la época anterior
al contacto hasta el periodo colonial. W.W. Newcomb Jr. fue uno de los
primeros en proponer una correspondencia entre los grupos mencionados
en el relato de Cabeza de Vaca —capoques y hans, así como otros grupos
más al sur que el explorador visitaría más adelante— y los cinco grupos
que en los siglos XVIII y XIX comprenderían los karankawas. De norte
a sur, estos cinco grupos eran cocos, cuajanes, los propios karankawas,
coapites y copanos. Basándose sobre todo en sus ubicaciones aproxima-
das, Newcomb identifica a los capoques con los cocos posteriores, a los
deguenes mencionados por Cabeza de Vaca con los cuajanes posteriores,
a los quevenes con los propios karankawas posteriores, a los guaycones
de Cabeza de Vaca con los coapites, y a los quitoles con los copanos. De
acuerdo con especialistas anteriores, Newcomb también ha sugerido que
los *han* —que hablaban un idioma distinto del que hablaban los capoques— eran akosisas (del grupo atakapa), basándose en el hecho de que
han se parece a la palabra atakapa para decir *casa*. Newcomb, «Karankawa»
en *Handbook of North American Indians*, volumen 10 (Washington, DC:
Smithsonian Institution, 1983), 360. En fecha más reciente, Robert A.
Ricklis ha afirmado que las correspondencias de Newcomb son razonables, aunque un tanto especulativas. Aun así, le parece especialmente significativo que tanto en los siglos XVI como XVIII «hubieran cinco
grupos entre la bahía de Matagorda y la de Corpus Christi». Robert A.
Ricklis, *The Karankawa Indians of Texas: An Ecological Study of Cultural
Tradition and Change* (Austin: University of Texas Press, 1996), 8. De
manera similar, en su estudio de los karankawas y tonkawas del siglo XIX,
Kelly F. Himmel afirma que Cabeza de Vaca y sus compañeros «probablemente se encontraron con los antepasados de los karankawas», Himmel,
The Conquest of the Karankawas and the Tonkawas, 1821-1859 (College
Station: Texas A & M University Press, 1999), 14. De manera bastante
sensata, estos autores se abstienen de establecer correspondencias firmes.

Tras leer el relato de Cabeza de Vaca y el *Informe Conjunto* y su enumeración de grupos indígenas en la costa de Texas, resulta difícil otorgar mucha credibilidad a las continuidades étnicas entre el siglo XVI y los siglos posteriores. Para empezar, la llegada de europeos produjo descensos de población en picado entre estos pueblos —de lo que ya informa Cabeza de Vaca—, con lo que se abrió la posibilidad de que otros grupos ocuparan la zona. Esta circunstancia resulta especialmente evidente en la multiplicidad de *etnónimos* vinculados a la costa de Texas en la época colonial, ya que había grupos indígenas de Coahuila, del este de Texas y de otros lugares que recorrían la región y permanecían en ella durante periodos prolongados. Efectuando una criba entre los diarios y registros que dejaron varias expediciones españolas en Texas en los siglos XVII y XVIII, William C. Forster ha recopilado una lista impresionante —aunque también abrumadora— de grupos indígenas vistos en esta región en uno u otro momento. Véase Forster, *Spanish Expeditions into Texas, 1689-1768* (Austin: University of Texas Press, 1995), sobre todo su apéndice sobre «Indian Tribes Reported on Spanish Expeditions into Texas, 1689-1768», 265-289. Se experimenta un desconcierto similar tras leer la lista de países con los que se encontró La Salle en la costa central de Texas. Cox, *The Journeys of La Salle*, II, 114-115. Otros académicos ya han señalado las dificultades de establecer correspondencias directas entre los grupos citados por Cabeza de Vaca y grupos posteriores. Véase especialmente Albert S. Gatschet, *The Karankawa Indians: The Coast People of Texas* (Cambridge, Massachussetts: Peabody Museum of American Archaelogy and Ethnology, 1891), 23, y Adorno y Pautz, *Álvar Núñez Cabeza de Vaca*, II, 237-241. Dicho esto, tampoco hay que echarlo todo por la borda centrándonos demasiado en la identificación cultural de los distintos grupos. Como también aclara Cabeza de Vaca, aunque no estaban vinculados lingüística y culturalmente, grupos como los capoques y los hans llevaban estilos de vida prácticamente idénticos. El registro arqueológico pone de relieve la homogeneidad en las estrategias económicas y la explotación del entorno, a pesar de sus distintas filiaciones lingüísticas y culturales. Por ejemplo, los hallazgos de una excavación reciente en el yacimiento Mitchell Ridge, en la isla de Galveston, cuadran sumamente bien con el estilo de vida escrito por Cabeza de Vaca y otros supervivientes de la expedición de Pánfilo de Narváez. Entre otras cosas, los restos del yacimiento Mitchell Ridge ofrecen pruebas de ocupación estacional en otoño-invierno, revelan la presencia de estructuras aborígenes de planta redonda u ovalada, en la que puede que un lado quedara abierto, y muestran capas de detritos con abundantes espinas de pescado (no cabría esperar restos de raíces acuáticas después de casi 500 años). Este yacimiento permite extraer información sobre los patrones indígenas de ocupación, sus actividades económicas, los utensilios usados comúnmente en el hogar, las prácticas funerarias y otros aspectos de la vida relevantes en la historia de Cabeza de Vaca. Robert A. Ricklis, *Aboriginal Life and Culture on the Upper Texas: Archaeology at the Mitchell Ridge Site, 41GV66, Galveston Island* (Corpus Christi, Texas: Coastal Archaelogical Research Inc., 1994), *pássim*. Esta obra sirve al menos para indicar que la expresión cultural característica de los capoques y hans descrita por Cabeza de Vaca era bastante representativa del estilo de vida que prevalecía por toda la zona que más adelante se convirtió en territorio de los karankawas. Aunque se basa en gran medida en el propio relato de Cabeza de Vaca, mi versión sobre los capoques y los hans recurrirá de manera puntual y cauta a otras fuentes relativas a los karankawas para comprender que esta identidad cultural concreta representaba a un conjunto más amplio de adaptaciones materiales y ambientales de diversos grupos que vivían en la costa de Texas. La impresión de los españoles de que la gente de la costa era muy alta queda corroborada por los esqueletos hallados. Véase Ricklis, *The Karankawa Indians of Texas*, 9-10. En cambio, parece que la altura media de los europeos del norte (no he encontrado datos sobre residentes de la península ibérica), descendió desde los inicios de la Edad Media hasta el siglo XVII de 1,73 metros a 1,67.

[20] Estos cálculos son muy aproximados. Proceden de la observación de Cabeza de Vaca de que los españoles fueron recibidos por un centenar de guerreros indios y considerando que la proporción de hombres adultos respecto a la población total debió de ser 1 a 4. Para los cazadores-recolectores móviles, 400 o 500 son cifras relativamente elevadas. Véase el debate en Ricklis, *Aboriginal Life and Culture on the Upper Texas Coast*, 26.

²¹ Cabeza de Vaca, *Relación de 1542*, 108. Ricklis señala que las aneas son bastante habituales en las bahías pocos profundas de la zona. Las raíces tienen fécula y constituyen una buena fuente de carbohidratos. Son comestibles hasta que llega el pleno invierno. Ricklis, *The Karankawa Indians of Texas*, 107.

²² Cita de Cabeza de Vaca, *Relación de 1542*, 104, 106.

²³ Citas del *Informe Conjunto*, 110, y de Cabeza de Vaca, *Relación de 1542*, 112, respectivamente. Las fuentes no nos dicen de manera específica dónde pasaban los grupos los meses de verano, pero las pruebas arqueológicas resultan bastante claras en relación a este tema. Véase sobre todo Ricklis, *The Karankawa Indians of Texas*, 72-100. La afirmación de Cabeza de Vaca de que los indios habitaban la isla «de octubre a finales de febrero» sugiere otro viaje al continente entre los meses de verano y septiembre.

²⁴ En el siglo XVIII, un oficial francés llamado Simars de Bellisle naufragó en o cerca de la bahía de Galveston. Durante quince meses entre 1719 y 1721, el francés vivió con un grupo indio no muy distinto de los capoques y los hans y dejó una descripción que bien podrían haber escrito Cabeza de Vaca y sus compañeros. Este europeo solitario señaló que los indios no tenían cabañas ni campos, sino que se desplazaban incesantemente de un lugar a otro en busca de comida: «Viajan de esta manera el verano entero. Los hombres matan unos cuantos ciervos y unos cuantos búfalos y las mujeres buscan patatas silvestres [posiblemente las raíces de anea]». Para leer una traducción inglesa del relato de Bellisle, véase Henri Folmer, «De Bellisle on the Texas Coast», *Southwestern Historical Quarterly* 44:2 (octubre de 1940), 216. Como ha señalado un investigador: «Los pueblos indígenas de la costa del Golfo en Texas han desaparecido, pero siempre estimularán nuestras fantasías. Puede que sea porque, a diferencia de nosotros, se enfrentaban a diario y de manera directa con la realidad descarnada de permanecer con vida. Para personas que rara vez habían pasado frío, calor o humedad, que nunca tenían realmente hambre, y esperaban confiados que vivirían mucho tiempo, un pueblo que no poseía ninguna de estas ventajas debió de resultar impactante». W.W. Newcomb, Jr; *The Indians of Texas: From Prehistoric to Modern Times* (Austin: University of Texas Press, 1961), 81.

²⁵ Véase Mariah Wade, «Go-between: The Roles of Native American Women and Álvar Núñez Cabeza de Vaca in Southern Texas in the 16th Century», *Journal of American Folklore* 112 (verano de 1999), 445, 332-342.

²⁶ Cabeza de Vaca, *Relación de 1542*, 104, 106.

²⁷ Cita de Cabeza de Vaca, *Relación de 1542*, 106.

²⁸ Ibid.

²⁹ Ibid.

³⁰ Cabeza de Vaca, *Relación de 1542*, 118.

³¹ Citas del *Informe Conjunto*, 40, Cabeza de Vaca, *Relación de 1542*, 136, y el *Informe Conjunto*, 126, respectivamente. Según el *Informe Conjunto*, solo murió un cristiano por desplazarse de una casa a otra, los otros dos fueron asesinados en circunstancias distintas, pero igual de arbitrarias. Véase también Adorno y Pautz, *Álvar Núñez Cabeza de Vaca*, II, 210-213.

³² Los indios no esclavizaron de inmediato a los náufragos. Los capitanes Andrés Dorantes y Alonso del Castillo y el africano Estebanico, por ejemplo, se encontraron con que «echaron los cinco de ellos que se fuesen a otros indios, que decían que estaban en otro ancón adelante seis leguas... y así se quedaron en aquel rancho estos dos hidalgos y un negro, que les pareció que bastaba para lo que los indios los querían, que era para que les acarreasen a cuestas leña y agua y servirse de ellos como esclavos. Y desde a tres o cuatro días los echaron así mismo a estos otros donde anduvieron perdidos algunos días y sin esperanza de remedio.». Véase *Informe Conjunto*, 123. Dos siglos más tarde, la experiencia en la esclavitud de Belisle fue extraordinariamente similar a la de Cabeza de Vaca y sus compañeros. Merece la pena citar un fragmento extenso: «Fue en ese lugar donde empezaron a tratarme mucho peor que antes. Si necesitaban agua o comida me ordenaban que fuera a buscarlas. Al principio les dije que se fueran a buscarlas ellos mismos porque sabía un poco de su idioma. Cuando se lo dije esta segunda vez, uno de ellos me golpeó con todas sus fuerzas. Entonces entendí que debería obedecer sin replicar. Así que me fui a buscarles madera. En cuanto volví, una mujer me dijo que fuera a buscar un poco de agua. Lo hice. Y desde entonces empezaron a tratarme mal, no podía decir una palabra sin recibir una bofetada o un golpe con un palo, o sin que me pegaran con cualquier objeto que cayera en sus manos.

Los grandes me pegaban y los pequeños también, y aquellos con los que era amable eran los que más me pegaban». Fomer, «De Bellisle on the Texas Coast», 216-217.

[33] Cabeza de Vaca, *Relación de 1542*, 118.

[34] Ibid.

[35] Para saber sobre las actividades comerciales de Cabeza de Vaca, véase J.X. Corgan, «Cabeza de Vaca, Dealer in Shells», *American Malacological Union, Annual Reports for 1968* (1969), 13-14. Thomas R. Hester señala que Cabeza de Vaca participó en un antiguo sistema comercial en el sur de Texas. Hester, «Artifacts, Archaelogy and Cabeza de Vaca in Southern Texas and Northeastern Mexico», en *Windows to the Unknown: Cabeza de Vaca's Journey to the Southwest*. Simposio organizado por el Center for the Study of the Southwest de la Southwest Texas State University, San Marcos.

[36] Cabeza de Vaca, *Relación de 1542*, 120.

[37] Cabeza de Vaca, *Relación de 1542*, 122.

[38] Cabeza de Vaca, *Relación de 1542*, 124.

[39] Cita de Cabeza de Vaca, *Relación de 1542*, 126. Para conocer una revisión prudente sobre la estación en la que debió de producirse esta reunión, véase la nota 2 del siguiente capítulo.

[40] Cabeza de Vaca, *Relación de 1542*, 80.

[41] Para conocer una discusión más detallada sobre las identidades de estos supervivientes, véase Adorno y Pautz, *Álvar Núñez Cabeza de Vaca*, II, 196-198. Naturalmente, estas cifras variaron a lo largo del tiempo. Había catorce náufragos en Malhado en la primavera de 1529, pero solo doce cruzaron hasta llegar al continente. De este grupo de doce, dos hombres se ahogaron, pero posteriormente el grupo se encontró con otro cristiano que se sumó a ellos, etcétera.

[42] Cita de Cabeza de Vaca, *Relación de 1542*, 126.

Capítulo 7

[1] El *Informe Conjunto* ofrece la mejor descripción de estas nueces de pecán: «Hay en las costas de aquel río muchas nueces, las cuales comen en su tiempo, porque dan allí el fruto los nogales un año sí y otro no, y algunas

veces pasa un año o dos que no dan fruto; pero cuando las hay, aquellas nueces son muchas y muy golosos los indios de ellas, que de veinte y treinta leguas toda la comarca alrededor de allí van a comerlas... y no comen en todo un mes que duran las nueces otra cosa. Estas nueces son menudas, mucho más que las de España, y trabajoso de sacar lo que de adentro se come de ellas», *Informe Conjunto*, 127. Existe cierta polémica acerca de cuándo se produjo este encuentro, ya que las fuentes son un tanto vagas respecto a este punto. Adorno y Pautz afirman que el reencuentro sucedió «en la primavera de 1533», Adorno y Pautz, *Álvar Núñez Cabeza de Vaca*, II, 218. Sin embargo, la biología de las pacanas hace que se descarte esta posibilidad. Las nueces de pecán tienen que cosecharse en un periodo muy concreto que va de principios de octubre a principios de diciembre. Si se intentara cosechar las nueces antes, se obtendrían ramitas regordetas rematadas por cáscaras verdes sin desarrollar del todo y rellenas de una sustancia gelatinosa y tánica que no podría haber alimentado a nadie. Si se intentara cosechar las nueces de pecán tras el periodo de dos meses, las ardillas ya se las habrían comido. Dado que se trata sin duda de nueces de pecán, el reencuentro debió de producirse en octubre, noviembre o principios de diciembre como muy tarde. Esta idea cuadra con otros pasajes de la *Relación*. Cabeza de Vaca señala nada menos que tres veces que tuvo que permanecer con los mariames seis meses antes de poder ejecutar el plan de huida. Adorno y Pautz especulan que este periodo de tiempo probablemente abarcó «de abril hasta septiembre de 1533», Cabeza de Vaca, *Relación de 1542*, 128 y nota 1 de la versión en inglés. Pero sabemos que no puede ser así, ya que en abril no habría nueces de pecán. La interpretación alternativa del periodo de espera de seis meses para Cabeza de Vaca se sitúa entre noviembre —en el punto álgido de la temporada de nueces de pecán— y mayo o junio, cuando los mariames, yguases y demás viajaban al sur a visitar unos nopales ubicados más al sur aún, como veremos más adelante. Krieger se aproxima más al afirmar que el reencuentro de los cuatro náufragos tuvo lugar «en o en torno a enero de 1533», basándose en que «la siguiente temporada de tunas iba a empezar en seis meses», Krieger, *We Came Naked and Barefoot*, 35. Ahora hay que centrarse en el tema del año. ¿Tuvo lugar el reencuentro del *río de las nueces* en 1533 o en 1532? Para esclarecer esta cuestión, hay que remontarse a abril de 1536, cuando estamos seguros de que los náufragos volvieron al territorio controlado por los españoles en lo que ahora es el noroeste de México. Sabemos que los náufragos vivieron con los mariames e yguases (o con algún otro grupo vecino) durante año y medio. Pero Cabeza de Vaca y el *Informe Conjunto* aluden a un primer intento fallido de huida seis meses después de la llegada de Cabeza al *río de las nueces*, y a una huida exitosa un año más tarde. Véase más abajo para conocer las citas concretas. Cabeza de Vaca también afirma categóricamente que los náufragos pasaron ocho meses lunares con los avavares: «Nosotros estuvimos con aquellos indios avavar ocho meses. Y esta cuenta hazíamos por las lunas». Cabeza de Vaca, *Relación de 1542*, 164. Estos dos periodos ya suman dos años y dos meses. Si el reencuentro en el *río de las nueces* se hubiera producido en el otoño de 1533 —digamos en octubre como muy pronto—, y le sumamos los dos años y dos meses, llegamos a enero de 1536, con lo que los cuatro hombres solo disponían de tres meses para atravesar el continente entero, lo cual claramente era imposible. Por lo tanto, el reencuentro en el *río de las nueces* debió de producirse en otoño de 1532. Como de costumbre, los estudiosos de las rutas han debatido sobre la identidad del *río de las nueces*. Los primeros especialistas como Ponton y McFarland propusieron el río Colorado. Miss Brownie Ponton y Bates H. McFarland, «Álvar Núñez Cabeza de Vaca: A Preliminary Report on His Wanderings in Texas», *Southwestern Historical Quarterly*, 1:3 (1898), 166-186. En los últimos tiempos, Baskett, Krieger y T. N. Campbell y T. J. Campbell han defendido de manera muy convincente los cursos bajos de los ríos San Antonio y Guadalupe, sobre todo éste último. James Newton Baskett, «A Study of the Route of Cabeza de Vaca», *Texas State Historical Association Quarterly* 10 (1907), 246-279; Krieger, *We Came Naked and Barefoot*, 39, 152; y T. N. Campbell y T. J. Campbell, *Historic Indian Groups of the Choke Canyon Reservoir and Surrounding Area, Southern Texas* (San Antonio: Center for Archaeological Research, University of Texas at San Antonio, Choke Canyon Series, 1981), 5-6. Véase también el debate en Adorno y Pautz, *Álvar Núñez Cabeza de Vaca*, II, 217-218. Actualmente, la mayoría de los académicos están de acuerdo en que el *río de las nueces* debió de ser el bajo río Guadalupe. Las nueces de pecán son autóctonas de Norteamérica y se encontraban en grandes cantidades en Texas, hasta el punto de que la pacana se convirtió en el árbol oficial de Texas en 1919.

2 Por desgracia, este gran tunal en el bajo río Nueces ha desaparecido casi del todo. Una helada muy fuerte redujo drásticamente el número de cactus en 1899. Para conocer un debate esclarecedor sobre la ubicación de aquel paraíso alimenticio y leer citas excelentes que describen la enormidad de los nopales hasta el siglo xix véase Campbell y Campbell, *Historic Indian Groups of the Choke Canyon Reservoir*, 6-8. Cabeza de Vaca hizo la siguiente descripción de las tunas o higos chumbos: «[son] del tamaño de huevos y son bermejas y negras y de muy buen gusto». Cabeza de Vaca, *Relación de 1542*, 128.

3 Cabeza de Vaca, *Relación de 1542*, 150.

4 *Informe Conjunto*, 44.

5 La descripción de Cabeza de las «vacas» grandes con «cuernos pequeños» aparece en *Relación de 1542*, 146.

6 Cabeza de Vaca, *Relación de 1542*, 140. T. N. Campbell y T. J. Campbell ha recopilado todo el material etnográfico disponible perteneciente a los mariames, yguases y otros grupos indios de la zona. Los Campbell calculan que la población de mariames «no debía de superar los 200 individuos». Este cálculo de población se deduce de un comentario breve en el *Informe Conjunto* donde se describe una caza de ciervos en la que participaron 60 hombres. Los Campbell asumen que estos 60 individuos eran todos los hombres adultos del grupo. También asumen que el tamaño medio de una familia mariame es de 5 miembros y de alguna manera reducen la cifra resultante para contemplar la práctica del infanticidio femenino, como se comentará más adelante. Son especulaciones razonables. Campbell y Campbell, *Historic Indian Groups of the Choke Canyon Reservoir*, 27-28.

7 Cabeza de Vaca, *Relación de 1542*, 140, 142.

8 Cita de Cabeza de Vaca, *Relación de 1542*, 140. Véase también Cabeza de Vaca, *Relación de 1542*, 128, 138.

9 Cita de Cabeza de Vaca, *Relación de 1542*, 136, 138. Aunque poco común, el infanticidio femenino se practicaba en otras sociedades americanas y del resto del mundo.

[10] El estado de Texas tiene más especies de mosquitos —81 en total— que cualquier otro estado de Estados Unidos o cualquier lugar de Canadá y Alaska. Véase Richard F. Darsie Jr., y Ronald A. Ward, *Identification and Geographical Distribution of the Mosquitoes of North America, North of Mexico* (Fresno, California: American Mosquito Control Association, 1981), sobre todo la sinopsis de la incidencia de especies de mosquitos en el oeste de Estados Unidos en las páginas 227 a 230. Además de debilitar el cuerpo, los mosquitos contribuyen a propagar enfermedades víricas y bacteriales. Los mosquitos continuaron siendo una plaga a lo largo de los siglos de colonización de América. En el siglo XVIII, un francés que naufragó en la bahía de Galveston recordó cómo en verano «había tantos mosquitos que pensé que me moriría. Me tuve que meter en el agua hasta el cuello y pasé la noche de este modo», Henri Folmer, «De Bellisle on the Texas Coast», *Southwestern Historical Quarterly*, 44:2 (octubre de 1940), 216.

[11] Cabeza de Vaca, *Relación de 1542*, 142, 144.

[12] Cabeza de Vaca, *Relación de 1542*, 146.

[13] Cita de Cabeza de Vaca, *Relación de 1542*, 146, 148.

[14] Ibid.

[15] El nombre de este grupo puede deletrearse de varias formas: anagados, eanagados, ganegados, etc. Puede encontrarse una compilación útil de la escasa información que existe sobre este grupo en T. N. Campbell y T. J. Campbell, *Historic Groups of the Choke Canyon Reservoir*, 27-28. Adorno y Pautz observan que aunque el *Informe Conjunto* y la *Relación* de Cabeza en ocasiones divergen, en este caso en particular se complementan a la perfección. Adorno y Pautz, *Álvar Núñez Cabeza de Vaca*, II, 245-247.

[16] *Informe Conjunto*, 130.

[17] Krieger considera la huida de los náufragos de los mariames y los yguases como el comienzo de su viaje terrestre por Norteamérica. Adorno y Pautz cuestionan esta idea y afirman que los cuatro hombres «no avanzaron más en su viaje», ya que pasaron ocho meses lunares con otro grupo de la zona conocido como los avavares. «Rechazamos el planteamiento de Krieger de que el viaje empezó en esta primera zona de nopales», escriben Adorno y Pautz, «ya que los relatos no dan prácticamente información sobre los

paraderos y los viajes de los hombres durante el invierno de 1534 a 1535»,
Adorno y Pautz, *Álvar Núñez Cabeza de Vaca*, II, 247. Aunque pueda que
sea cierto desde un punto de vista estrictamente geográfico, es imposible
pasar por alto las motivaciones de los hombres. Tanto el *Informe Conjunto*
como la *Relación* de Cabeza de Vaca describen de manera bastante explícita la separación de los supervivientes de los mariames e yguases como
un «escape» o «huida» y manifiestan claramente el objetivo de llegar a
Pánuco. Existen pocas dudas de que, al menos en retrospectiva, los cuatro
náufragos ya no contemplaban sus movimientos como una rotación de un
grupo a otro dentro de una región limitada de Texas, sino como un intento
de alcanzar tierras cristianas. Para saber sobre los inicios de los náufragos
como curanderos, véase Cabeza de Vaca, *Relación de 1542*, 112. Resulta
difícil establecer la cronología precisa de estas ceremonias de curación.
Adorno y Pautz han sido muy perspicaces al notar ciertas discrepancias
entre la *Relación* de Cabeza de Vaca y el *Informe Conjunto*. Cabeza de Vaca
afirma que curó por primera vez en la isla de Malhado y que realizó al
menos una cura más en *el río de las nueces*. Sin embargo, el *Informe Conjunto*
no menciona ceremonias de curación hasta que los náufragos abandonaron a los avavares, en algún momento del verano de 1535. Ambos relatos
tampoco concuerdan en los motivos por los que los avavares trataron tan
bien a los náufragos. Cabeza de Vaca afirma que sus compañeros y él ya
eran conocidos como curanderos, pero el *Informe Conjunto* se limita a
afirmar que los avavares sabían muy poco de lo mal que habían tratado
a los extraños previamente. Partiendo de tales discrepancias, Adorno y
Pautz pasan a plantear que, aunque el relato de Cabeza de Vaca sobre la
curación debió de ser fiel a lo sucedido, el antiguo tesorero real adelantó
toda esta secuencia de sucesos hasta la llegada de los náufragos a la costa
de Texas, Adorno y Pautz, *Álvar Núñez Cabeza de Vaca*, II, 283-285. Es
una posibilidad, aunque es igual de probable que las discrepancias entre
la *Relación* y el *Informe Conjunto* procedan de las experiencias distintas de
los náufragos. Cabeza de Vaca se muestra muy claro respecto al hecho
de que Castillo y él fueron los primeros náufragos en curar mientras que
Estebanico y Dorantes fueron los últimos, por lo que no resultaría una
sorpresa que la *Relación* refleje la perspectiva de alguien que participó en

las curas con anterioridad, mientras que el *Informe Conjunto* —que suele presentar el punto de vista de Dorantes— explica el mismo relato desde el punto de vista del último náufrago que curó. Sencillamente no hay información suficiente en los dos relatos para apoyar una interpretación en contraposición a otra. Además, no está claro por qué habría querido Cabeza de Vaca cambiar las fechas de las curas. Tal y como admiten Adorno y Pautz, Cabeza de Vaca nunca exalta las curas tan abiertamente como otros cronistas de estos sucesos. Si su intención hubiera sido atraer la atención hacia sus aptitudes y milagros médicos, podría haberlo hecho de formas mucho más directas que falseando la cronología de las ceremonias de curación. Adorno y Pautz también parecen cuestionar el relato de las primeras curas de Cabeza de Vaca basándose en que en aquella época debía de ser un mero esclavo. Estos autores enfatizan la coherencia existente entre la *Relación* y el *Informe Conjunto* en relación al mal trato que recibieron los náufragos antes de 1535 y observan que esa perspectiva concuerda menos con las afirmaciones de Cabeza de Vaca «sobre el comienzo de las curas en Malhado y su continuación ininterrumpida posteriormente», Adorno y Pautz, *Álvar Núñez Cabeza de Vaca*, II, 283. Pero de todos modos no tiene por qué ser así. Es perfectamente posible que los indios trataran a los náufragos como esclavos y *al mismo tiempo* creyeran que poseían poderes especiales. La mención específica que hace Cabeza de Vaca de que los indios los obligaban a curar retirándoles la comida indica justamente una situación semejante. Aunque en principio puede parecer una contradicción, no obstante es completamente posible. Como quedará claro en el resto de este capítulo, opino que las ceremonias de curación realizadas por Cabeza de Vaca y los demás sucedieron cuando dijo que sucedieron, ya que no hay pruebas suficientes que me convenzan de que la cronología fue otra.

[18] *Informe Conjunto*, 130.

[19] Falta la fecha exacta de la aparición de la virgen María en las afueras de León, y solo se conocen unos pocos detalles. El nombre del pastor era Álvar Simón. El Papa aludió más adelante a este suceso, añadiendo así el imprimátur de la iglesia, cuando escribió que «cierto pastor al que, en sueños o de manera divina, se reveló que en cierto camino público fuera de la ciudad de León, debería construirse un santuario o ermita u ora-

torio en honor de la Santísima Virgen María». Bula papal de 1517, tal
y como se cita en William A. Christian Jr., *Apparitions in Late Medieval
and Renaissance Spain* (Princeton: Princeton University Press, 1981), 150.
Apariciones similares a lo largo de los siglos xv y xvi habían llevado a
construir montones de santuarios marianos en España e Italia, y en otros
lugares del continente. Se puede encontrar una traducción de los testimonios de la investigación en torno a las declaraciones de Juan de Rabe en
Christian, *Apparitions*, 152-159. Para saber más sobre la aparición de la
Virgen en 1523 véase también Christian, *Apparitions*, 159-179. Además
de la venerada Virgen —que era sin lugar a dudas la protagonista más
habitual de tales apariciones—, de vez en cuando san Antonio de Padua
y el arcángel Miguel hacían sus propias apariciones en España. Christian, *Apparitions*, 94. Consideradas en conjunto, estas apariciones siguen
ciertos patrones. Exceptuando algunos casos extraordinarios —Juana de
Arco, Brígida de Suecia y Savonarola—, las apariciones fueron de manera
casi exclusiva de carácter local y no amenazaban a los poderes eclesiásticos
e imperiales. Su cronología está bien definida. Fueron más frecuentes
desde finales del periodo medieval hasta el Renacimiento, y de nuevo de
mediados del siglo xix hasta la actualidad. Christian, *Apparitions*, 3-9,
204-205. Para saber sobre la influencia de la experiencia religiosa en la
gente en general, véase William A. Christian Jr., *Local Religion in Sixteenth Century Spain* (Princeton: Princeton University Press, 1981), pássim.
Dos análisis de casos en profundidad ofrecen contexto adicional: Richard
L. Kagan, *Lucrecia's Dreams: Politics and Prophecy in Sixteenth-Century
Spain* (Berkeley: University of California Press, 1990), y Sara Tilghman
Nalle, *Mad for God: Bartolomé Sánchez, the Secret Messiah of Cardenete*
(Charlottesville: University Press of Virginia, 2001).

[20] Era una época de agitación y experimentación religiosa. En la década de
1520, la cristiandad se vio totalmente conmocionada por las revoluciones
luterana y anabaptista. Teólogos, príncipes y cristianos devotos de toda
Europa acabaron adoptando estas ideas religiosas nuevas. El mundo cristiano se partió por la mitad. Pero España intentó aguantar hasta el final
convirtiéndose en la defensora de la Iglesia de Roma y el epicentro de la
Contrarreforma.

21 Primera cita de Cabeza de Vaca, *Relación de 1542*, 98. Rolena Adorno ha planteado este tema anteriormente. Adorno, «The Negotiation of Fear in Cabeza de Vaca's Naufragios», *Representations 33* (invierno de 1991), 167-168. La segunda cita es del *Informe Conjunto*, 125.

22 Cita de Cabeza de Vaca, *Relación de 1542*, 172.

23 Además de los cuatro supervivientes, hubo otros como Lope de Oviedo. Aun así, la cifra de supervivientes era terriblemente escasa.

24 Cabeza de Vaca, *Relación de 1542*, 156.

25 Primera cita de Cabeza de Vaca, *Relación de 1542*, 156. Segunda cita de Cabeza de Vaca, *Relación de 1542*, 158.

26 Primera cita de Cabeza de Vaca, *Relación de 1542*, 112. España fue una de las primeras naciones europeas en crear un consejo de médicos, el *Real Protomedicato*, encargado de formar, otorgar licencias y supervisar a todos los médicos profesionales. Véase John Tate Lanning, *The Royal Protomedicato: The Regulation of the Medical Professions in the Spanish Empire*, editado por John Jay Tepaske (Durham: Duke University Press, 1985). Segunda cita de Cabeza de Vaca, *Relación de 1542*, 112. Tercera cita de Cabeza de Vaca, *Relación de 1542*, 112.

27 John G. Bourke, *On the Border with Crook* (Lincoln: University of Nebraska Press, 1971), 33. El capitán Bourke formaba parte del personal del general George Crook. Quedó fascinado con los indios y escribió mucho sobre sus hábitos y estilos de vida. Resulta sumamente difícil averiguar cuáles eran las creencias concretas, el modo de pensar o las técnicas empleadas por los curanderos en la época de la expedición de Florida. Tanto la *Relación* como el *Informe Conjunto* proporcionan algunos detalles. Para conocer el tratamiento más detallado que existe sobre el tema, véase Rafael Valdez Aguilar, *Cabeza de Vaca, chamán* (Ciudad de México: Editorial México Desconocido, 2000), *pássim*. Se puede averiguar más investigando a curanderos y curanderas que vivieron en épocas más recientes, aunque tuvieron que introducirse ciertos elementos judeocristianos en sus prácticas curativas tras el contacto con los conquistadores. Véase especialmente David E. Jones, *Sanapia: Comanche Medicine Woman* (Prospect Heights, Illinois: Waveland Press, 1972). Mi descripción de los rasgos generales de las prácticas chamánicas se basa

sobre todo en Sanapia, una curandera que vivía entre los comanches de Oklahoma y que ofreció información muy valiosa sobre su oficio. La existencia de chamanes se detecta con facilidad en el registro arqueológico. Gran parte de los restos materiales de las culturas antiguas de América se centran precisamente en estos individuos extraordinarios y su capacidad para establecer conexiones entre el mundo natural y el sobrenatural. Por ejemplo, la cultura olmeca más al sur en el golfo de México destaca por sus manifestaciones artísticas que representan prácticas chamánicas. Véase David A. Freídle, «Preparing the Way», en *The Olmec World: Ritual and Rulership* (Princeton: Art Museum. Princeton University Press, 1996), 3-9. Pueden encontrarse ejemplos similares en los mayas, los toltecas, los nahua-mexicas y en otras culturas autóctonas más al norte.

[28] Cita de Cabeza de Vaca, *Relación de 1542*, 152.

[29] Cita de Cabeza de Vaca, *Relación de 1542*, 154.

[30] Cabeza de Vaca, *Relación de 1542*, 114. Véase también Cabeza de Vaca, *Relación de 1542*, 164.

[31] Citas de Cabeza de Vaca, *Relación de 1542*, 166, 168. Véase el debate sobre Mala Cosa en Adorno, «The Negotiation of Fear in Cabeza de Vaca's Naufragios», 173-176.

[32] Cita de Cabeza de Vaca, *Relación de 1542*, 160, 162.

[33] Primera cita de Cabeza de Vaca, *Relación de 1542*, 160, 162. Segunda cita de Cabeza de Vaca, *Relación de 1542*, 162.

[34] La primera y la segunda cita pertenecen a Cabeza de Vaca, *Relación de 1542*, 164. Para conocer un debate general sobre el miedo tanto entre los españoles como entre los indios, véase Adorno, «The Negotiation of Fear in Cabeza de Vaca's Naufragios», 163-199.

[35] Era habitual que los primeros contactos entre europeos y nativos americanos generaran imaginativos malentendidos. De hecho, este proceso ha resultado crucial en la creación de los primeros entornos coloniales. Para conocer la investigación más incisiva de este fenómeno, véase Richard White, *The Middle Ground: Indians, Empires, and Republics in the Great Lakes Region, 1650-1815* (Nueva York: Cambridge University Press, 1991), *pássim*. Adorno y Pautz llegan a una formulación similar

de «hibridación mutua de los gestos y comportamientos», en Adorno y Pautz, *Álvar Núñez Cabeza de Vaca*, II, 299.

[36] Cita de Cabeza de Vaca, *Relación de 1542*, 164. El Concilio de Letrán estableció en 1515 que todos los manuscritos de libros tenían que ser revisados por una autoridad eclesiástica competente antes de su publicación. Pero hasta 1536 la Inquisición no asumió la tarea principal de revisar los manuscritos y emitir las licencias. A partir de 1550, la Inquisición reconsideró su postura, redujo el proceso formal de revisión y se limitó a condenar los textos que se consideraban erróneos. Curiosamente, la segunda edición de la *Relación* de Cabeza de Vaca se publicó en 1552, solo dos años después de que la Inquisición redujera su papel.

[37] Primera cita de Francisco López de Gómara, citada en Jacques Lafaye, «Los 'milagros' de Álvar Núñez Cabeza de Vaca (1527-1536)», en *Mesías, cruzadas, utopías: el judeo-cristianismo en las sociedades ibéricas* (Ciudad de México: Fondo de Cultura Económica, 1984), 76. En el *Informe Conjunto*, Oviedo sí empleó la palabra *milagro*, por ejemplo, cuando escribió que «... aunque estaban más acostumbrados a trabajos que a hacer milagros», en el *Informe Conjunto*, 133. La beatificación de Cabeza de Vaca y los demás ya había comenzado. Segunda cita de Garcilaso de la Vega, *Historia de la Florida*, citada en Lafaye, «Los 'milagros' de Álvar Núñez Cabeza de Vaca», 77. Tercera cita de Andrés Pérez de Ribas, *Historia de los triunfos de nuestra Santa Fe*, citada en Lafaye, «Los 'milagros' de Álvar Núñez Cabeza e Vaca», 79. Cuarta cita de Gabriel de Cárdenas Cano, *Ensayo cronológico para la historia general de la Florida*, citada en Lafaye, «Los 'milagros' de Álvar Núñez Cabeza de Vaca», 81.

[38] Krieger, *We Came Naked and Barefoot*, 47-49, y Campbell y Campbell, *Historic Indian Groups*, 6-9. Como observan muy perspicazmente los Campbell: «las referencias [en la *Relación* de Cabeza de Vaca] al terreno, la vegetación y el agua de superficie no indican que se atravesara parte alguna de la Great Sand Belt». Campbell y Campbell, *Historic Indian Groups*, 8.

[39] Cita de Cabeza de Vaca, *Relación de 1542*, 172. El monte sigue estando allí. Debido al aumento de las temperaturas, el incremento de los niveles de dióxido de carbono, el pastoreo excesivo por parte del ganado y la

falta de incendios recurrentes, hoy en día es aún más espeso y difícil de atravesar. En la época de la expedición de Pánfilo de Narváez, las zonas frondosas al sur de Texas debían de parecer más abiertas.

⁴⁰ Krieger, *We Came Naked and Barefoot*, 51.

⁴¹ Cita de Cabeza de Vaca, *Relación de 1542*, 170.

⁴² Cabeza de Vaca, *Relación de 1542*, 190.

⁴³ Primera cita de Cabeza de Vaca, *Relación de 1542*, 182. Segunda cita de Cabeza de Vaca, *Relación de 1542*, 180. El tesorero real hablaba con conocimiento de causa. Había hecho el servicio militar en Italia. Participó en la batalla de Rávena en 1512, donde tuvo ocasión de observar la habilidad en la lucha de los italianos. Adorno y Pautz han recopilado los escasos registros que quedan de la participación de Cabeza de Vaca en Italia. Adorno y Pautz, *Álvar Núñez Cabeza de Vaca*, I, 360-366.

⁴⁴ El *Informe Conjunto*, 134. Los estudiosos han escrito mucho sobre las localizaciones del río que «a su parecer era más ancho que el Guadalquivir en Sevilla.». Véase sobre todo Davenport y Wells, «The First Europeans in Texas», 111-142; Krieger, *We Came Naked and Barefoot*, 45-61; T. N. Campbell y T. J. Campbell, *Historic Indian Groups of the Choke Canyon Reservoir*, 8-9; Chipman, «In Search of Cabeza de Vaca's Route across Texas», 127-148, y Adorno y Pautz, *Álvar Núñez Cabeza de Vaca*, II, 260-264, 290-293. Actualmente los nacionalistas de Texas siguen creyendo a modo de *artículo de fe* que los náufragos atravesaron toda Texas hasta la zona de El Paso. Todos los autores citados anteriormente han contribuido a echar por tierra esta idea y han demostrado que gran parte de este viaje tuvo lugar en lo que actualmente es el noreste de México. Aunque ninguno de los autores recientes duda de la identificación del río «más ancho que el Guadalquivir en Sevilla» con el río Grande, sigue habiendo un punto menor de discusión en torno al lugar exacto por el que cruzaron. Los Campbell y Krieger creen que ocurrió más cerca del delta. Thomas R. Helestser, en el epílogo de *We Came Naked and Barefoot*, 152-152, también ha salido en defensa de la cuenca del embalse de Falcon como punto de cruce. Cabeza de Vaca menciona la presencia de una población indígena importante de un centenar de casas al sur del lugar por donde cruzó. Es posible que la

arqueología acabe resolviendo el asunto algún día. Por lo que respecta a la identidad de las montañas, las dos opciones más probables son: la sierra de Pamoranes en el norte de Tamaulipas, que está más cerca de la costa y es algo más pequeña, y la sierra Cerralvo del noreste de Nuevo León, que está más al anterior y hacia el norte y es más grande. Adorno y Pautz se han decantado a favor de la primera alternativa, mientras que Krieger —siguiendo a Davenport y Wells— apoyan la segunda. No hay pruebas firmes para resolver la cuestión en la actualidad, pero Adorno y Pautz presentan argumentos de peso para sustentar por qué los náufragos debieron de verse inclinados a permanecer relativamente cerca de la costa, por lo que se muestran partidarios de la Sierra de Pamoranes. Krieger, *We Came Naked and Barefoot*, 59-61, y Adorno y Pautz, *Álvar Núñez Cabeza de Vaca*, II, 169-178, 293-295.

[45] La primera cita es de Cabeza de Vaca, *Relación de 1542*, 194. La segunda cita es de Cabeza de Vaca, *Relación de 1542*, 198. La cuestión de cómo consideraban los indios a los forasteros es fundamental y al mismo tiempo difícil de responder. ¿Veían a Cabeza de Vaca y sus compañeros como dioses? Esta misma pregunta se ha planteado en relación a otros ejemplos de contacto, incluidas las primeras interacciones de Colón con los nativos del Caribe y la conquista de México a manos de Cortés y su identificación con Quetzalcoatl. Aunque el caso Cortés/Quetzalcoatl no está de ningunamanera cerrado, investigaciones recientes han enfatizado la elaboración posterior a la conquista y han encontrado poquísimas pruebas que sustenten semejante identificación *durante* e inmediatamente después de la conquista. Véase sobre todo Camilla Townsend, «Burying the White Gods: New Perspectives on the Conquest of Mexico», *American Historical Review* 108:3 (junio de 2003), 1-56. Adorno y Pautz tratan esta misma cuestión en relación a los supervivientes de la expedición de Narváez. Los autores tienen toda la razón al señalar que Cabeza de Vaca procura distanciarse de las creencias nativas en relación a que ellos pudieran ser dioses. Es comprensible que Cabeza de Vaca se resistiera a mostrarse blasfemo en un relato público. Pero al mismo tiempo tales declaraciones realizadas repetidamente a lo largo de la *Relación* indican claramente que los propios nativos atribuían poderes sobrenaturales a los forasteros,

auque no los consideraran directamente dioses. Véase el debate en Adorno y Pautz, *Álvar Núñez Cabeza de Vaca*, II, 297-300. Es más, la creencia
en los poderes sobrenaturales de los náufragos coincidiría del todo con
la confianza tradicional de los nativos americanos en los chamanes y los
curanderos.

[46] Véase Cabeza de Vaca, *Relación de 1542*, 192. La única insinuación de
encuentros sexuales con nativas procede de Estebanico, que más adelante
participó en otra expedición a Sonora y posiblemente a Arizona. Los relatos españoles del siglo XVI afirman que Estebanico pedía mujeres bonitas
de los poblados que visitaba, un hábito que solo podía haber adquirido
durante su increíble estancia con Cabeza de Vaca y los otros náufragos.
Pedro de Castañeda de Nájera, «Relación de la Jornada de Cíbola», en
Narrative of the Coronado Expedition, editado por John Millar Morris
(Chicago: Lakeside Press, 2002), 34, 36.

[47] La sierra de Pamoranes comienza a menos de 180 kilómetros en dirección sur de la cuenca del embalse de Falcon. Adorno y Pautz observan
muy acertadamente que las montañas debieron de animar mucho a
los náufragos. Antes incluso de que la expedición de Florida saliera
de España, se sabía que había tres montañas en la costa de Pánuco,
como se revela en un mapa de 1527 encargado por Carlos V. Es probable, aunque no seguro, que Cabeza de Vaca y sus compañeros viajeros
entendieran que las montañas que habían visto indicaban la proximidad
del río de las Palmas. Véase Adorno y Pautz, *Ávar Núñez Cabeza de
Vaca*, II, 290-295.

[48] Estoy de acuerdo con Adorno y Pautz en que la críptica afirmación de
Cabeza de Vaca, «teníamos por mejor de atravesar la tierra» a menudo se
ha malinterpretado. Esta afirmación se refiere solamente a la decisión de
los náufragos de continuar hasta Pánuco por una ruta interior en vez de a
través de la costa, y no a cruzar el continente entero. Adorno y Pautz,
Álvar Núñez Cabeza de Vaca, II, 291-292. Dado que las fuentes no alber-
gan declaraciones explícitas en relación al motivo por el que los náufragos
decidieron evitar Pánuco y atravesar el continente, cualquier explicación
ha de ser de naturaleza especulativa y basarse en la medida de lo posible
en las escasas pistas que existen en el texto.

Capítulo 8

1 Este loro grande con plumas irisadas vive en los bosques húmedos de tierra caliente de la costa del Golfo. Los arqueólogos han hallado centenares de restos de guacamayos rojos en los actuales Chihuahua, Arizona, Nuevo México y en zonas de Colorado, aunque su territorio natural no se extiende tan al norte. Los comerciantes que hacían largos viajes conseguían los polluelos en Huasteca, los metían en cestas de carga y atravesaban la sierra Madre Oriental por caminos muy transitados, dedicándose a alimentar a los animales y protegerlos del calor o el frío excesivos. Los clientes ansiosos que vivían en mitad del continente debían de compensar sus esfuerzos. Acostumbraban a sacrificar guacamayos rojos a los que acababan de salirles las plumas, enterraban sus restos bajo los suelos de las casas y utilizaban las plumas brillantes en ceremonias importantes. William C. Foster ha examinado recientemente la investigación existente sobre el sistema de comercio de guacamayos rojos y la ha utilizado para argumentar de manera convincente que Cabeza de Vaca y sus compañeros «se desplazaban por una ruta comercial este-oeste muy transitada que conectaba el sudoeste de Estados Unidos con zonas orientales de guacamayos rojos en la selva tropical de Tamaulipas y probablemente en Huasteca». William C. Foster, ed., *The La Salle Expedition on the Mississippi River: A Lost Manuscript of Nicolas de La Salle, 1682* (Austin: Texas State Historical Association, 2003), 69. Como veremos, otras pistas en el relato de Cabeza de Vaca apuntan a la misma conclusión. La investigación arqueológica sobre los restos de los guacamayos rojos ha proporcionado muchísima información. En un estudio monumental de las ruinas de Paquimé (Casas Grandes), Charles C. Di Peso y su equipo de investigadores recuperaron nada menos que 332 esqueletos de guacamayos rojos. Su estudio proporciona pistas sobre cómo pudieron transportar a estos pájaros desde Tamaulipas, guardarlos en Paquimé y sacrificarlos en primavera. Charles C. Di Peso, John B. Rinaldo y Gloria J. Fenner, *Casas Grandes: A Fallen Trading Center of the Gran Chichimeca* (Flagstaff: Amerind Foundation and the Dragoon Northland Press, 1974), VIII, 272-278. Lyndon L. Hargrave ha llevado a cabo el estudio más completo que existe sobre restos de guacamayos rojos en yacimientos al norte de la actual frontera internacional. Consiguió identificar

a 145 guacamayos distribuidos por el sudoeste con concentraciones considerables en Pueblo Bonito, Wupatki y las ruinas de Point of Pines. Así, Casas Grandes posee prácticamente dos tercios de todos los guacamayos hallados en el sudoeste de Estados Unidos y el norte de México. Lo cierto es que las instalaciones de cría de guacamayos halladas en Paquimé son tan importantes que durante cierto tiempo los estudiosos pensaron que este yacimiento ejerció de proveedor regional de plumas de guacamayo rojo y posiblemente de animales vivos. Pero dos excavaciones recientes en la zona central del oeste y el noroeste de Chihuahua han demostrado que los otros centros también criaban guacamayos y por lo tanto también debían de recibir animales vivos de la costa del golfo de México. Paul E. Minnis, Michael E. Whalen, Jane H. Kelley y Joe D. Stewart, «Prehistoric Macaw Breeding in the North American Southwest». *American Antiquity* 58:2 (1993), 270-276. Los guacamayos también se importaban a la zona de Mimbres de Nuevo México. Darrell Creel y Charmion McKusick, «Prehistoric Macaws and Parrots in the Mimbres Area, New Mexico», *American Antiquity* 59:3 (1994), 510-524. El intercambio de plumas de guacamayos rojos y animales vivos viene de lejos. Charmion McKusick señala que el indicio más antiguo de introducción de guacamayos en el sudoeste se encuentra entre los hohokam de Snaketown y data de entre 500 y 600 d.C. Charmion McKusick, *Southwest Birds of Sacrifice* (Globe, Arizona: Arizona Archaelogical Society, 2001), 74. El comercio se intensificó en el periodo que va de 1000-1150 d.C. en la zona de Mimbres y floreció en Paquimé durante el periodo medio en los siglos anteriores al contacto con los colonos. Creel y McKusick, «Prehistoric Macaws and Parrots in the Mimbres Area, New Mexico», 516, y Di Peso et al., *Casas Grandes*, VIII, 272-273. El intercambio continuó durante la época colonial. Cabeza de Vaca escribe que se comerciaba con «plumas de loro», aunque podría referirse a una especie distinta. De manera más precisa, el padre Luis Velarde observó a principios del siglo XVIII que los pimas de San Xavier del Bac y sus alrededores criaban guacamayos «por sus bonitas plumas rojas y de otros colores... que arrancan a estos pájaros en primavera para adornarse». Padre Luis Velarde, «*Relación de* Pimeria Alta de 1716», citado en Margrave, *Mexican Macaws*, 1.

2 Cita de Cabeza de Vaca, *Relación de 1542*, 202. Adorno y Pautz señalan que este incidente no se encuentra en el *Informe Conjunto* y enfatizan que los náufragos no habían visto maíz desde que se habían marchado de Florida y que no encontrarían más hasta La Junta de los Ríos. Basándose en estos hechos, los autores proponen que Cabeza de Vaca debió de inventarse este incidente para justificar el nuevo viaje en el que se habían embarcado, «porque potencialmente proporciona la lógica incontestable de la búsqueda de comida y por la supervivencia». Adorno y Pautz, *Álvar Núñez Cabeza de Vaca*, II, 296. Pero yo creo que es poco probable que Cabeza de Vaca incluyera un encuentro ficticio para justificar un cambio de ruta que de otro modo quedaría sin explicación. Es más factible que las dos mujeres fueran reales y que realmente transportaran harina de maíz de una región más al oeste y al norte. Foster especula que puede que trajeran la harina de maíz de la región Huasteca al este y al sur o que quizás la hubieran obtenido de un grupo de comerciantes que recorría distancias muy largas y con el que los propios náufragos se encontraron más adelante. Foster, *The La Salle Expedition on the Mississippi River*, 68.

3 Las tres citas proceden del *Informe Conjunto*, 138, y también se comentan en Cabeza de Vaca, *Relación de 1542*, 206. La *Relación* de Cabeza de Vaca no afirma claramente que fuera un grupo itinerante, pero el *Informe Conjunto* sí. Véase también Foster, *The La Salle Expedition on the Mississippi River*, 68-69. La frase de la tercera cita «de lo qual se coige que de donde aquello se traía, puesto que no fuesse oro, avia asiento é fundian» resulta un tanto ambigua porque no se sabe si el autor se refiere a asentamientos o minas, pero la idea general está clara. Los comerciantes que hacían largos viajes decían la verdad. La arqueología moderna ha establecido que el cascabel de cobre descrito en la *Relación* y el *Informe Conjunto* debió de fabricarse en una zona que se encontraba «atravesando la tierra hacia la mar del Sur». Di Peso y su equipo de investigadores propusieron en 1974 que los cascabeles de cobre fueron fabricados en Paquimé. Basaban su afirmación en la identificación del material con el que debía de haberse fundido, los análisis químicos de mineral de cobre local y la existencia de productos de cobre que al parecer son exclusivos de Paquimé. En época más reciente, Jeremiah F. Epstein ha examinado a fondo las únicas tres

expediciones españolas del siglo XVI que informaron de la presencia de productos de cobre —las de Cabeza de Vaca, Ibarra y Rodríguez-Chamuscado—, y sugiere que estos objetos debieron de robarse de Paquimé o de algún yacimiento de la zona. Jeremiah F. Epstein, «Cabeza de Vaca and the Sixteenth-Century Copper Trade in Northern Mexico», *American Antiquity 56:3* (julio de 1991), 474-482. Hace aún menos años, Victoria D. Vargas ha cuestionado el hecho de que en Paquimé pudieran haberse producido cascabeles de cobre como el que dieron al grupo de Cabeza de Vaca. Vargas cree que los cascabeles de cobre que encontraron por todo el sudoeste de Estados Unidos se fabricaron en realidad en una zona que ahora se encuentra en la costa occidental de México, donde había una larga tradición de producción de cobre. Victoria D. Vargas, *Copper Bell Trade Patternsin the Prehispanic U.S. Southwest and Northwest Mexico* (Tucson: Arizona Satate Museum/ University of Arizona, 1995), pássim. En cualquier caso, los indios que dieron el cascabel de cobre a Dorantes estaban absolutamente en lo cierto.

⁴ Cita de Cabeza de Vaca, *Relación de 1542*, 206. Para conocer un debate completo sobre la ubicación de estas «escorias de hierro» véase Krieger, *We Came Naked and Barefoot*, 67. De hecho, la principal compañía metalúrgica de México (Altos Hornos de México), ubicada en la cercana ciudad de Monclova, continúa explotando esos mismos yacimientos de hierro. Siguiendo los pasos de Davenport y Wells, Krieger identifica el «muy hermoso río» con uno de los ramales del norte del Nadadores. Las referencias a los piñones tanto en la *Relación* como en el *Informe Conjunto* han suscitado mucha confusión. Todos los estudios anteriores a 1997 se planteaban que solo había dos especies de piñones: el piñón de Nuevo México (*Pinus edulis*) y el piñón mexicano (*Pinus cembroides*). Por una parte, los eruditos que defienden la ruta a través de Texas y Nuevo México han dado mucha importancia al hecho de que el piñón de Nuevo México —con la «envoltura de la semilla bastante fina» que parecía asemejarse al tipo de piñón descrito en las fuentes— se encuentra en Texas, Nuevo México, Colorado, Utah y el norte de Arizona, pero rara vez al sur de la actual frontera internacional. Cleve Hallenbeck lo afirmó de manera bastante rotunda: «Los piñones mencionados por Núñez [Cabeza de Vaca] son, por

supuesto, el fruto del pino *Pinus edulis*». Cleve Hallenbeck, *Álvar Núñez Cabeza de Vaca: The Journey and Route of the First European to Cross the Continent of North America, 1534-1536* (Glendale, California: Arthur H. Clark Company, 1940), 188. Especialistas anteriores y posteriores han hecho afirmaciones similares. Por el contrario, los que defienden un recorrido básicamente a través de México han elegido el piñón mexicano (*Pinus cembroides*), que se extiende por un territorio más al sur a lo largo tanto de la sierra Madre Oriental como de la Occidental. Adorno y Pautz, por ejemplo, afirman con cierta cautela que «el solapamiento de los territorios naturales [de *Pinus edulis* y *Pinus cembroides*] convierte a estas dos especies en opciones factibles, aunque la presencia extendida en México de *Pinus cembroides* sugiere que es mucho más posible que fuera el primer piñón de Coahuila que conocieron los hombres». Adorno y Pautz, *Álvar Núñez Cabeza de Vaca*, II, 309. El principal problema con el *Pinus cembroides* es, claro está, que la *envoltura de la semilla gruesa y dura* no cuadra en absoluto con las descripciones proporcionadas por las fuentes, que son muy explícitas respecto a este tema. El enigma acabó resolviéndose al identificarse con el *Pinus remota*. Para conocer un debate completo, véase Donald W. Olson, Marilynn S. Olson et al, «Piñon Pines and the Route of Cabeza de Vaca», *Southwestern Historical Quarterly 101* (octubre de 1997), 174-186.

5 Cabeza de Vaca, *Relación de 1542*, 208, 210.

6 Cita de Cabeza de Vaca, *Relación de 1542*, 206. Para conocer la relevancia médica de la intervención de Cabeza de Vaca véase Jesse E. Thompson, «Sagitectomy: Operation Perfomed in American in 1535 by Cabeza de Vaca», *New England Journal of Medicine* 289:26 (27 de diciembre de 1973), 1404-1407.

7 Adorno y Pautz, *Álvar Núñez Cabeza de Vaca*, II, 292, 296.

8 Citas de Cabeza de Vaca, *Relación de 1542*, 196, 198 y 210 respectivamente.

9 Cita de Cabeza de Vaca, *Relación de 1542*, 204. Para saber sobre las tensiones entre la veneración y la intimidación véase Rolena Adorno, «The Negotiation of Fear in Cabeza de Vaca's Naufragios», *Representations 33* (invierno 1991), 178-183.

10 Cita de Cabeza de Vaca, *Relación de 1542*, 210. Véase también Cabeza de Vaca, *Relación de 1542*, 202, 212.

¹¹ Citas de Cabeza de Vaca, *Relación de 1542*, 212, 210 y 204, respectivamente. Véase también Adorno, «The Negotiation of Fear in Cabeza de Vaca's Naufragios», 180-181.

¹² Citas de Cabeza de Vaca, *Relación de 1542*, 214. La ruta precisa de la sierra de la Gloria a La Junta de los Ríos en el actual Presidio (Texas) y Ojinaga (Chihuahua) no puede determinarse. Para conocer un debate interesante sobre las dos trayectorias más factibles, propuestas por Davenport y Wells por un lado y Krieger por el otro, véase Adorno y Pautz, *Álvar Núñez Cabeza de Vaca*, II, 310-313. Es posible que atravesaran el río Conchos antes de cruzarse con el río Grande. Véase Krieger, *We Came Naked and Barefoot*, 78-80.

¹³ Cabeza de Vaca, *Relación de 1542*, 202, 216, 218.

¹⁴ Cabeza de Vaca, *Relación de 1542*, 218, y *Informe Conjunto*, 140-141.

¹⁵ Cabeza de Vaca, *Relación de 1542*, 220. Véase también el *Informe Conjunto*, 141-142. Aunque las dos fuentes principales concuerdan en general sobre este episodio, ofrecen información complementaria, así que han de interpretarse una junto a la otra.

¹⁶ Cita de Antonio Espejo, «Account of the Journey to the Provinces and Settlements of New Mexico, 1583», en Herbert Eugene Bolton, ed., *Spanish Exploration in the Southwest 1542-1706: Original Narratives of Early American History* (Nueva York: Barnes and Noble, 1946), 173. Otro miembro de la expedición de Espejo escribió en su diario: «En este pueblo [el mayor pueblo de la zona, cuyo cacique se llamaba Q. Bisise] y en todos los demás, nos explicaron cómo Cabeza de Vaca y sus dos compañeros y un negro habían estado allí». George Meter Hammond y Agapito Rey, eds., *Expedition into New Mexico Made by Antonio de Espejo, 1582-1583: As Revealed in the Journal of Diego Pérez de Luxán, a Member of the Party* (Los Ángeles: Quivira Society, 1929), 62. Para conocer un debate completo sobre las probabilidades de que los náufragos pasaran por La Junta de los Ríos, véase Krieger, *We Came Naked and Barefoot*, 80-97.

¹⁷ Cabeza de Vaca, *Relación de 1542*, 220. Para saber sobre las islas y bahías húmedas, véase Hammond y Rey, eds., *Expedition into New Mexico Made by Antonino de Espejo*, 62.

[18] Embarcarse en un debate completo sobre *la cuestión junama* excede el alcance de esta nota. Pero es importante explicar con detalle cómo han imaginado los especialistas a los pueblos que se encontró Cabeza de Vaca, que vivían en casas «que tuviesen paresçer y manera dello». J. Charles Kelley ha estudiado las fuentes arqueológicas e históricas de La Junta de los Ríos y cree que vivían dos pueblos distintos en la zona: un pueblo semisedentario y agrícola que los españoles llamaban los patarabueyes y un grupo más nómada conocido como los jumanos. Kelley es muy consciente de que los pueblos que se encontró Cabeza de Vaca «culturalmente parecen patarabueyes» y también reconoce que la zona descrita por Cabeza de Vaca y sus compañeros, situada junto a un río con asentamientos permanentes, se parece al mundo de La Junta de los Ríos. Además, Kelley señala que las observaciones del grupo de Espejo en relación a Cabeza de Vaca y sus compañeros contribuyen a identificar a la gente a la que visitaron allí con los patarabueyes. Sin embargo, el propio Kelley se opone a tal identificación basándose en que los patarabueyes tenían cerámica desde el siglo XIII, y el pueblo que visitó Cabeza de Vaca «no tenía ollas para cocinar de manera normal», sino que «hervían la comida en vasijas de calabaza seca colocando piedras calientes en el interior del guiso». Por encima de todo, el escepticismo de Kelley procedía de su lectura del libro de Hallenbeck, que decía que Cabeza de Vaca y sus compañeros nunca atravesaron la junta de los Ríos. Hallenbeck defendió una ruta a través de Texas o Nuevo México, y propuso muy convencido que los poblados que visitó Cabeza de Vaca se encontraban en el río Pecos y/o quizás en el río Grande, pero más al norte y al oeste junto a la zona de El Paso. Intentando reconciliar toda esta información contradictoria, Kelley sugirió la idea de que el pueblo que visitó Cabeza de Vaca pudo haber sido el de los jumanos en vez del de los patarabueyes. J. Charles Kelley, *Jumano and Patarabueye: Relations at La Junta de los Rios* (Ann Arbor: Anthropological Paper Number 77, Museum of Anthropology, University of Michigan, 1986), 16-17. Nancy Parrott Hickerson también ha revisado la *cuestión jumana*. Tras repasar el material publicado al respecto y reconocer que los antropólogos se han mostrado en desacuerdo respecto a la naturaleza de la sociedad agrícola hallada en La Junta de los Ríos, a continuación hace

algunas distinciones. Hickerson defiende que el pueblo que se encontró
Cabeza de Vaca era un grupo menos agrícola que vivía río arriba respecto
a la propia La Junta, «casi a mitad de camino entre La Junta y El Paso», y
que Luxán llamó Caguates. Una vez más, la autora llegó a esta conclusión
en parte por confiar en la ruta de Hallenbeck, que últimamente se ha
puesto en entredicho. Pero en última instancia Hickerson mantiene una
postura un tanto ambigua. Por un lado, afirma que el poblado que visitó
Cabeza de Vaca «claramente no era La Junta. Allí no habría parecido que
el Río Grande se encontraba rodeado de montañas, como sugiere la descripción de Cabeza de Vaca. Además, en esa confluencia, el río Conchos
es más ancho que el propio río del Norte. Dado que las fuentes principales
no mencionan el Conchos o la confluencia de los ríos, parece improbable
que los españoles llegaran a ese lugar». Pero por otro lado admite que los
recuerdos posteriores de testigos indios apoyan la idea de que Cabeza
de Vaca sí que pasó por La Junta de los Ríos. Nancy Parrott Hickerson,
The Junamos: Hunters and Traders of the South Plains (Austin: University
of Texas Press, 1992), 16, 66. Más allá del debate concreto sobre la ruta
precisa de Cabeza de Vaca, la obra de Hickerson es importante porque
muestra que resulta imposible establecer una distinción clara entre patarabueyes y jumanos, y que tales términos se aplicaron a pueblos distintos
en periodos distintos. Los especialistas en rutas de los últimos años suelen
mostrarse de acuerdo en que el grupo de Cabeza de Vaca pasó por La
Junta de los Ríos. Si los viajeros sí que pasaron por esa zona —lo cual es
probable, aunque no seguro—, entonces las gente descrita en la *Relación*
y en el *Informe Conjunto* (y corroborada posteriormente en los relatos de
la expedición de Espejo), solamente podría pertenecer a los pueblos más
sedentarios del complejo patarabuey-jumano que residían en la región. Lo
cierto wwwes que todos los rasgos culturales mencionados en las fuentes
excepto uno —la ausencia de ollas— sostienen tal idea (¡sencillamente
es posible que los aldeanos se hubieran quedado sin ollas cuando Cabeza
de Vaca y sus compañeros aparecieron!). El otro dato que pone en duda
la presencia de Cabeza de Vaca en La Junta de los Ríos es que ni el río
Grande ni el río Conchos fluyen entre montañas donde coinciden. Pero
Cabeza de Vaca afirma que tales montañas se encontraban *por el camino*

324 • Por tierras extrañas

en vez de *en* el poblado, así que no es una objeción insalvable. Véase la discusión geográfica detallada en Krieger, *We Came Naked and Barefoot*, 84-108.

[19] Citas del *Informe Conjunto*, 60, y Cabeza de Vaca, *Relación de 1542*, 222, respectivamente. Se habla del mismo procedimiento para hervir agua en Cabeza de Vaca, *Relación de 1542*, 226. Véase tamwbién Kelley, *Jumano and Patarabueye: Relations at La Junta de los Ríos*, 121. Como explica el autor, había tanto casas como tiendas en La Junta de los Ríos. Kelley utiliza esta prueba para argumentar que allí vivían dos tipos de pueblos. Otros creen que los dos tipos de viviendas eran utilizadas por la misma gente.

[20] *Informe Conjunto*, 144. Véase también Cabeza de Vaca, *Relación de 1542*, 224, 226.

[21] Cita de Cabeza de Vaca, *Relación de 1542*, 226, 228.

[22] El viaje de La Junta de los Ríos a la población de Corazones sigue resultando extremadamente vago. En primer lugar, resulta difícil identificar el sitio exacto donde los náufragos abandonaron el valle del río Grande y se dirigieron hacia el oeste. Algunos eruditos creen que podría encontrarse tan al norte como la actual zona de El Paso, mientras que otros defienden que tal lugar probablemente se halla más al sudeste. Krieger está entre estos últimos, ya que propone que el punto de desvío debió de situarse unos 240 kilómetros por encima de La Junta, pero también unos 120 kilómetros río abajo desde El Paso. Krieger llega a esa conclusión calculando la distancia que podrían haber recorrido los náufragos en unos diecisiete días. Más adelante señala que justo en este lugar hay un cómodo vado y una quebrada (en las codilleras montañosas al sur de la moderna sierra Blanca de Texas), que habrían permitido a los náufragos acceder al norte de Chihuahua. Krieger, *We Came Naked and Barefoot*, 107. Tras girar al oeste los náufragos podrían haber tomado diversas rutas —todas ellas difíciles— que condujeran al noroeste de Chihuahua o al noreste de Sonora. Véase también Adorno y Pautz, *Álvar Núñez Cabeza de Vaca*, II, 326-330.

[23] Citas de Baltasar de Obregón, *Historia de los descubrimientos antiguos y modernos de la Nueva España*, tal y como aparece en Charles Di Peso,

Casas Grandes: A Fallen Trading Center of the Gran Chichimica, III, 822, y el *Informe Conjunto*, 145, respectivamente. La descripción de Obregón se escribió tan solo treinta años después de que Cabeza de Vaca atravesara la zona. Para conocer una descripción general de la expedición de Francisco de Ibarra a Paquimé, realizada de 1565 a 1567, véase J. Lloyd Mecham, *Francisco de Ibarra and Nueva Vizcaya* (Durham: Duke University Press, 1927), 159-173. Paquimé es el yacimiento más estudiado en todo el norte de México gracias al Joint Casas Grandes Project, encabezado por Chales Di Peso y su equipo de investigadores. La abundancia de información disponible de Paquimé no tiene parangón. No obstante, investigaciones más recientes han revisado la cronología básica de Paquimé y han establecido el final del periodo medio en torno a 1450-1500 en vez de un siglo antes como Di Peso y su equipo creían. Las nuevas investigaciones también han examinado la naturaleza de las relaciones entre esta ciudad importante y sus vecinas. Queda claro que Paquimé estableció vínculos distintos con ciudades y poblados de los alrededores, dependiendo de su tamaño y proximidad. Para saber sobre las grandes rutas comerciales que pasaban por Paquimé, véase Beatriz C. Braniff, ed., *La Gran Chichimeca: el lugar de las rocas secas* (Ciudad de México: Conaculta 2001), 237-248, y la ambiciosa formulación avanzada por J. Charles Kelley en «The Aztatlán Mercantile System: Mobile Traders and the Northwestward Expansion of Mesoamerican Civilization», en Michael S. Foster y Shirley Gorenstein, *Greater Mesoamerica: The Archaeology of West and Northwest Mexico* (Salt Lake City: University of UTA Press, 2000), 137-154. Para conocer un estudio de excavaciones arqueológicas recientes realizadas en Chihuahua, véase Paul E. Minnis y Michael E. Whalen, «Chihuahuan Archaeology: An Introductory History», en Gillian E. Newell y Emiliano Gallaga, eds., *Surveying the Archaeology of Northwest Mexico* (Salt Lake City: University of Utah Press, 2004), 113-126, y Ronna Jane Bradley, «Recent Advances in Chihuahuan Archaeology», en *Greater Mesoamerica*, 221-239.

[24] Cita de Cabeza de Vaca, *Relación de 1542*, 228.

[25] Citas de Cabeza de Vaca, *Relación de 1542*, 230, y el *Informe Conjunto*, 146-147. Estos indios se han identificado a menudo con los protohistóricos ópatas o se han asociado de manera más general con la tradición

arqueológica del río Sonora, que en general se ha definido basándose en el yacimiento de San José Baviácora. Véase el debate en Adorno y Pautz, *Álvar Núñez Cabeza de Vaca*, II, 330-331. Para conocer una introducción a la tradición del río Sonora, véase Emiliano Gallaga y Gillian E. Newell, «Introduction», en *Surveying the Archaelogy of Northwest Mexico*, 10-11. Krieger es muy perspicaz al percatarse de que la afirmación de Cabeza de Vaca de que Corazones «es la puerta de entrada a muchas provincias que están cerca del Mar del Sur», junto con las pruebas de expediciones posteriores, ha motivado a los historiadores a plantearse la existencia de una *carretera colonial*, que suponemos que inauguró Cabeza de Vaca. En la década de 1930, Carl Sauer fue el primero en plantearse esta idea tras haber viajado mucho por Sonora. Tal y como comenta: «La travesía terrestre por el noroeste de Nueva España se hacía sobre todo a través de una carretera grande y importante», en Carl Sauer, *The Road to Cíbola* (Berkeley: University of California Press, 1932), 1. Sauer defendió que los primeros exploradores europeos se limitaron a seguir los senderos recorridos por múltiples generaciones de viajeros indios. Si fue así, entonces Corazones debió de ocupar una posición estratégica importantísima. Los especialistas han intentado situar la ubicación exacta de Corazones estableciendo una correlación entre la información histórica y la arqueológica. Por ejemplo, Daniel T. Reff, «The Location of Corazones and Señora: Archaelogical Evidence from the Rio Sonora Valley, Mexico», en David R. Wilcox y Bruce Masse, eds., *The Protohistoric Period in the North American Southwest, AD 1450-1700* (Tempe: Arizona State University, 1981), 94-112. Sauer y otros han propuesto que Corazones se encontraba a lo largo del río Sonora cerca de Ures, y han añadido que cualquiera que hubiera viajado por la región habría sabido al instante que se trataba de «la puerta de entrada más importante del estado. A través de este cañón pasó casi todo el transporte entre el norte y el sur de Sonora en el periodo colonial y durante muchos años posteriores». Sauer, *The Road to Cíbola*, 17. Como alternativa, Adorno y Pautz consideran que los náufragos viajaron por los ríos Bavispe y Oposura (que más tarde pasó a llamarse Moctezuma) y por lo tanto sitúan Corazones más al sur, en la zona de Onavas del río Yaqui. Véase los debates en Adorno y Pautz, *Álvar Núñez Cabeza de Vaca*, II, 339-344, y sobre todo Krieger, *We Came Naked and Barefoot*, 108-122. Como reconocen todos los autores, no puede establecerse la ubicación precisa de Corazones basándose en la escasa información aportada por los náufragos.

²⁶ Cita de Cabeza de Vaca, *Relación de 1542*, 232, y *Informe Conjunto*, 145.

²⁷ Cabeza de Vaca, *Relación de 1542*, 232, 234.

²⁸ Cita de Cabeza de Vaca, *Relación de 1542*, 236.

²⁹ Cabeza de Vaca, *Relación de 1542*, 238. *Informe Conjunto*, 65.

Capítulo 9

¹ Nuño de Guzmán fue nombrado gobernador de Pánuco en 1525, llegó a la zona en 1527, permaneció formalmente a cargo de esta jurisdicción hasta 1533 y aun después conservó un poder considerable. Lo cierto es que los residentes de Pánuco ya gestionaban con eficacia el comercio de esclavos antes de la ocupación de Guzmán, pero Guzmán incrementó su alcance y centralizó el sistema emitiendo licencias para esclavizar. En su *juicio de residencia* (la revisión de su trabajo tras haber ejercido de gobernador), se afirmó que nada menos que un tercio de todos los esclavos que salían de la provincia le pertenecían. Donald E. Chipman, *Nuño de Guzmán and the Province of Pánuco in New Spain 1518-1533* (Glendale, California: The Arthur H. Clark Company, 1967), 197-204, 266.

² Chipman, *Nuño de Guzmán and the Province of Panuco in New Spain*, 221-222, y A. S. Aiton, *Antonio de Mendoza: First Viceroy of New Spain* (Durham: Duke University Press, 1927), 20. Para conocer una descripción detallada de los abusos a los que Guzmán sometió a los principales señores de Michoacán, véase J. Benedict Warren, *The Conquest of Michoacán: The Spanish Domination of the Tascaran Kingdom in Western Mexico, 1521-1530* (Norman: University of Oklahoma Press, 1985), 138-156.

³ Los cálculos sobre el tamaño de esta expedición varían. Véase Warren, *The Conquest of Michoacán*, 213-214. Véase también Adorno y Pautz, *Álvar Núñez Cabeza de Vaca*, III, 346. A. S. Aiton ha observado de manera muy perspicaz que «el tono general de las órdenes reales dirigidas a Cortés y al presidente y los *oidores* de la segunda *audiencia* indican con toda certeza

que Guzmán ocupaba una buena posición en la corte pese al fracaso de su gobierno, y que una conquista exitosa en Nueva Galicia habría supuesto la exoneración total». Aiton, *Antonio de Mendoza*, 19. Se aprecia el mismo tono en algunos de los documentos citados más adelante.

4   La cita que compara a Cazonci con Moctezuma aparece en la «Primera relación anónima de la jornada que hizo Nuño de Guzmán a la Nueva Galicia», en Joaquín García Icazbalceta, ed., *Documentos para la historia de México* (Ciudad de México: Editorial Porrúa, 1980), 295. El juicio y la muerte de Cazonci es un episodio muy dramático e importante, explicado con todo detalle en Warren, *The Conquest of Michoacán*, 211-236. Para saber sobre la petición de 8.000 indios más, véase García del Pilar, «Relación de la entrada de Nuño de Guzmán», en *Documentos para la historia de México*, 248. Utilizando documentos adicionales, Warren observa que la cifra real de hombres que se sumaron a la expedición en Michoacán debió de ser de unos 4.000 o 5.000, y que no todos iban encadenados, ya que es poco probable que pudieran conseguir tantas cadenas en tan poco tiempo; quizás solo iban encadenados los señores de las ciudades. Warren, *The Conquest of Michoacán*, 228.

5   Véase «Primera Relación anónima de la jornada que hizo Nuño de Guzmán a la Nueva Galicia», en *Documentos para la historia de México*, 288, y García del Pilar, «Relación de la entrada de Nuño de Guzmán», en *Documentos para la historia de México 255-256*. Dado que no había sistemas políticos indígenas que abarcaran toda la región, sería mejor llamarla (aunque resulte farragoso) la región de Aztatlán, Chametla y Culiacán. Véase Carl Sauer y Donald Brand, *Aztatlán: Prehistoric Mexican Frontier on the Pacific Coast* (Berkeley: University of California Press, 1932), 5. Para saber sobre el itinerario y el alcance de las conquistas de Guzmán, véase «Testimonio de tres provisiones expedidas por Nuño de Guzmán a favor de Francisco Verdugo», Chiametla, 18 de enero de 1531, y Nuño de Guzmán a la emperatriz, Compostela, 12 de junio de 1532, ambos en *Epistolario de Nueva España*, II, 9-14 y 142-173, respectivamente.

6   Para saber sobre el fervor religioso de Nuño de Guzmán, véase José López Portillo y Weber, *La rebelión dela Nueva Galicia* (Ciudad de México: Colección Peña Colorada, 1980), 7. Su devoción al Espíritu Santo se

aprecia en muchas poblaciones que fundó y que llevan el nombre *Espíritu Santo*, incluida la ciudad principal de Nueva Galicia, que así se llamó en sus orígenes. Para saber sobre su megalomanía y su vena puritana, véase Chipman, *Nuño de Guzmán and Pánuco*, 143, 176. Guzmán contaba con el fuerte respaldo de la Corona, tal y como se revela en una carta escrita por la emperatriz Isabel (la esposa de Carlos) a la *audiencia* de México en enero de 1531. Entre otras cosas, la emperatriz nombra a Guzmán gobernador de las tierras que acaba de conquistar, otorgándole amplios poderes, y advierte a Cortés que no se entrometa en las tierras que conquiste Guzmán. La carta también revela que existía una correspondencia muy cordial y frecuente entre la emperatriz Isabel y Guzmán. La Reina Doña Isabel al presidente y los *oidores* de la *audiencia* de México, Ocaña, 25 de enero de 1531, México 1088 L. 1 Bis, F. 45 v-49r. AGI.

[7] Para conocer un debate detallado sobre la conquista de Guzmán de Nueva Galicia véase Adorno y Pautz, *Álvar Núñez Cabeza de Vaca*, III, 325-381.

[8] Cita de Cabeza de Vaca, *Relación de 1542*, 242.

[9] Cabeza de Vaca, *Relación de 1542*, 244, y Tello, *Crónica Miscelánea de la Sancta Provincia de Jalisco*, I, 249-257.

[10] Cita de Cabeza de Vaca, *Relación de 1542*, 246. La cursiva es del autor. Para conocer el número de españoles y la ubicación de su campamento, véase *Informe Conjunto*, 150. A pesar del interés evidente de Cabeza de Vaca por apuntar la fecha exacta de su retorno al territorio controlado por cristianos, desde entonces se ha perdido. Por este motivo, los especialistas se han visto obligados a calcular la fecha de llegada partiendo de la afirmación de que «era Navidad» cuando los cuatro supervivientes se vieron obligados a parar debido a las lluvias intensas tras marcharse de *Corazones*, de la mención de pasada de que «hacía calor aunque fuera enero» y de la visita posterior de los náufragos a Culiacán, que duró hasta mayo de 1536. El primer encuentro de los náufragos con los jinetes españoles podría haberse dado en cualquier momento entre finales de febrero y abril de 1536. Para conocer un análisis de las diversas cronologías, véase Krieger, *We Came Naked and Barefoot*, 132-134.

[11] Adorno y Pautz hacen esta observación en *Álvar Núñez Cabeza de Vaca*, II, 419-420.

¹² Cita de Cabeza de Vaca, *Relación de 1542*, 246, 248.

¹³ Ambas citas de Cabeza de Vaca, *Relación de 1542*, 250.

¹⁴ Cabeza de Vaca, *Relación de 1542*, 248.

¹⁵ Citas de Cabeza de Vaca, *Relación de 1542*, 248 y 248, 250, respectivamente.

¹⁶ Las tres citas son de Cabeza de Vaca, *Relación de 1542*, 252. Cabeza de Vaca dice que sus compañeros y él fueron «debaxo de cautela» de camino a Culiacán. Pero en otras partes de la *Relación* caracteriza su salida del campamento de los españoles como una «huida» o «escapada». Es muy probable que ni los náufragos ni los esclavistas controlaran totalmente la situación.

¹⁷ Cita de Cabeza de Vaca, *Relación de 1542*, 254.

¹⁸ Cabeza de Vaca, *Relación de 1542*, 264.

¹⁹ Ibid.

²⁰ El gobierno de terror de Nuño de Guzmán finalizaría al cabo de poco y sería juzgado por diversos delitos que iban del desfalco y la extorsión a la esclavización ilegal. Para saber sobre la confrontación entre los supervivientes y Guzmán, véase Fray Tello, *Crónica Miscelánea*, I, 309. Para saber sobre el alcance de las actividades esclavistas en Compostela, véase la reveladora «Carta del cabildo secular de Compostela sobre la necesidad de hacer esclavos a los indios rebeldes y su aprovechamiento para el trabajo en las minas», Compostela, Nueva Galicia, 28 de febrero de 1533, AGI Guadalajara 30, nº 1/ 1/1-4. En las actas de 1537 Guzmán se defendió afirmando que había hecho muchas cosas positivas y citando, entre otras, la amabilidad que había mostrado hacia los supervivientes de la expedición de Narváez.

²¹ Cabeza de Vaca, *Relación de 1542*, 264. Para saber sobre la intensa competitividad entre don Antonio de Mendoza y Hernán Cortés, véase A. S. Aiton, *Antonio De Mendoza*, capítulo 5. Hay muy pocas fuentes que informen sobre los indios del norte que llegaron a Ciudad de México con los náufragos. Barcia escribe lo siguiente: «En México, el virrey Antonio de Mendoza se encargó de que se enseñara la doctrina cristiana a los indios que venían de Florida con Álvar Núñez y sus compañeros, para que así pudieran recibir el bautismo sagrado. La tarea fue asumida por Diego Muñoz Camargo,

quien, aunque era joven de edad, cumplió con el encargo rápidamente». Andrés González de Barcia Carballido y Zúñiga, *Chronological History of the Continent of Florida* (Westport, Connecticut: Greenwood Press, 1970), 21. Camargo debió de conseguirlo en un tiempo récord. En 1539 se llevaron a algunos de estos indios de vuelta al norte como ayudantes. En las instrucciones que dio el virrey Mendoza a Marcos de Niza en 1538-1539, se afirma que «el gobernador Francisco Vázquez se está llevando a los indios que llegaron con Dorantes, así como a otros que ha recogido de esos lugares [en Nueva Galicia], así que si resulta que les parece [apropiado] a él y a usted llevarse a unos cuantos en su compañía, pueden hacerlo y utilizarlos, si creen que es adecuado para el servicio de Dios, nuestro señor». Instrucciones a y Relato de Marcos de Niza, 1538-1539, en Richard Flint y Shirley Cushing Flint, eds., *Documents of the Coronado Expedition, 1539-1542* (Dallas: Southern Methodist University Press, 2005), 65.

Epílogo

[1]   Alonso de la Barrera, un testigo de la *información de servicios* de Alonso del Castillo, recordó haber visto a los náufragos vestidos con pieles. Citado en Adorno y Pautz, *Álvar Núñez Cabeza de Vaca*, II, 392.

[2]   Para entender completamente la idea de Cabeza de Vaca de ocupación pacífica, hay que estudiar las acciones de su viaje posterior al río de la Plata. El mejor tratamiento de este tema se encuentra en David A. Horward, *Conquistador in Chains: Cabeza de Vaca and the Indians of the Americas* (Tuscaloosa: University of Alabama Press, 1997), *pássim*.

[3]   Cita de Cabeza de Vaca, *Relación de 1542*, 268. Véase también Cabeza de Vaca, *Relación de 1542*, 264, 266, y Adorno y Pautz, *Álvar Núñez Cabeza de Vaca*, II, 395-397. Diego de Silveira, el comandante portugués, hizo una valoración malhumorada pero justa: «Boa fe que venís muito ricos», dijo a los españoles, «¡pero trazedes muy ruini navio y muito ruin artilleria! ¡O fi de puta! ¡Ca un arrenegado frânçes y que bon bocado perde!», Cabeza de Vaca, *Relación de 1542*, 270. Para saber sobre fuentes que puedan corroborar la información sobre el oro y la plata que llevaba el barco, véase Adorno y Pautz, *Álvar Núñez Cabeza de Vaca*, II, 398-400.

⁴ Cita del Caballero de Elvas, «True Relation of the Hardships Suffered by Governor don Hernando de Soto and Certain Portuguese Gentlemen in the Discovery of the Province of Florida», en Clayton, Knight y Moore, eds., *The De Soto Chronicles*, I, 48. De Soto resultó ser un conquistador al estilo de Narváez y Guzmán. En la década de 1520 había participado en la exploración de Centroamérica y había participado en el tráfico de esclavos indios. Ya era un hombre rico, pero la fortuna de De Soto aumentó todavía más en la década de 1530 cuando se unió a Pizarro en la conquista de Perú. Tuvo un papel destacado en la toma de Cuzco, la capital del Imperio inca. De Soto podría haber vivido cómodamente el resto de su vida, pero el deseo de aventura le corría por las venas. En 1536 volvió a España para pedir tierras en Ecuador o Colombia. Sus esfuerzos cristalizaron el 20 de abril de 1537, cuando recibió una patente para colonizar Florida. Cabeza de Vaca encontró a de Soto preparando una gran flota con destino a Norteamérica. De Soto hizo a Cabeza de Vaca «una propuesta ventajosa» para unirse a la expedición. Era el primero en reconocer los beneficios evidentes de llevarse a alguien familiarizado con el terreno y capaz de comunicarse con los nativos. Pero no quedaba tan claro qué ganaría Cabeza de Vaca con semejante asociación. El tesorero real ya había viajado a Florida como segundo de a bordo, pero Narváez lo había pisoteado. Cabeza de Vaca necesitaba un capitán moderno preocupado no solo por el oro sino también por el bienestar de los indios. Pero no había nada en el pasado de de Soto que indicara que pudiera ser ese líder. La expedición a pie (1539-1543) de De Soto resultó mortífera para los nativos y solamente un poco menos desastrosa que la incursión de Narváez para los europeos. El propio De Soto sufrió unas fiebres y murió en mayo de 1542. Su cuerpo fue arrojado a las turbias aguas del río Misisipi. Como escribió Las Casas en tono sentencioso: «Así, el desdichado capitán murió como un desventurado, sin confesión, y no nos cabe duda de que fue enterrado en el infierno, a no ser que, quizás, Dios no lo sentenciara en secreto —según Su divina misericordia y no sus deméritos— por semejante maldad», Las Casas, citado en Howard, *Conquistador in Chains*, 34.

⁵ Pero Hernández, «Comentarios de Álvar Núñez Cabeza de Vaca, adelantado y gobernador del Río de la Plata», en *Náufragos y Comentarios* (Ciudad de México: Editorial Porrúa, S.A., 1988), 81.

⁶ Para saber cómo los indios del río de la Plata temían a los caballos, veáse Hernández, *Naufragios y Comentarios*, 94-95. Para conocer un tratamiento más detallado del método de conquista de Cabeza de Vaca en Sudamérica, véase Howard, *Conquistador in Chains*, 57, 161-199, y Adorno y Pautz, *Álvar Núñez Cabeza de Vaca*, I, 387-402.

⁷ Resulta muy revelador cómo manejó Cabeza de Vaca la práctica indígena de entregar mujeres. Cuando los conquistadores los conocieron, los indios guaraníes no suscribían la noción de matrimonio monógamo, ni se abstenían de tener relaciones sexuales con mujeres emparentadas entre ellas dentro del grado de afinidad prohibido por el derecho canónico, sino que los indios guaraníes utilizaban libremente a las mujeres para consolidar alianzas y hacer las paces los unos con los otros. Como comenta un testigo: «Entre estos indios el padre vende a su hija, el marido a su esposa si no le satisface y el hermano vende o intercambia a su hermana». Ulrich Schmidel (Schmidt) citado en Howard, *Conquistador in Chains*, 67. Cuando los españoles exploraron por primera vez la zona, les sorprendió lo dispuestos que estaban los indios a desprenderse de sus compañeras femeninas. Pero enseguida se adaptaron. Para cuando Cabeza de Vaca llegó a su *adelantamiento*, encontró a colonos viviendo con nada menos que una docena de mujeres indias, o incluso más. Los conquistadores importantes poseían harenes que a menudo estaban formados por mujeres de la misma familia como madres e hijas, hermanas y primas, todas las cuales se intercambiaban como esclavas. La sacrosanta institución del matrimonio estaba completamente minada. El nuevo gobernador no lo podía tolerar. Hizo que un clérigo examinara este «pecado grave y ofensa contra Dios» y les quitó muchas mujeres a los españoles. Howard, *Conquistador in Chains*, 68. Esta nota se basa por entero en *Conquistador in Chains*, capítulo 10, de Howard.

⁸ El gobernador del río de la Plata se enfrentó a 34 acusaciones penales en cuatro juicios distintos. En marzo de 1551 fue declarado culpable de diversos cargos. El examen de estos cargos contra el gobernador del

río de la Plata supera el alcance de este epílogo. Para conocer un resumen de las acusaciones, véase Morris Bishop, *The Odyssey of Cabeza de Vaca* (Westport, Connecticut: Grenwood Press, 1971), 276-278. Véase también Adorno y Pautz, *Álvar Núñez Cabeza de Vaca*, 395-398.

[9] Howard, *Conquistador in Chains*, 51-73 y conclusión.

[10] Para saber sobre los últimos años de vida de Cabeza de Vaca, véase Adorno y Pautz, *Álvar Núñez Cabeza de Vaca*, I, 407-410. Estos autores señalan correctamente que el pago del rescate de Hernán Ruiz Cabeza de Vaca por parte de Cabeza de Vaca contradice las representaciones de los últimos años de Cabeza de Vaca en la pobreza y la oscuridad.

[11] Baltasar Dorantes de Carranza, *Sumaria relación de las cosas de la Nueva España* (Ciudad de México: Imprenta del Museo Nacional, 1902), 265, y *Traslado de la mitad del pueblo de Tehuacán a Alonso del Castillo Maldonado como marido de la viuda de Juan Ruiz de Alanís*, Madrid, 11 de febrero de 1540, AGI Patronato 275, R. 39/1/1-4. Castillo también compró tierras de comunidades indígenas vecinas, otra señal inconfundible de su nueva prosperidad. *Real provisión a Alonso del Castillo Maldonado dándole facultad para comprar heredades a los indios de Nueva España*, Madrid, 25 de febrero de 1540, AGI Patronato 278, nº 2, R. 230.

[12] Relación del distrito y pueblos del obispado de Tlaxcala, citado en Adorno y Pautz, *Álvar Núñez Cabeza de Vaca*, II, 411-412.

[13] Adorno y Pautz, *Álvar Núñez Cabeza de Vaca*, II, 426-427.

[14] Dorantes de Carranza, *Sumaria relación de las cosas de la Nueva España*, 267; A. S. Aiton, *Antonio de Mendoza: First Viceroy of New Spain* (Durham: Duke University Press, 1927), 119; y Adorno y Pautz, *Álvar Núñez Cabeza de Vaca*, I, 411.

[15] Cita de una carta del virrey Mendoza al emperador Carlos V, hacia septiembre de 1539. Este fragmento de carta se conservó solo en una traducción italiana realizada en la década de 1540 o principios de 1550 por Ramusio. Véase la transcripción del original italiano y su traducción al inglés en Richard Flint y Shirley Cushing Flint, eds., *Documents of the Coronado Expedition, 1539-1542* (Dallas: Southern Methodist University Press, 2005), 45-50.

[16] Obregón, *Crónica*, citado en Aiton, *Antonio de Mendoza*, 119.

¹⁷ Pedro de Castañeda de Nájera, «Relación de la jornada de Cíbola», en *Documents of the Coronado Expedition*, 387-388.

¹⁸ Cita de Castañeda de Nájera, «Relación de la jornada de Cíbola», 37. Fray Marcos de Niza afirmó que el grupo había llegado a Cíbola (el actual Nuevo México), pero hay poca información en el diario que apoye tal comentario. Véase el debate en Carl O. Sauer «The Road to Cíbola», 29. Una tradición oral entre los indios zuníes parece referirse a los últimos días de Estebanico sobre la tierra. La tradición afirma que un *mexicano negro* llegó hasta Hawikuh, y que, aunque fue tratado con hospitalidad, «enseguida provocó el odio moral por su comportamiento grosero hacia las mujeres y chicas del pueblo». Frank Hamilton Cushing escuchó esta tradición oral zuní a principios de la década de 1880 y la compartió con el antropólogo Adolph Bandelier. Véase Jesse Green, ed., *Cushing at Zuni: The Correspondence and Journals of Frank Hamilton Cushing, 1879-1884* (Alburquerque: University of New Mexico Press, 1990), 335, y Adolph Bandelier, *The Gilded Man* (Nueva York: D. Appleton, 1893), 159. Pero, tal y como se indica anteriormente, no es seguro que Estebanico llegara al oeste de Nuevo México.

¹⁹ Cita de Dorantes de Carranza, *Sumaria relación de las cosas de la Nueva España*, 266.

ÍNDICE DE NOMBRES

Otros títulos de la colección